儿童友好型学校

面向未来更高层次的教育公平

CHILD-FRIENDLY SCHOOLS

higher level education equity for the future

肖林朔 著

社会科学文献出版社
SOCIAL SCIENCES ACADEMIC PRESS (CHINA)

前　言

我国是《儿童权利公约》（Convention on the Rights of the Child）起草国和缔约国之一。我国政府一贯重视儿童工作，关心未成年人的健康成长，在儿童权利如受教育权、参与权、隐私权等的保护方面做了大量实实在在的工作，取得了显著成绩。

我国学者结合国内教育背景，将"儿童友好的环境"逐步变成了"儿童友好的学校"（Child-Friendly School），通称"儿童友好型学校"，它起初是一种教育理念和思想，后逐渐应用于教学实践和学校管理，是指以儿童发展为中心，师生、家长、社会民主参与学校管理，倡导儿童优先、儿童平等和儿童参与的理念，儿童发展环境良好，儿童权益得到有效保障，儿童观点充分表达，促进儿童德、智、体、美、劳等全面发展的学校。

在笔者看来，"儿童友好型学校"建设首先从保障儿童参与权入手。儿童参与是指儿童亲自参与到广泛的家庭、社区、学校、社会及文化生活中，接触真正的社区生活，获得丰富的生活经验及实践体验，进而积累个人经验、提升能力、增强自信心的过程。儿童参与经验的积累会促使他们能够比较好地表达个人意见、获得主动全面的发展。儿童参与的实质是承认儿童是"独立的生命个体"，他们应该像成人一样被所有人尊重。

基于此，笔者将本书分为八章：第一章阐述了传统学校教育模式对未来的影响；第二章介绍了儿童友好型学校的概念；第三章重点介绍了构建儿童友好型学校良好环境的措施；第四章介绍了儿童友好型学校构建中的儿童参与；第五章阐述了儿童友好型学校中的教育公平问题；第六章阐述了儿童友好型学校的师资保障；第七章基于儿童友好视角对农村学校的环境建设进行了说明；第八章对"双减"政策下儿童友好型学校的发展和教育进行了介绍。

在本书写作过程中，一些同行专家、学者的有关著作、论文扩展了笔者的视野，提高了笔者的专业认识与水平，笔者亦从中吸取了一些研究成果，在此谨致以诚挚的谢意。限于笔者水平，书中难免有许多不妥之处，恳请同行专家、学者和广大读者惠予批评指正。

目　录

第一章　传统学校教育模式
对未来的影响

第一节　传统学校教育对儿童的影响

学校教育是教育的主体，学校是儿童接受素质教育的重要场所。与家庭和社会对儿童的影响不同，学校教育对学生思想品德的培养以及正确的世界观、人生观、价值观的树立有着不可替代的而且不容忽视的作用。但是，传统学校教育过分强调"智育"的做法以及由此形成的一系列教育缺陷必然给儿童带来一定的影响。

一　不能正视自我

尽管学校等各方大声疾呼要全面发展，但是以应试选拔为主的传统教育，无形中将学生分为"好""中""差"三等，在培养了少得可怜的尖子生后，却造成了学生在某方面的"失败"，一些学生也受到悲观失望情绪的影响。这从课堂上举手发言的人数、沉闷的课堂气氛中便可见一斑。也有部分学生自视甚高，忽视基本功的训练，做起了不切实际的作家梦、歌星梦，目前的明星热便是明证。不能正视自我、盲目乐观与过分悲观都不利于儿童的成长，要解决这个问题，以应试选拔为主的传统教育显然无能为力。

二　缺少自控能力

儿童处在特殊的年龄阶段，他们的情绪很容易产生波动，一旦遇到刺激，就可能情绪失控。而传统学校教育又过分强调考试成绩，俗话说

"考考考，老师的法宝；分分分，学生的命根"，考试、分数成为师生关注的焦点。在"分数"成为核心话题的传统教育面前，情感教育往往被忽视。一旦考试失败，遭到老师、家长的训斥，学生心理承受不了，便做出了傻事。个别学生出走事件、网络风波，甚至是斗殴事件、家庭惨案无不说明我们的学生心理还是较为脆弱的，缺乏自我调控能力。

三　不善于自我激励

"自我激励"能力即为达到某一目标调动、指挥情绪的能力，包括形成较强动机，遇到挫折坚韧不拔的能力和保持愉悦的心境与乐观、自信的信念的能力。当"考学"成为学生的最高目标时，学校的教育形式必将变得单一，课堂教学成为主流，学生得不到全方位的锻炼与指导，单一的教育导致学生情感世界的单一，使得众多学生不善于自我激励，没有崇高的理想，经不起挫折。

四　不能体谅他人，不善于换位思考

一个情感丰富的人，必将能体谅他人，善于换位思考。传统的学校教育却忽视了人的情感培养，它没能给学生提供足够的实践机会，使学生无法体验到人情冷暖；而在课堂教育中，学生又成为知识的接收器，无须怀疑与辨别；经典的答案、唯一的结论也无不束缚着学生的思维与情感。俗话说得好：不经风雨，怎能见到彩虹？没有对儿童进行情感的培养，怎能期望他们有"体谅他人""换位思考"的美好情感呢？

五　不会处理人际关系，缺乏合作精神

良好的人际关系、与人合作的精神，在一个人的事业发展中起着至关重要的作用。美国的贝尔实验室是世界上最著名的科学实验室，聚集了世界著名学府中高学历的顶尖人才，他们的智商水平几乎不相上下，但成就相差甚远。调查和研究结果表明，只有那些情商高的人才是真正的佼佼者。这些人善解人意，他们平时建立起的良好的人际关系网，在他们工作需要时总能发挥关键的作用。传统的课堂上，老师讲、学生听成为天经地义，学生无须交流、不用合作便可完成老师布置的任务。当

安静成为最佳课堂气氛、独立思考成为最佳思维方式时，就没有学生去交流，也不会有学生与其他人合作了。

第二节　已在演变和发展中的教育模式

教育模式是教育在一定社会条件下形成的具体式样。日本村井实把社会历史发展中先后出现的教育模式概括为手工模式、农耕模式和生产模式。手工模式把教育比喻为制作东西，把儿童当作黏土，可捏造成型；农耕模式把儿童比作植物，具有自然生长力，强调儿童的自然生长；生产模式把儿童看作材料，把教育看作工厂，主张经过一定程序，把儿童加工成对国家有用的人才。这些模式的共同点是都不把儿童当人看待。他主张现代教育应该是人类模式，即把儿童当人看待。

一　由告诉式教育向探究式教育转变

对儿童来说，外部世界是一个神秘的未知世界，根据皮亚杰的理论，儿童对客观世界的认识是以活动，特别是探究式活动为中介的。通过探究式活动，儿童原有的认知图式会受到同化或顺应作用影响，最终达到主体与客体之间的认识平衡，这是儿童认识世界的独特方式。然而，我们的儿童教育出于提高"效率"的目的，经常奉行一种简单化的教育方式——告诉，忽视儿童在教育过程中的主动探究。实际上，告诉式的教育既不是经济的，也不是有效率的。这正如皮亚杰所说的，儿童独立摸索，看起来是"浪费"了时间，实际上恰恰是赢得了时间。

儿童对外部世界的探究是以自己的现实生活为中心的。凡是与儿童的现实生活有关的世界都能引起儿童的兴趣。因此，在教育过程中，一方面要关注儿童最关心或者与儿童有直接或间接联系的现实生活，采用观察、探究、试验和操作的方法，激发儿童知、情、意的全身心投入；另一方面要不断地扩大儿童的生活空间与活动范围，激发儿童的广泛兴趣与求知欲望，保持与拓展儿童的好奇心和求知欲。应该说，儿童对自己现实生活的探究，不只是一个求知的过程，更是一个心灵陶冶的过程。告诉式的教育能让儿童求知，却不一定能陶冶儿童的心灵。由告诉式教育向探究式教育转变有利于儿童健全人格的形成。

二　由认知性教育向交往性教育转变

传统的儿童教育更多地注重于利用认知方式去把握实在物质世界和符号文化世界，而忽视交往方式对儿童感悟世界的作用。儿童受教育，其目标不仅是探究物质世界、了解文化世界，直接感受人的精神世界也是十分重要的，因为精神世界里不仅蕴含着人的智慧，同时还包含着人的情感、心灵和人格。儿童教育作为一种人的教育，也必须是一种交往的教育。R. 温克尔的研究就认为，任何交往都可以被当作实现自己目的的手段和工具，任何交往活动也必然会使人们有所收获，诸如获得知识、规范、情感和行为模式等。

交往依托于一定的内容，更依托于一定的关系。就交往的角色关系而言，无非有两种可能：或者交往者之间的地位是平等的，或者是有差异的。有地位差异的交往一定会发生信息的补充性流动。在儿童教育中，补充性交往不只发生在师生之间，平等性交往也不只发生于儿童之间，在许多情况下，即便是平等性交往也会产生信息的补充性流动，至少儿童在交往过程中会感到愉快、满足。因此，对儿童的教育应以转变身份的扮演游戏为主，积极创设儿童之间相互合作的情境，同时还要加强教师与儿童的共同活动，使儿童在交往中观察世界、认识社会、感悟生命。

三　由抽象化教育向形象化教育转变

在儿童教育中，长期困扰人们的一个问题是低年龄儿童抽象思维能力的可能性与认识符号意义世界的必要性之间的矛盾。符号是人类智慧的结晶，它既是意义的表征形式，又是文化的传承工具，像语言、文字和图形等对儿童了解世界、了解文化是十分重要的，儿童正是在同各种符号的接触过程中逐步适应特定文化、学会相应行为的。然而对低年龄儿童来说，有些符号是可以解读的，有些是暂时无法解读的，因为他们的抽象思维还处在较低的水平上，形象思维还占主导地位。因此，选择什么样的符号系统是一个十分关键的问题。

应该承认，近些年，在教育内容儿童化方面，教育工作者是做了不少工作的，但是我们也不能忽略一种新的倾向，即儿童教育的内容越来越成人化。目前，人们把民族教育的未来和希望都寄托在儿童身上，以至于教育界有什么风吹草动，儿童教育都要身先士卒，什么"计算机要从娃娃抓起""外语要从娃娃抓起"等说法不一而足。一切都从娃娃抓起的倾向，必然会造成把儿童暂时不可解读的符号强加于儿童的现象。我们为什么不考虑一下儿童到底能够承担起什么呢？儿童与符号世界之间的相互作用不仅是一个简单的临摹、摄入和记忆的过程，还是一个体验、感受、表达和创造的过程。超越儿童认识水平的教育内容，不仅难以促进儿童的发展，而且会造成儿童对内容的过高难度的知觉，进而厌恶学习、逃避学习。实现儿童教育内容由抽象化向形象化的转变，并不会妨碍儿童抽象思维能力的提高，相反，它会因为教育内容的适恰性而对儿童抽象思维能力的发展起到积极的促进作用。

第三节　教育与时俱进的改变

伴随着科技的进步、社会的发展，教育也在与时俱进、发生改变，一些新的教育理念被提出，并在教育中得到实践。

一　宽容成为爱的载体

在以"你爱自己的学生吗？"为主要问题的一项调查中，参加调查的教师中有96%表示爱自己的学生。但在围绕"你真切感受到教师们的爱了吗？"这一问题的调查中，参加调查的学生中只有5.6%反馈感受到了教师的爱。毋庸置疑，教师爱学生，但爱的方式不得不让我们思考。在相关研究中，最受学生欢迎的教师是能够尊重学生、激励学生和限制学生的。所以，教师对学生的爱应该是尊重、激励与限制相统一的，只有这种爱才是"教育的爱"。教育的爱是一种思想、一种情感、一种氛围。尊重、激励和限制是教育的爱，但其载体是宽容，只有这样，才会让爱散播。教师只有宽容学生，才能收获学生的情感回馈。

二　教师转变立场

现代教育强调以人为本，教育是为了让学生成长，教师是在帮助学生成长。因此，教师在日常教育教学工作中，要摒弃传统的站在教师的立场处理问题的做法，而是要转变立场，站在学生的立场思考问题。即便是同样一件事情，不同处理方法也会收到不同的教育效果，如果教师站在自身的立场，教育过程可能是批评、挖苦，这无疑会使学生的尊严受到伤害，学生不仅不服气，还会产生严重的对立情绪，教育结果是不尽如人意的。如果教师站在学生的立场，往往能体会到学生的难处，给学生更多的宽容和期待，同时也启发学生在这个过程中反思自己的错误，带给学生新的生命成长体验。

三　双重强化取代单纯强化

在评价管理中，有时候惩罚比奖励更有效。因此，教师在班级的常规管理工作中的量化考评也不妨采用这种"萝卜加大棒，一个都不能少"的评价机制，也就是改传统的单纯以"加法"激励学生的强化机制为"加减并重"的双重强化机制，运用奖励和惩罚两种手段来调动全体学生的积极性，凝聚班集体意志，培养团队荣誉感。

四　发散思维取代纵向思维

按照传统的教师工作思维，发现学生的问题时教师总是关注问题所带来的危害，不断强调后果如何不堪设想，对学生进行严厉的批评和惩罚。但这样的处理方法只关注了学生承认错误的表象，并不能帮助学生真正地改正错误。教师这种处理问题的方法源于纵向思维方式，这种思维方式遵循一条最明显的思维路线，即直上直下地思考。然而，还有另外一种不同的思维方式，也就是横向的发散思维方式，同样可以帮助教师解决问题，而且教育意图在其中是隐性的。

尝试用"可以做什么让问题不再继续下去"的发散思维方式的思路来取代"问题发生的原因是什么"的纵向思维方式，不失为解决问题的一种好思路，教师用发散思维方式解决了一个个问题后，才真正能够养成一种反求诸己的工作习惯，促进教师本人专业能力、专业品质的提升和专业情感的培养。

五　用传授思考方法代替说教

凡事从不同的角度思考就会有不同的认识。教师要将一种观点或理念传递给学生，如果只是一味地说教，并不能在学生心中产生实在的震撼感。教师要想使自己的教育变得入情入理，就应教给学生一些思考的方法，让学生在自主辨析、思考、判断中，做出既符合个人意志又符合社会行为规范的正确行为。

第二章　儿童友好型学校的概念

第一节　儿童友好型学校的需求

儿童友好型学校是学校办学的方向和目标，它的建立是推进素质教育的需要，是社会文明进步的重要体现。它是一个让师生受到尊重和关爱的，快乐而安全、宽松和谐、没有暴力和欺凌、提倡均衡发展、体现人性化理念的理想场所，它对于儿童、教师和学校文明健康发展具有十分重要的意义。

一　儿童友好与儿童友好型学校

（一）儿童友好

儿童指 18 岁以下的任何人。儿童友好指全社会在包括儿童的卫生、营养、健康、教育、环境、权益、参与等在内的领域中的一切行为，均应以儿童的最大利益为首要考虑因素，共同推动健康、教育、福利、法律保护、空间环境等儿童规划重点领域不断取得长足发展。

（二）儿童友好型学校

儿童友好型学校是指以儿童发展为中心，师生、家长、社会民主参与学校管理，倡导儿童优先、儿童平等和儿童参与的理念，儿童发展环境良好，儿童权益得到依法保护，儿童观点得到充分表达，儿童安全得到有效保障，促进儿童德、智、体、美、劳等全面发展的学校。

二　儿童友好型学校的优点

（一）对儿童而言

在儿童友好型学校，儿童人格得到尊重，心声得到倾听；儿童愿意主动上学，学校突出了儿童的主体地位，体现了以人为本的理念，能激发儿童的学习兴趣，提高学习动力，保护儿童的自尊心，使他们在宽松、民主、和谐的氛围中专心学习与生活；儿童有良好的行为和积极的态度，能更好地接受教育，培养多种生活技能以及创新精神和实践能力，使身心得到健康发展。

（二）对教师而言

儿童友好型学校可以使教师得到广泛尊重，感到愉快、轻松，能安心工作；培养教师的合作意识和团队精神，使其具有良好的道德修养，更好地爱岗敬业；提高教师在社区的信誉度，使教师得到更多的支持和教育资源，更好地为教育教学服务；为教师的专业化发展提供支持和保障，促进教师自身素质的提高，有利于教师的身心健康。

（三）对学校领导而言

校长要懂得营造一个和谐、民主、轻松、愉快的氛围和创建良好的环境对教师、学生和学校发展的重要性；在此基础上，通过建立儿童友好型学校，提高对与社区、家长联系的认识，让他们参与学校建设，从而获取最大化的教育资源与帮助，促进学校的全面发展。

（四）对家长而言

在儿童友好型学校，家长受到教师的尊重，参与学校教育的信心增强，明确教育孩子也是自己的义务和责任，主动到学校参与管理和教育活动，为孩子的学习、生活提供更多的关心和帮助，从而促进孩子的健康成长。

第二节　《儿童权利公约》的起草与缔约

《儿童权利公约》是人类社会发展到一定阶段的产物，体现了历史发展的客观要求。回顾国际社会保障儿童权利的历史进程，不难看出，人类社会充分重视儿童的基本权利，制定出保障儿童权利的国际准则。

一　《儿童权利公约》制定的背景

"一战"和"二战"这两场灾难无情地践踏和摧残了无数人的生命、尊严和基本权利，使数以千万计的平民在战争中死去，使许多人无家可归。人类社会中最脆弱、无助又无辜的群体——不计其数的儿童更是惨遭这两场战争的蹂躏、摧残。战争使许多国家经济萧条、满目疮痍。经历过浩劫的人类社会不得不痛定思痛，下定决心采取措施避免类似灾难再次出现。在国际层面上，各国努力探索建立具有约束力的国际人权保护机制。对弱势的儿童，国际社会给予了特别关切。事实上，《儿童权利公约》并不是第一个包含"儿童权利"概念的文件，里面的许多条款、原则都是在以往具有里程碑意义的国际人权文件基础上被提出的。

"一战"后，国际联盟（League of Nations，以下简称"国联"）成立。为了保护儿童，国联成立了专门的委员会，于1921年制定了《抑制贩运妇女儿童国际公约》（International Convention for the Suppression of the Traffic in Women and Children），于1926年制定了《禁奴公约》（Slavery Convention）。1924年，国联签署了《日内瓦儿童权利宣言》。这是第一个国际社会订立的保护儿童权利的文书，但当时的儿童权利保护侧重点在消除对儿童的剥削和奴役、禁止贩卖儿童和招收儿童做工以及打击诱骗儿童等方面，儿童被看作弱小的需要受保护的对象。

1945年，"二战"刚刚结束，许多国家满目疮痍，世界渴望和平与安宁。在此背景下，各国共同创立了联合国（United Nations），其行动使命包括"维护国际和平与安全、促进可持续发展、保护人权、提供人道主义救助、维护国际法"。《联合国宪章》成为维护国际和平与安全、保护全体人类之人权和基本自由的国际法基础。1948年12月10日联合国大会通过了《世界人权宣言》，它构成了国际人权法的基础，鼓舞各国签订了许多具有法律约束力的国际人权公约，包括《儿童权利公约》。《世界人权宣言》对于成年人和儿童同样适用，但它的第二十五条第二款特别强调儿童应该受到平等保护。

早在联合国成立伊始，联合国大会就已经致力于修订 1924 年《日内瓦儿童权利宣言》。但是，直到 1959 年 11 月 20 日，在《日内瓦儿童权利宣言》基础上制定的《儿童权利宣言》才被联合国大会通过。1959 年《儿童权利宣言》包括"序言"和 10 项原则，反映了自 1924 年"国联"通过《日内瓦儿童权利宣言》以来人们对"儿童权利"看法的演变。人们对儿童权利的认识提高到一个新的高度，《儿童权利宣言》不仅扩大了儿童权利的范围，如纳入了生存权、健康权、活动权、教育权等，而且强调了儿童是自身发展的主体的儿童观。除《儿童权利宣言》外，20 世纪 60~70 年代通过、生效的《公民权利和政治权利国际公约》和《经济、社会及文化权利国际公约》也在很大程度上影响了《儿童权利公约》的制定。事实上，《儿童权利公约》的许多语言都借鉴了这两大公约。

1976 年，联合国大会通过决议，宣布 1979 年为"国际儿童年"（International Year of the Child）。许多庆祝活动逐步展开，而波兰政府认为最好的庆祝方式莫过于制定一个专门的儿童权利公约。于是，其于 1978 年向联合国人权委员会第 34 次会议提交了一项建议：制定一个专门的儿童权利公约。"国际儿童年"只是一个偶然的契机，波兰政府提出此项建议缘于"二战"期间超过两百万的波兰儿童惨遭无情杀害的惨痛史实。虽然 1959 年联合国大会通过了《儿童权利宣言》，该宣言在国际社会产生广泛的影响，但由于其不具有法律约束力，难以充分发挥对儿童权利的积极保护作用。波兰政府不满足于此，为避免惨痛历史重演，其驻联合国代表积极劝说人权委员会制定一个具有法律约束力的"公约"来解决由"二战"引起的儿童相关问题。波兰的许多著名学者，例如，时任波兰法学家协会主席和波兰驻联合国人权委员会代表的亚当·洛帕特卡（Adam Lopatka）教授积极地参与到了倡议活动中。他后来被称为"《儿童权利公约》之父"。

1978 年 3 月初，联合国人权委员会开会讨论了波兰的建议。一些国家、非政府组织和联合国机构的代表围绕两个根本性的问题展开了激烈讨论：确有必要制定一个专门的儿童权利公约吗？在答案是肯定的情况下，时机是否成熟？民主德国、保加利亚和苏联对波兰的建议表示强烈支持，一些发展中国家的代表也持肯定态度。支持者认为，儿童有不同于成年人的特殊需要，所以需要通过一个专门的公约对其进行特别保护。与此形成鲜明对比的是美国、加拿大、瑞典、英国等西方国家的态度。它们对制定这个条约的必要性进行了质疑，认为现有的国际人权文件已经能为儿童提供充分保护，即便真的需要制定一个专门公约，时机也尚未成熟。此外，由联合国经济及社会理事会委任的 20 个非政府组织的代表也加入了讨论。他们认为确实有必要制定一个这样的公约，但是制定这个公约为时过早。

最后，各方做出妥协，相关事宜将留待 1979 年人权委员会第 35 次会议继续讨论。联合国秘书长在各成员国、政府间组织和非政府组织中，就"有无必要制定《儿童权利公约》，以及在答案肯定的情况下如何起草《儿童权利公约》"展开了一个调查。40 个联合国成员国、国际劳工组织、联合国教科文组织、世界卫生组织和 14 个非政府组织回复了秘书长的调查。虽然一些国家和组织认为制定《儿童权利公约》的时机尚未成熟，对波兰提交的《儿童权利公约》草案内容和形式提出了批评，认为其不过是照搬 1959 年《儿童权利宣言》，但是，绝大多数回复者都表示如果联合国认为确有必要制定一个这样的公约，他们将表示支持。这是因为没有哪个国家或组织愿意承担漠视儿童权利的恶名。

1979 年，联合国成立了一个由各成员国、政府间组织及非政府组织代表组成的工作组，专门负责《儿童权利公约》的起草。围绕如何起草《儿童权利公约》，各方展开了长达 10 年的激烈争论。虽然有许多国家和组织参与《儿童权利公约》的起草，但是真正起主导作用的是东欧国家和西方国家。东欧国家强调要优先把经济、社会和文化权利写入《儿童权利公约》，而西方国家则提出要优先把公民权利和政治权利写入《儿童权利公约》，以保护儿童免受国家权力滥用之害。最后双方做出妥协，公民权利和政治权利以及经济、社会、文化权利都被写进了《儿童权利公约》。

在充分考虑和借鉴《联合国宪章》、《世界人权宣言》、《公民权利和政治权利国际公约》、《经济、社会及文化权利国际公约》、《关于儿童保护和儿童福利、特别是国内和国际寄养和收养办法的社会和法律原则宣言》、《联合国少年司法最低限度标准规则》（北京规则）等以往国际人权框架的基础上，《儿童权利公约》的终稿在 1989 年形成。终稿代表了绝大多数国家和国际组织的意志，与起初波兰提出的草案已经迥然不同。公民及政治权利与经济、社会、文化权利最终都被纳入其中，这体现了人权具有不可分割性，不同的人权互相依存、互相关联、不可分割。1989 年颁布的《儿童权利公约》反映了当代儿童观的新发展。一方面，从社会发展的角度来看，"今天的儿童就是明天世界的公民"，因而他们的生存、受保护和发展是人类未来发展的先决条件，这一看法已经成为人类的共识，"让每个儿童拥有更美好的未来"是当代国际社会的共同愿望。另一方面，从儿童发展的角度来看，现阶段国际社会对儿童的普遍认识是：①儿童是人，是活生生的个体；②儿童是发展着的积极能动的主体；③儿童是潜藏着巨大潜力和创造力的个体；④儿童是一个有多种需要的个体；⑤儿童是一个独立体，既有共性也有个性；⑥儿童是享有平等权和优先权的社会一员。基于对"儿童是行使自己权利的主体"的认识，许多国家把善待儿童、尊重儿童，为儿童创造良好的生活、教育环境以促进其身心健康发展、提高其生活质量提升到社会共识和法律的高度来看待。可以说，正是在这种情况下，《儿童权利公约》诞生了。

二　《儿童权利公约》的基本原则

（一）儿童最佳利益原则

凡是涉及儿童的任何事宜都必须以儿童的最佳利益为重，以最有益于儿童的发展为出发点。

（二）保护儿童尊严的原则

儿童拥有高贵的独立的人格，必须保护儿童的人格尊严。凡是涉及儿童生存与发展的问题都要以认识儿童、了解儿童、尊重儿童、造福儿童，而不是伤害儿童为前提。

（三）尊重儿童意见的原则

儿童有权发表自己的看法。任何事情如果涉及儿童本人，必须认真听取儿童的意见，大人不要自作主张，更不要压制儿童的观点表达。

（四）无歧视原则

不管儿童来自何种社会文化背景，不论他们出身高低贵贱，也不论是城市的儿童还是乡村的儿童，是男童还是女童，是正常儿童还是残疾儿童，都应得到平等的对待，而不应受到任何的歧视或忽视。

三 《儿童权利公约》的特点

首先，一方面，《儿童权利公约》的制定与颁布是世界各国重视儿童的生存与发展且其对儿童的认识趋于一致的结果，《儿童权利公约》是顺应历史发展潮流的产物；另一方面，《儿童权利公约》的问世又促进了整个国际社会对儿童权利的高度重视与新认识的产生，表明了国际社会对保护儿童权利、关注儿童健康发展的信心和决心。尤其是《儿童权利公约》及随后颁布的《儿童生存、保护和发展世界宣言》（简称《宣言》）和《执行九十年代儿童生存、保护和发展世界宣言行动计划》（简称《行动计划》）进一步规范了社会"为什么"以及"如何"保障儿童权利，使这些主张和信念变成了各国政府的承诺和自觉的行为。《儿童权利公约》要求接受它的国家要对有关儿童的权利负法律责任，从而使儿童权利的保障实现了从可能性向现实性的飞跃。正因为如此，《儿童权利公约》《宣言》《行动计划》的颁布在整个国际社会引起强烈的反响，世界上许多国家纷纷表示拥护，并签署了《儿童权利公约》《宣言》《行动计划》。

其次，《儿童权利公约》强调了儿童在保护自己权利中的地位与作用。传统上对儿童权利关注的焦点是成人在对儿童基本权利的保障上"必须做什么"和"不应做什么"，儿童被看成是弱小的需要受到特别"关照"的对象，而较少考虑到儿童自身的能力。这种出于"善意的保护"的目的所采取的措施往往不符合儿童的内在需要，其结果也往往事与愿违，可能不但没有有效地保护儿童，反而给儿童造成一定的伤害。《儿童权利公约》不仅看到儿童因自身身心成熟度有限而需要保护这一事实，而且突出了儿童是积极主动行使自己权利的主体的理念，强调了儿童"可以做什么"的权利。它不仅要求让儿童了解自己拥有的权利范围，而且规定，儿童对保护自己的权利可以发挥重要的作用，有权在自己的发展过程中做一名自主行动者，鼓励儿童积极参与、协助实施《儿童权利公约》、《宣言》和《行动计划》的有关规定。这样无疑给儿童决定自身发展以及体现自身对社会发展的价值、充分发挥主体与参与的作用创造了条件。

最后，《儿童权利公约》内容涉及的领域广阔，蕴含的意义重大而深远。它继承了以往《儿童权利宣言》中带有普遍意义的规定，但又结合新时期国际社会儿童生活的基本状况，拓展了儿童的权利范围，制定出有效保护儿童生存与发展的措施，甚至"在若干其他领域内，包括一些敏感领域，超过了现有的标准和做法"。《儿童权利公约》对儿童权利做出了详细规定：儿童有生命、生存和健康的权利；儿童有受教育的权利；儿童有享受休息活动和娱乐的权利；儿童有参与社会生活的权利；儿童有隐私不受干涉、其荣誉和名誉不受侵犯的权利；残疾儿童、难民儿童以及触犯法律的儿童在人格尊严上有享有与其他儿童相同待遇的权利；等等。概览《儿童权利公约》条款，它体现了当今世界各国对儿童生存、保护与发展的共同认识，涵盖的领域包括了人权的整个范围，强调了儿童具有生存权、发展权、受保护权、参与权这四大基本权利。

总而言之，《儿童权利公约》是一篇划时代的文献，是为儿童人权拟定种种保障的一项国际法律文书。它为未满18岁儿童的保护及其福利制定了一套全面的国际法准则。它的制定与通过表明，国际社会决定并相信有能力将保障人权的范围扩及社会上最脆弱的群体——儿童，这必将对促进21世纪儿童以及儿童事业的健康发展产生极其巨大而深远的影响。

第三节 儿童友好型学校与情境模拟空间结合的必然性

设置情境模拟空间是根据教学要求和儿童成长需求，通过对室内外空间进行创意设计，模拟不同的日常情境，创建使儿童身心得到良好发展的学校空间，并为他们积极融入社会、适应社会生活做铺垫。

一 情境模拟空间与体验式学习

设置情境模拟空间的最终意图是鼓励儿童亲身体验社会，在教师的帮助与引导下完成对社会生活的认知和对社会基本技能的学习，对于教师而言，情境模拟空间中的教学以情境模拟教学理念为理论指导；对于儿童而言，情境模拟空间则是一种体验式学习（Experiential Learning）环境。体验式学习区别于传统教学中以老师灌输和教授为主的学习模式，是一种以学生自主体验为核心，以其积极参与、全身心投入为前提，鼓励学生通过亲身经历去感知、理解、感悟、验证教学内容的学习模式。

"体验式学习"理论的建立可以追溯到 20 世纪初，发源于著名教育家约翰·杜威（1859～1952 年）的"经验学习"。"经验"是杜威教育哲学的核心，在他的观点中，"教育即生活""学校即社会"，体验属于经验的一部分。

其后美国当代杰出的体验学习专家大卫·库伯（David Kolb）在约翰·杜威的理论基础上将"体验式学习"发展成完成的教育学习体系，在其代表作《体验学习——让体验成为学习和发展的源泉》（*Experiential Learning：Experience as the Source of Learning and Development*）中，他第一次提出学习是一种体验，并且他主张将学习的环境从课堂转移到车间、家庭、社区等任何使我们能聚集在一起工作、娱乐或表达情感的地方。同时库伯认为儿童的学习不能没有体验，没有体验意味着没有反思、没有感悟，也就没有儿童的成长与发展。

体验式学习的重点是让儿童进入教师精心设置的活动、游戏和情境中，在实际参与中观察、反思和分享，从而获得对自己、他人和环境新的感受与认知，并把它们运用到现实生活中。这种模式的学习在幼儿园通常以游戏或者师生互动的形式展开，它不但为学龄前的儿童留下直观、易懂且深刻的教学印象，更能从各方面促进儿童能力的和谐发展。

二　促进儿童空间认知能力的发展

空间认知能力是指人们对物体或空间图形在头脑中进行识别、编码、储存、表征、组合、分解以及抽象概括的能力，包括空间观察能力、空间想象能力、空间记忆能力以及空间思维能力。

对于空间认知能力的理解和训练设计可以从理解儿童对应的心理和行为开始。在空间观察能力方面，儿童在观察空间的时候，随意性水平较低，容易受到外界影响而转移观察目标。所以他们比较容易辨识生动形象的空间信息，而对复杂空间信息的认识能力较差。在空间记忆能力方面，儿童的记忆较为随意和直观，他们对容易理解的空间有较好的记忆识别效果。在空间想象能力方面，年龄低的儿童想象主体容易变化且夸张，经过教育训练，儿童的想象力逐渐丰富，能够在语言描绘的基础上创造新的形象，所以低年龄孩子的空间想象是在已有形象的基础上进行再造想象，其创造想象力正处在发展阶段。在空间思维能力方面，儿童的空间思维能力一般产生于幼儿园阶段，随着年龄的增长，他们的抽象逻辑思维开始发展，能运用词汇和已具有的知识、经验进行分析，能够运用逻辑思维去理解和改变空间信息。

因此，儿童的空间认知学习内容是广泛而粗浅的，学习方式应以直接感知、动手操作和模仿为主。而情境模拟空间恰恰是直观的、形象的、具体的空间形式。在情境模拟空间中，儿童不是在被动地接受知识，而是结合体验式学习方式，主动参与到空间当中，立体、多维度地感受空间变化，这种渗透式的教学方式能够使受教育者感到自然、轻松、愉快，产生情感上的共鸣。

三　符合儿童年龄特征

以环境学习和探索为主的情境教育模式与在情境模拟空间背景下的体验式学习符合儿童的年龄特征。低年龄儿童的年龄特征表现为注重对外部可感知世界具体、直观的探究与认识。随着年龄的增长，他们的独立性增强，活动范围也渐渐扩大，这使他们对周围的环境产生了强烈的好奇心和探索欲望。然而，低年龄的儿童对世界的认识还是感性的、形象的，有时他们思维还需要动作的帮助，他们对事物的认识往往是整体而模糊的，不能运用逻辑思维分化事物；他们的行为常常有很大的无意性和情绪性。这些特点决定了低年龄儿童不足以掌握系统的科学知识和抽象的原理。因此，他们的学习内容应当是广泛的、综合的和粗浅的，学习方式应以动手操作、直接感知和模仿为主。而情境模拟空间所塑造的环境是直观的、形象的、具体的、可感知的，在这样的环境下，儿童通过体验参与到学习中来，构建多维度的学习方式，这恰恰与儿童的认识特点有一致性，所以情境模拟空间的塑造与儿童教育是相适应的。

四　顺应当代儿童教育发展方向

儿童友好型学校不提倡教师单方面传授教学，而是鼓励儿童在学校中探索自己感兴趣的内容，而情境模拟空间能为儿童提供一个没有讲台的教育环境，在这样的环境中，儿童所感受到的是渗透在情境中的文化及知识，这能为他们免去来自外界的精神压力。当代主流的蒙台梭利教育理念提出："彻底转变传统的教育思想观念，打破儿童是被领导、被教育、被填充的对象，成人是儿童的创造者的旧观念，做到真正把儿童当作主体；创设适宜的环境，尊重儿童的内在意志，保证儿童的发展自由，激发儿童的好奇心和求知欲，培养儿童的创新意识。"[①] 此外，瑞吉欧教育理念中提出的"空间教育者"理念，同样强调了建筑空间环境对儿童能力发展的重要性。所以我们说，在儿童友好型学校中建设情境模拟空间是顺应当代儿童教育发展方向的。

[①] 玛利亚·蒙台梭利. 蒙台梭利早期教育法 ［M］. 祝东平，译. 中国发展出版社，2006：70.

第三章　构建儿童友好型学校
良好环境的措施

第一节　创建以人为本的设施空间

与其他公共空间相比，儿童在校园内所停留的时间更长、活动频率更高，校园空间对儿童发展的影响更大。因此，儿童友好型学校的设施空间要以人为本，为儿童打造适合成长的空间环境。

一　增强环境趣味性促进儿童乐学

中小学的设计常常通过限定边界将学校分割为均质的单元。这样的单元较为统一，易于实现少量教师对大量学生的管理。然而对儿童培养要求的提高和儿童自身发展意愿的勃发，加上各种新兴技术的导入，一定程度上将教职工从"保姆"的身份中解放出来，这种基于均质单元、忽视儿童个性的培养方式逐渐被废弃，取而代之的是更为尊重儿童天性的教育方式。而作为容纳这种教育的场所，中小学校园也需要提供满足儿童天性需求的空间。由于儿童生性好动，思维灵活，有任何想法都会立刻付诸行动，相应地，其行为发生的地点和时间随机性也都较强，因此需要校园空间环境具有一定的"弹性"来使各种行为都能安全、积极地发生。作为限定空间的主要因素，校园空间环境的边界也应具有弹性，做到可调整、可变化，让儿童能够积极健康地成长。这种弹性应该是覆盖中小学校园中各个层次的。从最小的单元到校园建筑再到校园本身，都应具有一定的弹性以保障儿童的安全快乐成长。

（一）弹性边界设计包容即时行为变化

1. 单元边界可变容纳活动转化

校园活动中各种行为的出现频次具有差异，如果针对每个行为都设置针对性的空间，很可能出现部分空间长时间无人使用的情况而造成浪费。因此如果能够通过改变空间的形态、规模使其在不同时间适合不同使用方式，就能实现校园资源的节约，将有限的空间用于满足更多的需求。

如今，中小学多位于由住宅可出发可快速到达的范围内，因此周边用地密度大，校园用地相对紧张。在这种环境下，像礼堂一类的大型空间单元既存在占地面积大的问题，又存在只在特殊时间节点开放使用的缺陷，对于寸土寸金的中小学而言不可谓不浪费。在设计中应该提升这类空间单元边界的弹性，使其能够更为灵活地转换尺度，实现化整为零，既能满足对其本身功能的需求，又能在不使用的时候转换为附属小空间，供儿童交流、活动。

2. 建筑边界模糊实现双向渗透

建筑边界原本用于分隔室内与室外环境。然而随着自然教育的开展，在室外进行的非正式学习被证实同样能够起到教育的作用，因此需要建筑边界在能够保证空间划分的基础上实现室内外的相互渗透。在弹性设计下的校园环境中，学生能够自主决定学习发生的场所，在室外和室内的儿童也不会被建筑边界阻断交往。建筑边界的弹性化可以通过具有较强透明性的建筑材料实现，如通过玻璃幕墙实现空间的流动或通过栏杆构建形成流动的室内外空间。另外也可以结合景观设计，以景观墙作为建筑边界，使室外环境能够向室内渗透。

3. 校园边界可拓支撑规模调整

影响中小学规模变化的因素是多元的。一方面，随着开放"三孩"政策的实施和教育资源整合背景下撤点并校的推行，在人口密集区域的生源数有望呈现增长趋势，现有的中小学规模可能难以满足对应学生的需要，因此存在规模扩增的可能，在用地较为紧张的区域还可能出现将食堂、宿舍、体育馆等功能性场所放置在校外的现象。另一方面，我国人口老龄化的发展趋势也使得部分区域存在生源减少、校园规模变小的情况。另外，教育理念的持续发展也可能对中小学本身的规模产生冲击。然而中小学属于永久建筑，其使用年限较长，难以针对周边环境的变化进行拆迁重建，因此其校园边界就应具有一定的弹性，在设计过程中应考虑预留可能的发展空间，使其能够在生源变化、教学设施变革等情境下支撑规模的调整，保障学校原有的教学功能。

（二）自然景观寓教于乐促进自然教育

在信息技术高速发展的当代，智能手机、平板电脑的普及使儿童从小就接触到了互联网所带来的丰富世界并深陷其中，导致许多儿童丧失了和自然接触的机会，成为不爱室外运动只爱室内插头的"塑料儿童"。在儿童友好型学校的设计中，应尝试结合儿童的发展需求，利用自然以及人为改造环境为儿童提供更好的游戏场所，设计富有趣味性、体验性的自然活动空间，开展寓教于乐的儿童自然教育。

1. 天然性自然景观

自然教育的意义在于通过在自然环境中让儿童释放天性，实现儿童和自然环境的有效连接，进而实现儿童乐学的目的。因此，在这个过程中，自然景观的天然性是必须被保障的。在校园空间环境的设计中应就地取材，充分利用本地的自然资源，将绿植、水体、阳光、空气以及原有的生态物种导入儿童的活动场地中，使儿童有更多亲近自然的载体，促进其身心健康发展。

2. 可亲近性自然景观

对环境进行触碰感知是提升认知能力的重要过程，校园中的自然景观应让儿童能够亲近、接触，和儿童形成多元互动。在自然景观的设计上，应考虑儿童的活动特征，例如，在植被的选择上应避免带刺的木本植物，选择无毒、安全的植物进行配置。应通过系统的设计，以友好的自然环境吸引儿童的接触。

3. 可生长性自然景观

作为校园空间环境的组成部分之一，自然景观需要和儿童一起成长。当代教育理念一直处于持续更新之中，信息技术的进一步普及、中小学建筑设计规范的更新都将为中小学校园的建设带去进步和变革，因此自然景观也不应保持一成不变。考虑到未来可能的发展需求，自然景观既应满足能够循环生长的基础要求，也应为日后的变革发展提供可变化的空间。

4. 教育性自然景观

设置自然景观的最终目的是实现自然教育，因此景观应对儿童有教育作用。植物本身的循环往复、生生不息的自然规律是宝贵的教育资源，对于启发儿童感悟生命的意义和价值具有重要的作用。学校通过让儿童接近自然景观，使他们认识到生物生长的自然规律，从而实现教育目的。

（三）优化色彩选择引导儿童积极情绪

视觉是儿童认知空间的第一感知方式。儿童的情绪和颜色有着很大的关系，而积极的学业情绪又能引导正向的学业成就。暖色系的颜色具有较强的视觉引导性，然而大面积使用容易造成儿童精神状态的焦虑，因此颜色的运用需要考虑到不同颜色带给儿童的心理感受。由于儿童的色彩感知与成年人存在差异，且不同空间的服务功能也有差别，因此校园空间环境的各个区域需要根据功能在优化颜色的过程中进行选择，使其颜色更加适合该区域的使用功能，从而引导儿童产生积极的情绪，促进儿童健康成长。

不同年龄段的儿童在生理发育程度上存在区别，其对色彩的认知程度也有一定差异，导致不同年龄的儿童在色彩上的喜好倾向有所不同。总的来说，在小学前期阶段儿童普遍喜好较为鲜亮的高饱和度色系颜色。然而由于该阶段儿童心理尚在发育，情绪波动较为剧烈，大面积使用高饱和度的颜色可能会刺激其情绪波动愈发剧烈，因此在空间颜色的使用中应考虑以低饱和度的颜色为主体，以部分高饱和度的颜色作为点缀。在小学后期和初中阶段，由于社会环境的影响和生活经验的积累，儿童对于颜色的喜好倾向很大程度上受到性别刻板印象的影响，因此对于性别分化较为明显的功能空间可以适当通过有针对性的颜色进行区分。在高中阶段，由于生活经验的大量积累，对于颜色的喜好很大程度上取决于个人的人生经历和气质，因此在颜色的选择上可以更多地考虑颜色本身对于使用者心理的影响。

不同的颜色带给儿童的心理感受具有一定的差异。在空间环境设计的过程中应将使用目的和不同颜色对儿童的情绪影响相结合，针对性地选取适宜的颜色，从而引导儿童进行空间适宜开展的活动，保证儿童时常处于积极健康的心理状态下。

在主色调的选定上不应采用大面积高饱和度的颜色，这种颜色对儿童情绪的影响较大，容易造成儿童焦虑，严重的甚至可能导致其身体的不适。而低饱和度的颜色又相对压抑，难以调动儿童积极的学习情绪。因此空间的主色调适宜选用较为柔和的颜色，在此基础上搭配鲜艳的局部用色，形成整体能够使儿童情绪放松、局部能刺激儿童兴奋的色彩搭配方案。同时，颜色的选择也应契合不同认知发展阶段儿童的特点：低年级可以采用暖色调营造温馨、舒适的空间环境，促进非正式学习的进行；当儿童处于高年级，正式学习的占比会相对增加，可以采用冷色调为主色调，使儿童更为冷静、专注地思考。

在进行校园空间环境色彩的选择时，也应考虑到"教学"这一学校的基本功能，使颜色选择适合相对应的空间功能。正式学习空间如普通教室、专业教室，由于对学习的效率具有一定的需求，需要营造一个能够让儿童平稳思考的环境，因此更适合采用冷色调作为主色调。而对于非正式学习空间，更多时候需要促进儿童的交流，因此能够激发儿童活力的暖色调更为适宜。

二　增强环境领域感保障环境安全

环境安全是中小学校园建设过程中极为重要的考虑因素之一。当今的中小学大多采用机械手段增强校园安全性，然而面对日益严峻的社会威胁和更为灵活的使用需求，校园空间环境也需要从设计上对可能存在的安全隐患进行消除，提高空间的安全程度。增强环境领域感，有助于加强空间环境的限定性，增加恶性伤害的犯罪压力和提高对意外事故及时伸出援手的概率，保障环境安全。

（一）提升界面透明度增强自然监视性

自然监视（Visual Surveillance）的概念来自环境设计预防犯罪理论，指的是通过使行为对于外界而言可见，来增加犯罪者犯罪的心理压力或提升意外状况被发现的概率。

一方面，《中国校园欺凌调查报告》显示，校园欺凌行为以及针对儿童的恶性伤害行为主要发生在偏僻、隐蔽的场所。正是由于处在不被他人所注意到的环境中，加害者才能够有恃无恐地对受害者进行迫害。因此有必要通过提高环境的透明度、让更多的人能看到罪行的发生来增加犯罪者的犯罪压力，从而降低各种儿童伤害事件的发生概率。另一方面，校内发生的各种意外事故，也需要第一时间被发现并得到针对性的处理。儿童能够呼救的方式较少，往往只能通过被他人发现才能得到帮助。这也需要空间具有一定的透明度，确保他人能够看到意外状况的发生。

在传统的中小学设计中，每个空间自成一体，封闭性相对较强。这种封闭围合的空间为校园霸凌、性侵儿童等恶性事件提供了视觉的遮挡，难以形成校内自发的自然监视。随着教育理念愈发开放多元，校园空间也开始呈现灵活开放的趋势，界面的围合手段不再局限于实体墙，更为通透开放的形式将成为未来中小学设计的趋势。提升界面的透明程度，使各个区域之间的自然监视成为可能。

在校园环境的设计过程中应避免全部使用实体墙，转而使用栅栏、玻璃等有较高透明度的材质限定空间范围，保障界面的透明度，使其他人能够分辨空间内是否发生危险行为。不同年龄的使用对象由于身高存在差异，视平线高度也有所不同。为使同一环境处于不同使用对象的共同自然监视下，开窗高度应不高于任何使用对象相应的开窗最低点高度。对于像卫生间等需要保证隐私的场所，可以将围合界面提高，使界面和地之间形成一定缝隙，通过缝隙，外界能够分辨在同一空间内的人数和所处其中的人的状态，从而实现自然监视。

（二）控制环境光源提升场所领属感

教学空间较高的光环境质量对保护儿童视力、改善儿童情绪具有重大的意义。柔和且适度的光线能够缓解儿童的视觉疲劳，让儿童在积极主动的氛围内快乐学习。在这一方面，我国现行的《中小学校设计规范》（GB 50099—2011）已经提出了相应的要求，保障了儿童能够在明亮、清晰的环境中进行学习，满足了儿童生理健康的需要。但另一方面，儿童在成长阶段并不只经历生理的成长，其心理的成长对于儿童而言同样重要。然而综观我国目前的中小学校园空间环境的设计，往往没有对儿童心理成长的光环境需求做出充分的回应。校园环境的照度需求以生理需求为下限，使得没有传统学习行为发生的空间，如交通空间因布局的缺陷和人工照明的薄弱而缺乏生机，没有光环境对空间的限定使得校园空间环境缺乏领域感，儿童也自然难以产生对校园空间环境的归属感。此外，根据环境设计预防犯罪理论，没有明确的领域性的空间很容易发展成消极空间。加强人们对空间的归属感，能够使在此活动的人自发地对环境内的犯罪征兆或犯罪行为进行干预，增加犯罪者在此犯罪的风险，进而降低犯罪行为发生的概率。提高环境照度也能够增强环境的自然监视性，让更多危险状况暴露在他人的视线之下，从而使环境更安全。因此，选择适宜的环境照度，从而提升校园环境的领域感对儿童的身心健康与安全而言是双赢的。

不同年龄段的儿童对环境照度的喜好倾向是相似的，各个年龄段的儿童都更喜欢自然光环境，但随着年龄的增长，他们对人工光的接受度也逐渐提高。大多数的儿童都更喜欢暖色光源，无论是哪个年龄段的儿童，都要保证他们活动的空间是足够明亮的。为了使校园环境中的环境照度能够满足儿童的心理需求，并提升场所的领域感保障环境的安全，需要进行针对性的光环境设计。

1. 优化细部设计保障自然光

我国规范规定，各类教室的光线应以从学生座位左侧射入为主。这种采光方式主要是为了保障"左手来光"，避免儿童写字时自身挡光。为了能让均质、充足的自然光遍布全体学生的活动空间，可以考虑通过优化细部设计达到要求。例如，可以针对外窗，通过增加开窗面积或将窗框设计成倾斜状以增加采光范围并避免眩光出现；另外也可以通过增加反光材质提升天花板的反光系数，结合天棚形状，将自然光导入距离窗口较远的一侧。

2. 区分光源设计突出环境性格

当今我国的中小学大多是相同空间的排列组合，在光环境设计中也是依据房间的面积将相同的人工光源进行排列。这样设计下产生的校园环境层次单一，各个空间缺乏自己的特征，单纯机械的复制难以让儿童对环境产生感情。为了强化环境的领域感，需要根据每个空间的使用特性进行针对性设计，以突出其环境性格，为儿童提供根据自己的使用需求选择自己喜爱的空间的可能性。

每个空间由于使用需求不同，呈现的环境性格也有差别。如普通教室是完成高效率的正式学习的场所，因此需要较为冷静的环境性格，其光源的形态就应遵循固定的逻辑；而像舞蹈教室、音乐教室这类专用教室需要调动儿童的积极性，环境性格是自由而奔放的，在光源形态设计上就可以采用多样的光源组合。总的来说，空间内进行的学习方式越正式，其光源设计就越为严肃理性；空间内进行的学习方式越自由，其光源设计就越为活泼感性。

3. 选取适宜光色烘托环境氛围

光本身的颜色是影响环境氛围的一个重要因素。在适宜的光色下，儿童的视觉疲劳能被减轻，儿童能更为积极主动地进行学习。而光色选择若不适宜，可能导致儿童注意力涣散、情绪紧张等问题，使儿童对环境产生抵触情绪。因此需要根据对空间的使用需求选择适宜的光源颜色。

（三）　实现形态分化增强环境识别性

目前中小学的设计，往往是将同一空间进行不断复制，形成的校园环境有较强均质性，识别性较弱。一方面，这样的空间环境难以形成视觉识别和心理感受的有效联系，环境缺乏记忆点，儿童难以对特定空间产生归属感，自然就难以形成对校园环境的"学生自治"。因此，识别性强的环境与儿童对校园认同感的产生是密不可分的。另一方面，当遇到需要紧急避难的情况，识别度强的环境比一成不变的环境更容易让人辨明方位，在疏散过程中更为有利。因此在设计中应增强环境的识别性，助力校园环境安全性的提升。

校园的主体使用对象是儿童和教职工作人员。由于儿童的认知能力弱于身为成年人的教职工，因此在环境识别性的强化上应以儿童的标准作为设计的及格线。在儿童所处的认知阶段中，图形知觉较为敏感，因此可以通过形态分化来增强环境的识别性。具体来讲，主要有以下三种设计策略。

1. 突出空间焦点主导性

目前校园空间环境存在的主要问题是空间的均质性过强，难以找到可供分辨的记忆点。因此在其设计中应增加视觉中心，或加强校园内其他环境和现有中心的联系，从而突出后者在空间中的主导地位。在校园环境中，公共活动空间往往是视线的焦点，在设计中应尝试增强该空间的视觉吸引力，以形成空间形态的分化。

2. 增强空间层次立体性

在设计中还可以通过限定元素来增强空间层次的立体性，从而增强环境的层次性。采取这种方式，能够将富有特色的小空间从大空间中剥离出来，提升环境的丰富度。增强空间层次立体性的方法主要有三种。

第一，可以通过实体要素对空间进行围合，从而起到限定作用，如使用家具、隔断等空间的结构构件等。第二，可以通过增加空间的竖向层次，以抬高或降低空间形成的高差来划分空间。一般采取改变地面或天花板的高度的方式，当改变地面高度时，其中被改变的部分还可以结合功能需要做成相对应的家具。第三，使装饰元素起到划分作用，例如，不同空间可采用不同肌理、色彩，或选择有视觉辨识性的家具，从而对环境进行划分。这种操作方式相对简单，灵活性也较强。

3. 提升空间类型多样性

儿童在成长过程中既有思考学习的独立需要，也有和他人游戏讨论的交往需要。相应地，校园空间也应提供满足不同开放性需要的开放空间、半开放空间和封闭空间。儿童需要独立思考或教师进行单独指导时需要封闭空间，儿童进行集体学习时需要半开放空间，儿童进行游戏、交流时需要开放空间。设计时应通过围合条件的调整形成不同的空间类型，使各个空间类型相互组合。

三　提升环境参与度升华场所精神

让儿童参与到环境之中有助于提升儿童的认知水平，增强其主人翁意识，从而营造中小学校园空间的积极氛围。提升环境参与度的措施是多方面的，既需要保障儿童能够正常地、健康地使用环境，在可能的情况下和环境进行互动，也需要使儿童参与到中小学校园生命周期的每一个阶段之中，提升儿童对校园空间的归属感。

（一）设施尺度适幼保障健康发展

在中小学阶段，儿童在生理和心理上都会逐渐经历从儿童趋向于成年人的发展过程，这意味着其生理和心理需求处在动态变化之中。因此，需要以适宜的尺度去迎合儿童的生理和心理需求。蒙台梭利教育理念指出：符合儿童需求的空间能够实现儿童的自由选择。当空间环境的尺度符合儿童的需求时，儿童能够自主地和外界环境产生相互作用，对外界环境进行探索，应以健康的环境构成去促进儿童的活动，从而不再让校园处于老师时时刻刻"人为"管理的状态，而是通过"追随儿童"实现以儿童为环境主导的"环境所为"。

1. 保障生理发展需要的动态生长尺度

儿童的生理尺度变化主要是由其发育过程中的身体尺度变化造成的。随着儿童身体的快速发育，其身高不断增长，其各项行为所需要的尺度范围也逐渐扩大。因此相应的校园设施配置与空间环境也应随年龄的增长同实现尺寸的加大和空间容量的扩增，从而使各年龄段的儿童都能在对自身友好的尺度下成长。各个年级儿童共同使用的公共空间，应能够同时满足不同年龄段儿童的使用需求。因此校园公共空间尺度需要具有一定的弹性，以适配不同儿童的使用场景。

随着社会经济的发展，物质日渐富足，儿童的生活水平也在不断提升。体现在儿童的生理发育上，表现为不同时代相同年龄的儿童身体尺度的极大差距。鉴于中小学是永久建筑，随着物质生活水平的提升频繁地拆迁重建不具有现实意义，因此其设施尺度需要具有动态生长的可能。

2. 满足心理认知需要的多元复合尺度

儿童的心理发育在与外部环境的相互作用中实现，根据皮亚杰的认知发展理论，儿童认知的发展依赖周边环境这一客体对其行为的回应而实现。因此校园需要以适宜的空间环境回应儿童心理发展的需求。儿童在不同年龄段具有不同的空间尺度需求，因此需要将不同尺度的空间复合使用，以此满足儿童公共交流与自我成长的多元需求。

（二）丰富界面构成营造友好氛围

在目前的中小学校园中，建筑的各个界面往往只是限定空间的墙体和楼板，对学生学习、生活难以起到促进作用。然而随着儿童发展需求的逐渐增加，校园不应再只是容纳教学活动的"容器"，更应成为能和儿童互动的"机器"，实现"启发式教学"。在这样的背景下，建筑的各个界面也需要进行变革。为了能让儿童在更为友好的校园环境中成长，可以用以下几种策略丰富界面构成。

1. 界面构成信息化

在儿童友好理念的指导下，校园界面将成为信息展示的平台。目前，我国中小学大多是"为黑板而建"的"1.0学校"，在1.0学校的教室中，只有布置了黑板的主墙才具备课堂教学信息展示的功能，其他几面墙只起到围合空间的结构作用。这种构成模式一方面导致了教学空间的均好性较差，另一方面又对教室内功能缺失的问题束手无策。而随着信息技术的快速发展，"为屏幕而建"的"2.0学校"通过信息化的界面构成能够以复合性更强的空间组成满足更为多元的儿童需求。2.0学校教室的每一面墙都具备课堂教学信息展示的功能，能够实现多媒体信息的多维度呈现，极大程度地提高了课堂教学的效率，营造了儿童友好的学习氛围。

2. 界面构成功能化

儿童强烈的好奇心为非正式学习提供了各种可能，校园中的非正式学习是随时随地发生的，为了给其提供多样化的载体，校园内的各个界面可以通过加入其他功能容纳各种随机的行为活动。同时，功能化的界面构成也能够促进儿童之间的随机交流，促进友好氛围的营造。

界面的功能化构成往往是通过在其中嵌入其他设施实现的。这种策略使界面不再仅仅起分割作用，而是能实现更多功能的有机融合。

3. 界面构成互动化

儿童的认知发展需要外界的积极反馈，而进行这种反馈的主要主体并不局限于同学。当界面承载一定互动功能时，建筑本身也能成为提供反馈的主体。界面构成的互动化指的是界面和作为使用者的儿童能够产生一定交互，使二者各自不再是独立的个体。可以通过这种方式让儿童产生参与感，从而起到促进认知的作用。

界面与儿童互动的方式是多样的，关键在于儿童能和界面发生关联，在这个过程中界面可能是发生关联的对象本身，也可能是形成这种关联的媒介。例如，德国卡尔博列小学设置了由光栅玻璃组成的互动化界面，玻璃面板可以旋转，通过反射将光谱打在环境中。这种特殊材质的颜色变幻莫测，十分丰富，对儿童吸引力极强。儿童在玩耍的过程中加深对光的理解，通过游戏增加对世界的认识。

（三）强调决策参与实现以儿童为本

要在校园空间环境内实现以儿童为本，需要在设计过程中以儿童现实的需求为出发点，关注儿童的个体差异，构建具有年龄适应性和个体适应性的校园。然而综观当今的建筑，往往是设计者提出自己所认为的"儿童需求"并据此进行设计，在建筑全生命周期中，儿童缺乏话语权，导致儿童的直接意志无法向设计中渗透，校园空间也缺乏儿童视角的审视。

儿童参与应覆盖校园空间环境设计的每个环节，使儿童真正成为校园的主导者，激发其创造力，从而创造出更切合儿童需求、使儿童更具有归属感的校园空间环境。校园空间设计具有较强的专业属性，因此需要通过相应的策略跨越儿童尚未发展完备的认知、行为水平与儿童参与校园空间设计之间的鸿沟。为使儿童参与过程获得预期的效果，需要针对儿童群体生理和心理的特殊性，采取相应的策略，选择适宜儿童的参与途径。

1. 规划阶段儿童参与游戏化

游戏是儿童的天性，也是儿童注意力最容易集中、兴趣最容易持续的活动方式之一。校园的规划阶段存在大量的专业术语，对于儿童而言直接理解存在较大困难，使用术语的严肃的规划活动不但不会收获理想的参与效果，还会打消儿童的参与兴趣。因此，在这个阶段通过游戏的方式对参与行为进行转译，能够充分调动儿童的参与积极性，为儿童提供积极的认知反馈，获得较好的参与效果。

游戏化的儿童参与采用"任务—执行—奖励"的机制，根据实际设计需要将规划活动以富有趣味性的游戏方式转化为具体任务，让儿童能以更易接受的方式参与其中，从而实现自我意志的传达，收获外界环境的积极反馈。

在前期调研过程中，可以通过行为地图的方式，让儿童以探索类游戏冒险闯关的方式概括在区域各个空间节点的行为，根据自己对于环境的记忆和相关联想绘制印象地图，从而使设计特点和实际行为产生时间与空间上的联系，便于把握儿童在每个阶段的具体活动。通过这种方式可以把握儿童对于空间环境的认知，了解儿童在不同位置活动类型的倾向性，并据此进行有针对性的设计。

在规划设计过程中，可以通过印象绘图一类的模拟类游戏方式，利用儿童图形知觉的优势，使儿童用绘画的方式直接传达出自己的心声。儿童可以通过绘制心目中理想的校园来为设计师提供直观的意见反馈。由于儿童绘制的图画是以自身作为参考对象的，因此这种做法保证了儿童视角特殊性的体现。同时，儿童的绘图较为夸张、大胆，图画中充满各种变形，倾向于将记忆深刻、重要性强的对象画大，因此更利于设计师第一时间了解对儿童影响较为强烈的因素。

2. 设计建造阶段儿童参与教育化

相较于规划阶段，设计建造阶段相对灵活。对于儿童而言，通过参与设计建造活动的过程能够和一般情况下不会产生交集的人群接触，并且学习课程安排之外的新知识。儿童经由共同参与设计建造，促进与同学之间的交流合作，是一个极好的非正式的学习过程。因此在设计建造阶段，应有意识地引导儿童，使其在参与过程中能够以更为灵活有趣的方式提升认知水平、增长社会经验。

在方案设计的过程中，可以通过模型制作的方式让儿童直接呈现其想法。一方面，这能使设计师更为直观地了解儿童的想法；另一方面，能够激发儿童动手制作的兴趣。在模型制作的过程中，儿童尝试以不同材料表达在日常生活中见到的建筑元素，既提升了儿童对世界的认知能力，也增强了其动手能力，对审美的提升起到启蒙的作用。

对于年龄较小，或确切表达自身想法有困难的儿童而言，进行民主投票也是实现决策参与的有效方式。这种方式可以使设计的每个环节都有儿童意志的体现，并且增强儿童的参与感和话语权，使其意见得到尊重，促进其社会意识的养成。

3. 使用运维阶段儿童参与常态化

经过前两个阶段的参与，儿童已经对校园产生了一定的归属感。在使用过程中，当实际校园空间和设计需求产生偏差时，儿童能够敏锐地发现区别，同时判断该差异积极与否。因此在该阶段应随时随地收集儿童的即时反馈意见，将该过程变为校园运维阶段的常态化操作，以获得直接有效的反馈意见。

在实际使用过程中，可以通过校园空间评价的方式，根据儿童对校园空间环境的使用需求建立评价体系，让儿童对校园进行评价，从而得到直接的设计参与信息。儿童是校园的第一使用者，对空间优劣有着最为直接且重要的认识。但是由于儿童的生活经验不足，语言表达能力也弱于成年人，如果让儿童直接对校园空间环境进行评价，很难得到所需的内容。因此相较于提问，更适合让儿童通过有针对性的图表或图例进行评价。这种方法能使设计者直接了解儿童对于校园空间的印象，对儿童认为存在问题的空间环境进行归纳总结，找出其中不易发觉的问题，进行针对性的改进设计，构建能够促进儿童身心和谐发展的童本空间环境。对于儿童喜爱的空间，总结其空间环境模型，并推广应用在其他校园的设计之中。

在维修改进的过程中，可以结合儿童的空间评价，以摄影记录的方式获得基于儿童视角的空间感受体验。这种方法通过让儿童全天随身携带摄影设备，并在其认为有记录价值的场所进行摄影，得到儿童较为关注、印象较为深刻的空间信息，据此分析儿童对于空间环境的偏好，进行有针对性的设计。

第二节　建设儿童友好型学校资源库

在教育信息化高速发展的今天，儿童友好型学校资源库的建设对学校的发展、教师的教学、儿童的学习具有重要作用。

一　资源库建设的种类与作用

（一）教学课堂应用类

学校教育最基础的阵地就是教学课堂，教学课堂应用类资源是资源库建设中最重要的一类资源。上课的教师通过教室多媒体设备来调用学校资源库中的诸多教学素材，制作出本课的多媒体课件。教育课堂应用的主要优点在于教师可以很方便地利用校园网所提供的各种素材和集成各类资源，自主制作教育课件。

（二）信息技术环境下自主学习类

在教师为学生提供信息技术教学环境的前提下，教师在信息技术教室内组织教学，从而可实现本学科与信息技术的整合。这种学习方式中，学生在信息技术环境下，通过教师的指导，在网络环境中可自主学习到由教师提前准备好的各类资源，开展自主学习。

（三）校本课程类

校本课程是根据学校、学生的具体实际情况而采取的适合本地学生使用的学习方式，课程中学生具体课题的设定与研究是利用信息技术兴趣小组活动时间来完成的，各学科有机地融合在一起。信息技术环境的开放，使学生可以利用网络的便利条件，在课题的研究、讨论、合作中查询资料，获取校本课程资源，培养了学生间团结合作的能力，从而提高了学生的信息素养。

（四）校园电子图书馆类

学生可以利用阅读时间，通过校园电子图书馆来阅读范围广阔的图书资源。随着资源的不断升级，图书馆电子图书会逐渐增加，丰富学生的阅读内容。

二 健全规章制度，提高教师能力

（一）建立、健全学校资源库建设的规章制度

学校建立由校长任组长的资源库建设领导小组，建立健全各种资源库建设的规章制度，让学校每一位教师深刻认识到学校资源库建设是需要全体教师共同参与与维护的。

（二）提高教师教育技术能力、信息技术素养

教师是资源的使用者，又是资源的创造者。因此，教师必须要有专业的教育技术能力以及较高的信息技术素养。学校利用每周的教研活动以及校内教研大会等形式，不断加强教师的课程理论、教育技术能力和

课程资源整合的培训。利用国家、省、市各种教育培训机会，走出去、请进来，让教师学习新的教学理念，始终与崭新的教育教学活动形式接轨。使教师积极参加由国家组织的教师教育技术能力培训活动，通过培训提高教师的信息技术素养。利用校本课程，对教师进行计算机软、硬件与教学课件制作平台使用的培训以及先进的信息化理念进校园培训等。

三　建设符合学校特色的学校资源库

根据学校的实际情况，资源库主要包括各教材配套的相关教育资源库与教学多媒体素材资源库。相关教育资源内容主要包含所有教学学科的试题、课程安排、教育理论、教案、论文等。多媒体素材资源一般有积件、图片、动画、音效、视频、文字等。

学校资源库的建设主要有政府采购、采集网络资源、自主研究开发三种方式。采购资源较方便，但需要很高的经费，而且随着教材的变化，资源与教材对接会出现不及时的情况。采集网络资源平时应多注意收集优秀兄弟学校的资源，教师使用比较方便，但是会浪费很多的时间。还可以利用校本课程自主研发，根据学校教师的能力、学生的教学层次，开发适合学校教师使用、学生接受的资源。积极调动教师建设资源库的积极性，采用奖励等激励方式，充分挖掘教师的潜能，这样每学期教师都会研发出适合本学年的配套课件或教育素材，长期坚持会逐步形成学校的资源特色。

四　学校坚持长期对资源库更新维护

信息时代的高速发展，不但需要教育理念不断更新，而且需要资源库建设的更新与发展，信息的不断淘汰与新增充斥着资源库建设过程。学校应适应新教育理念，不断地增加、修改、删除资源，使教育资源"永葆青春"。

第三节　营造温馨的学校内环境

儿童友好型学校的建设对学校内环境提出更高的要求，教育教学活动不仅要关注学生的智力成长，更要重视学生身心健康的发展。

一　学校内环境的内涵

学校内环境具有丰富的内涵，其中有的得到显性的展示，也有的得到隐性的诠释。从显性层面来看，校园的基础设施建设、日常课堂的教学方法、学校制定的管理制度、儿童应当掌握的知识与技能等，都是学校内环境的具体呈现。儿童在教学基础设施的支持下，可以学习先进的知识和技能，感受信息时代学习环境的深刻变化，在文体活动中绽放生机和活力。从隐性层面来看，学校的校风、教风、学风、师生关系、文化氛围、集体舆论等也是学校内环境的重要组成部分，而且影响深远。德育教育始终是一切工作的重心，隐性的学校内环境不仅深入儿童的内心，更是儿童成长的动力和指引。

二　学校内环境对儿童身心健康发展的作用

儿童大部分时间生活在校园之中，无论是课堂学习，还是参与学校组织的活动，都与身心健康发展密切相关。积极向上的德育教育、充满活力的教学过程、丰富多彩的文化生活，这些都在陪伴着儿童的身心健康成长。

（一）给予儿童潜移默化的影响

社会转型时期，各种思想充斥着儿童的头脑，尤其是低年龄儿童，人生观、价值观尚未形成，缺乏足够的判断力，容易受到不良思想的侵袭。学校内环境的良好塑造对净化儿童心灵，培养儿童的品格修养、兴趣爱好具有积极影响。儿童每周大部分时间生活在校园，时刻接受学校氛围的熏陶，形成身心健康成长的基础。学校通过加强内环境建设、创新教学模式、设计丰富多彩的校园实践活动，可以使儿童获得正确的思想指引，沉浸在健康氛围之中，增强明辨是非的能力，进而凝聚正能量。

（二）全面增强儿童的实践能力

"多元智能"理论提出，一共存在语言、数学、空间、运动、音乐、人际交往、自我认知等七个方面的智能要素。从中可以看出，除普遍关注的语言、数学、运动等智能要素外，儿童还需要在空间、音乐、人际交往等方面提升能力。而在教育渗透的基础阶段，全面建设学校内环境才能更好地为儿童提供智能发展的支持，使儿童广泛参与实践活动，并在活动中获得启迪、陶冶情操。在信息时代，手机、平板电脑充斥着儿童的生活，儿童无论是学习的探索意识，还是生活的独立性以及社会交往能力都需要增强或提升到更高水平，所以学校内环境的建设更是一种实践载体的搭建，目的在于深度发掘儿童潜能，使儿童在成功中获得进取动力。

（三）提高儿童的综合素质

素质教育关注儿童德智体美劳的全面发展，儿童的思想品格、学习能力、身体素质、审美意识、劳动能力的培养都需要依托学校内环境。各种主客观环境的构建都关系到儿童的素质培育，例如，良好课堂教学氛围、和谐师生关系是儿童吸收文化知识、保持乐观心态的基础，而教学基础设施的精心打造、各种校园活动的优秀设计也有助于儿童加强身体锻炼、开阔视野，在体育、审美、劳动等方面不断磨炼自己，实现跨越和进步。例如，共同的文化活动往往能产生凝聚力与集体荣誉感，并使儿童的个性爱好得到发展。

三　构建温馨学校内环境的措施

（一）全面的基础设施

基础设施是开展教学活动的前提，同时也是儿童参与文化活动的保障。让儿童享受快乐童年对其身心健康成长具有积极意义。学校应当重视引入先进的基础设施，其"先进"的内涵不仅体现在技术层面，更重要的是理念层面。课堂教学硬件、文体活动设施是建设中不可或缺的内容，而门厅、楼道、宣传栏等校园设施也需要展现时代风尚。所以学校应结合自身的办学特色，打造专业教室、多媒体教室、图书馆、艺术中心等硬件设施，并在日常活动区域融入德育、美育等方面的内容，使儿童在耳濡目染之中获得启迪。

（二）美化校园内环境

干净卫生、优美怡人的校园自然环境能够对人的情操形成潜移默化的良性影响，凸显"无声教育"的作用。儿童置身优美的校园环境中能够保持每天身心愉悦，在被美好环境熏陶的同时，学会如何欣赏美、热爱美，进而创造美。具体来讲，对校园环境的美化应当从绿化和净化两方面着手，凸显学校的美学理念与审美趣味。一方面，学校应当重视校园环境的绿化工作，对整体布局进行规划，通过栽花种草，让校园内部道路、走廊、窗台等处能够一年四季草木郁郁葱葱且弥漫花香，在一切视线可及之处都能感受到环境的美好，从而对儿童的美好心灵进行熏陶。儿童在这样优美的环境下学习、生活、游玩，更能保证自己的身心愉悦。另一方面，学校的布局还要自带内涵，其中花草树木的设置必须与教学设施的建设实现合理搭配，且蕴含深刻寓意。如校园中央的花坛中栽种鲜艳的红花，象征着太阳；旁边用绿色观赏植物围绕，象征着辛勤园丁对太阳之花的呵护。此外，学校的部分绿化可仿照园林设计，在布局过程中还可引导儿童参与其中动手做园艺、植树、浇水等，让儿童利用自己的双手打造属于自己的美好环境。

（三）创新的教学理念和实践活动相结合

德育和文化教育的很多内容，都是通过课堂传递给儿童的。教学模式的创新有助于开阔儿童的视野，使儿童转变学习观念、告别应试教育，充分感受课程学习的乐趣。而且课堂学习占据了儿童在校园里的主要时间，学校应鼓励教师不断创新教学方法，使儿童成为学习的主体，并在教学活动中构建和谐的师生关系，引导学生树立积极乐观的进取意识。例如，互动教学、情境教学方法的应用，需要教师广泛搜集生动的教学素材，制作精品课件，让儿童领略到教师的授课风采，进而迸发学习热情，开展学习探究活动。

实践是对理论的印证，课堂中很多理论知识在实践活动中都有体现，例如，德育教育恰恰是在各种实践中让儿童进行反思。所以学校应当不断组织各种主题活动，使儿童在学习之余充分接触社会，加强品格修养的塑造。例如，学校可针对不同季节开展农耕活动，形成持续推进的主题教育，儿童参与农耕活动，不仅可以体会劳动的乐趣、增强体能，还有助于自己理解劳作的艰辛，养成勤俭节约、吃苦耐劳的品德。再如近年来生态文明的问题受到广泛关注，学校可以在春夏季节举办环保活动，鼓励儿童共同建设美好家园，保护生物。此外，学校应举办多元化的体育竞赛活动，激励儿童增加体育活动时间、强健体魄，同时加强儿童的体育文化修养，使他们养成经常运动的习惯。

重视"每一面墙"发挥的作用，通过对墙体展开高品位、儿童化的包装及充分结合校园管理制度和师生作品，让每一位儿童在经过墙体时都能受到这些信息的熏陶，信息透过眼睛传达到内心，促使儿童有所见、有所思、有所悟。如学校可在教学楼的外墙上设置世界地图、中国地图、学校平面图等，让儿童每天在这三张图的熏陶之下，逐渐形成放眼世界、胸怀国家、热爱母校的思想。此外，针对求知环境的创设还应大刀阔斧，改结构、树风格、重装修，让硬环境变成儿童学习的空间，进到特定空间内便能受到氛围的影响，自然而然地在当下空间里做该做的事。如图书馆空间环境的创设，可更多使用中式实木风格，布置屏风、隔断、书格等；绘画空间环境可设计为徽派的建筑风格等，让儿童进到环境中就产生学习绘画的冲动和兴趣。橱窗作为校园宣传主阵地，其内容基本上涵盖了校务公开、团队宣传、作品展示、安全宣传等多个方面，能让教师与儿童了解学校管理信息。可通过定期开展橱窗文化活动丰富橱窗展示内容，调动儿童的积极性，以图文并茂的形式创作"安全教育""行为规范""书香校园"等主题相关内容，让儿童在观看这些内容的同时以其浸润心灵，实现文化素养的提升。

文化教育体现着学校的文化底蕴，不仅对儿童的学习、生活、心理起到良好的调节作用，而且对规范儿童的行为习惯、促进儿童素质的全面提高起到关键作用。持续的文化传递有助于促进儿童世界观、人生观、价值观的形成，儿童通过对文化的吸收还能逐步养成热爱阅读、善于思考的性情。学校应当定期开展文化主题教育，举办多种文化活动，让儿童在课余时间充分接触文艺活动。例如，在德育教育方面，学校可带领学生踏上"红色记忆"的旅程，观看教育影片、清扫烈士陵园、参观历史足迹，培育儿童无私奉献的精神；在文化传播方面，学校可创办读书月书展活动，向学生介绍各类书籍，鼓励儿童经常读书、武装头脑。又如校园文化艺术节是儿童展示才艺的大好时机，话剧演出、艺术品制作等极具吸引力，符合儿童的兴趣爱好。通过不断开展文化活动，儿童的课余生活更加丰富，这同时也更利于带动文化课程的学习。

（四）温馨校园成为"家园"

在宽敞明亮、整齐有序的教室环境中，儿童也会被浓郁的班级人文氛围深深浸染，从而对班级产生一种归属感。所以，校园环境建设中需要让班级更具活力与人情味，塑造积极向上的文化氛围，使其成为每一位学生的温馨家园。作为班主任，需要结合班级儿童的年龄层次及特点展开针对性布置，营造出独具一格的班级氛围。如除了要保证教室内部讲台、桌椅、黑板、板报等整齐划一，还可充分利用教室的空间打造良好环境，在教室内墙上张贴课程表、班级规章制度、班级目标、倒计时、荣誉表彰等，利用这些元素激励儿童朝着集体目标不断奋斗。后墙板报设计则要根据时间阶段的不同和节日、教育内容的变化进行布局，保证内容有创新且符合儿童的审美，形式则要简明且具有时代感，除了能够进行儿童作品展示以外，在活动期间、重大节日期间，都可刊办专题板报。另外，每个班级还可设置"小小图书角"，号召儿童自愿分享自己的图书，如童话故事书、散文诗歌集、作文选等，在班级内部互相阅读。将图书摆放整齐，安排专门的"图书管理员"，对书籍借阅进行管理，实现儿童知识视野的有效拓宽。当然，跳出班级教室的局限，学校还应当在办公室、运动场等地点，结合其功能的不同设置相应的标语，让学生体验到文化渗透其中的魅力。如在活动场所的绿化地上设置温馨提示标语"我是小草，我也怕疼"等，号召儿童爱护校园环境。

第四节　生命教育是一切教育的基础

生命教育是一切教育的目的，是一切教育的前提和归宿。21 世纪是彰显人的生命价值的时代，而让儿童感悟生命的可贵，对他们学会关心、尊重自己、他人及他类的生命，形成正确的人生价值观，有着非常重要的意义。

一　实施生命教育的必要性

（一）生命教育是践行科学发展观的重要体现

以人为本是科学发展观的核心立场，以人为本的教育理念是时代发展的产物。教育领域以人为本要求把人放在第一位，主张以人作为教育教学的出发点，顺应人的禀赋，发掘人的潜能，完整而全面地关注人的发展。而人最可贵的莫过于生命，把生命教育作为教育关注的首要内容，是科学发展观在教育领域贯彻落实的重要表现。

（二）生命教育是社会发展变革对教育的必然要求

社会的快速发展变革以及科技的飞速发展，使得生活在现代社会的儿童普遍面临激烈的竞争，各方面前所未有的压力使得耐挫折能力相对较弱的儿童不堪重负。近年来，儿童自杀的比例呈上升趋势，并且儿童自杀本身呈明显的低龄化趋势。现实生活中，儿童群体中不时发生的自杀、他杀事件及校园暴力，以及因意外事故造成的伤亡现象等，触目惊心，越来越多的儿童体质及心理素质下降，爱心、同情心、集体意识、感恩意识的缺失并不罕见，所有的这些都表明了新时期实施生命教育的重要性与紧迫性。

（三）生命教育是教育改革发展的战略主题内容之一

教育的对象是人，关注生命、呵护生命、挖掘生命所蕴藏的潜能是教育的本质所在。生命教育既是人的全面发展的内在要求，也是促进人的全面发展的重要手段。然而，受到功利主义价值观的驱动，教育急功近利，现实的教育实践往往忽略了最根本的生命教育，忽视情感、意志、品质等人格素质的形成，忽视创造力的培养，忽视理想、信念的树立，而知识往往作为一种儿童智力发展程度的衡量标准被过分强调。这样的教育使得儿童在享受日益丰富的物质和飞速发展的科技的同时，愈来愈找不到自己精神的归宿，他们对存在的价值和生命的意义感到困惑，而正是精神的贫瘠，使得我们教育的目标在现实中难以实现，直接导致儿童在面临人生挫折时变得不堪一击。国家颁布的《国家中长期教育改革和发展规划纲要（2010—2020 年）》强调，坚持全面发展是教育改革和发展的战略主题之一，要求"重视安全教育、生命教育、国防教育、可持续发展教育"。可以说，生命教育既是人的全面发展的内在要求，也是促进人的全面发展的重要手段。

二　生命教育的主要内容

（一）生命归属教育

生命的存在是教育得以进行的前提和基础，面对新时期儿童对生命的轻视乃至漠视以及感恩意识缺失等状况，开展生命教育必须强调生命归属教育。生命归属教育是生命教育的起点，旨在唤起儿童的生命情怀，使儿童产生对生命的敬畏，热爱生命、珍惜生命，感恩社会、服务并回报社会。从生命起源上讲，所有的生命都经历了极为漫长的进化过程，谁都没有资格和权利终结生命；从社会角度看，没有个体的生命存在，社会的存在、发展以及所有的历史活动就没有了主体和发动者，人类个体生命的存在是人类创造和实现一切的前提和先决条件；从个体角度看，每个人的生命不仅仅属于自己，更属于父母、属于社会、属于造就了人类的大自然，维持生命的存在是大自然亿万年发展变化赋予个人的义务，个人没有权利结束自己的生命，更没有权利随便剥夺别人、他物的生命。只有珍爱生命，才能担负起自然进化和历史发展所赋予的责任。

（二）生活挫折教育

儿童作为思想活跃、感受灵敏、对自己期望高、对挫折承受力相对较弱的一个特殊人群，在新时期，面临着更多的机遇和挑战，承受着更多的压力与冲突。而现在不少儿童是独生子女，他们生活在家长提供的良好环境中，经济上的宽裕和生活上的无忧，使很多儿童成为温室里的花朵，往往缺乏直面困难、解决问题的魄力及能力。有些儿童意志薄弱，经不起失败和挫折的打击，这种情况下更会轻易把自己年轻的生命抛弃。这需要学校和社会有意识地加强意志品质的锻炼，使他们形成乐观的生活态度和坚韧不拔的意志，提升耐挫折能力。

（三）人生价值教育

"较高层次的生命教育在于教人体悟人生的意义，追求人生的理想"，只有实现了这一目标，才能"使生物学层面上的个体生命真正转化为文化学层面上的独立的、有尊严的、自由的价值主体。"① 当今社会是一个强调竞争、追求功利的时代，教育者要加强教育引导，提升儿童自觉抵制消极人生观的能力，使儿童确认人生的真正价值在于对社会的奉献，增强儿童的社会责任感，这既是生命教育的重要内容，也是教育在社会发展中所肩负的重要使命。

三　实施生命教育的途径

（一）　转变教师的教育观念，调动教师的生命关怀

教育，教师是关键。实施生命教育，必须以转变教师的教育观念、调动教师的生命关怀为前提。现代教育中技术至上、知识本位等错误观念的存在，使得教育演化为工具。在教育工具属性的影响下，教育把"人"当成了无生命的"机器加工品"，忽略了对儿童生命本身的关注和尊重。要实施生命教育，必须改变这些不合理的教育价值观，真正理解教育的目的和意图之所在。意大利教育家蒙台梭利曾经深刻指出："教育的目的在于帮助生命力的正常发展，教育就是助长生命力发展的一切作为。"② 只有理解了教育的目的，教师才能在工作中调动自己的生命关怀和生命智慧，学会热爱儿童、关怀儿童、赏识儿童，在各门课程的实施中渗透生命教育，把生命教育落到实处。

（二）　在体验和实践的模式下进行教育

"真正的生命教育是触及心灵的教育，是感染灵魂的教育，而不是传授知识和技能的教育"，"一个拥有丰富而又深刻的生存感受的人能真正体会与直面生活的悲欢离合，领悟生活的意义和真谛，体验自己生命的存在意义和价值"。③ 马克思主义哲学也告诉我们：实践是人的存在方式，是主体之所以成为主体的证明。生命教育最好的方式就是引导儿童体验生命的价值和意义。如可以组织儿童参观医院的产房、婴儿室、手术室，观看孕妇分娩过程的影像资料，体验生命孕育的艰难；可以安排

---

① 冯冬梅. 在思想政治课教学中实施生命教育［J］. 中小学教学研究，2005，（1）：2.
② 邓涛. 教育视域里的生命教育［J］. 教书育人，2002，（16）.
③ 李银春. 大学生生命教育之现状分析与对策思考［J］. 课程教育研究（新教师教学），2016，（13）：277.

儿童种植树木、领养小动物，从中体验生命的奥妙和可爱；等等。

（三）帮助儿童正确认识自己，理解规划生涯发展

很多人之所以沮丧、颓废、轻生，是因为无法达到自己预期的人生目标，缺少人生的希望。没有希望，人犹如迷航于汪洋大海的船只，任意漂浮。生命教育有必要帮助儿童正确认识自己，教导他们从自己的实际和社会现实出发，妥善规划人生，让他们从学业、休闲、人际交往等方面构建人生愿景，描绘亮丽人生。只有使儿童对未来充满憧憬，才能激发他们奋斗的潜能，让儿童永远生活在希望中。

（四）家庭、学校、社会共同参与，形成生命教育的合力

让儿童了解生命的意义和目的，珍惜生命，尊重自己、他人和环境，使自我的功能充分发挥，不是哪一个人、哪一个机构能够独立担当的重任，生命教育需要形成合力。父母是孩子的第一任教师，家庭应筑起儿童生命教育的第一道防线；学校是生命教育的主阵地，要切实提高生命教育的实效；社会各界要积极创造条件，配合家庭和学校的教育，担负起社会教育的责任。只有切实发挥家庭、学校和社会三者的合力，才能避免悲剧的发生，对儿童的生命教育才可能产生实效。

第五节　安全思维的建立及安全素质的培养

儿童精力充沛、头脑简单，身体正处于旺盛的生长和发育阶段，他们有一种天生的好奇心，有一股"初生牛犊不怕虎"的冲劲儿，但这一时期的儿童在能力和思维方面都非常欠缺，安全意识薄弱，处于安全事故的易发期，种种因素都决定了儿童更容易受到安全隐患的侵袭。因此，帮助儿童建立安全思维及培养安全素质能让他们健康地成长。

一　安全思维建立及安全素质培养的必要性

（一）是学生建立良好安全情感与观念的必要手段

安全思维是对儿童在安全方面的观念、道德、伦理、态度、情感、品行等深层次的人文因素进行强化得到的，利用教育、宣传、创建环境

氛围等手段，不断影响儿童的思维和行为，不断提高其安全素质，增强其安全意识和改进其行为，使其不断追求自我保护，有利于抵御灾害，保护其人身安全和健康，积极维护国家安全和社会稳定。

（二）是避免事故发生的主要途径

安全素质的培养是避免事故发生的主要途径，在各种预防措施中占有极为重要的地位。在一切隐患中，无知是最大的隐患。学校中安全知识的普及和师生安全知识水平的提高，能使师生建立安全思维、提升安全素质，掌握各种安全的客观规律，学会避免事故的发生、判断生活中存在的风险，正确选择、调节自己的行为。

二　安全思维建立及安全素质培养的方法

（一）提高安全认识，增强安全意识

儿童年龄小，活动范围与活动内容也与成人有一定的区别，安全注意事项也有一些差异，这就决定了安全教育同样要求注重儿童的年龄特征与心理特点，要因材施教。俗话说"十年树木，百年树人"，同样，安全教育不能急功近利，要逐渐形成一种心理影响、思想转变、行为约束。因此，学校要通过各种渠道和措施，加大对师生员工的安全教育工作的力度，大力宣传安全工作相关法律法规，加强师生自防自救教育。

（二）细节着手，健全制度

学校安全教育不是某一个领导或某一位教师的事情，作为学校的成员，每一位教师都有义务和责任对儿童进行安全教育。如果只靠班主任单方面苦口婆心讲授，这种教育显得非常势单力薄，只有加强与任课教师、儿童及其家长的联系，才能把安全教育工作落到实处。儿童友好型学校将安全教育工作列入常规议事日程，学校、班级、教师牢固树立"安全第一"的思想，实行安全责任制：校长对全校安全负责，学校各部门负责人和工作人员对本部门的安全负责，班主任对班级的安全负责；学校与各班签订安全责任书；班主任履行告知义务。这样可以建立健全校园管理体系，积极有效地预防安全事故的发生。

（三）融入教育教学

现在的儿童群体中经常会出现一些打骂现象，儿童彼此之间为了一

点小事争吵，互不相让，甚至动手扭打，造成事故。但如果学校抓好品德教育，风气正，儿童有良好的行为习惯，就会避免一些事故的发生。所以抓好安全教育，一定要在教育教学中紧密结合品德教育进行安全教育，把有利于养成儿童良好行为习惯的一些讲文明、懂礼貌、守纪律、关心他人等的事例，生动具体地讲给儿童，让他们知道自己该做什么和不该做什么，根据儿童的年龄特点、知识水平特点，以《小学生日常行为规范》或《中学生日常行为规范》为依据，以《中小学生守则》为准绳，结合学校实际和班级情况，制订切实可行的班级教育计划，并分步落到实处，使儿童在学校和班级集体活动中受到良好的熏陶，在喜闻乐见的教育活动中潜移默化地受到教育。

（四）做好基础工作

安全教育人人有责，教师应从身边小事做起，以预防和教育为主，发现危险苗头及时教育。学校要抓好安全工作，需要从以下方面经常性地开展围绕安全措施的教育工作。

1. 加强安全思维意识教育，增强儿童的安全意识和自我保护意识

学校要通过举办专题讲座、开展知识竞赛、组织观看录像、发放安全手册等多种形式，运用文化橱窗、广播、黑板报等宣传工具，利用主题班会、少先队活动、活动课、学科渗透等途径，通过讲解和训练，对儿童进行安全思维意识教育，使儿童接受比较系统的安全知识和技能教育。生动形象地对儿童进行预防火灾、拥挤踩踏、溺水等事故的教育；要精心组织、周密部署，特别是要以多种形式加强学生应对洪水、火灾、地震等突发事件的自救演练训练，提高儿童的自救自护能力。在日常生活中要注重调动儿童的主动性、积极性，使他们亲自参与到安全教育中，让儿童亲自找一找身边有哪些地方容易发生危险，想一想怎样能消除这些隐患。

2. 增强儿童应对危险的能力

儿童总会遇到某些危险。缺乏社会生活实践的机会是儿童不会正确应对危险的原因之一。因此，我们可以设计一些角色扮演、情景模拟活动来帮助儿童掌握一些躲避、处理危险的简单方法，让儿童学会独立处理问题。例如，有的儿童经常流鼻血，第一次遇到这种情况，教师要向

儿童演示正确的处理方法，儿童亲眼看到处理方法后，再遇到同样的事情，就不会惊慌失措地跑来求助，自己就能做先期处理了。

总之，安全是学校一切工作的前提和基础，学校平时应以预防为主，关键时刻要监督到位，做到人人有安全思维意识、人人有责任，从细处着手，以小见大，建立长效机制，切实履行安全教育的使命和职责。

第六节　家庭生活安全

"家"对儿童来说，应该是最熟悉、最安全的地方。但家的布置与摆设几乎都是为了大人使用方便，或者以大人观点来设计的，这些布置可能是儿童探索环境的"绊脚石"。而且，家庭生活安全不是小事，家中容易发生的意外很多，如烫伤、燃气中毒、触电、食物中毒、误吞异物、割伤等。因此，儿童友好型学校的构建也不能忽视儿童家庭生活安全。

一　儿童家庭生活安全的重要性

儿童对很多事都会充满强烈的好奇心，喜欢探索，这导致他们比成年人更容易暴露于危险的状况中，而且更缺乏自我保护能力。家庭作为儿童最主要的活动场所之一，也就成为儿童意外伤害发生率最高的地方。全球儿童安全网络的一项调查显示，超过60%的儿童意外伤害发生在家中，近80%的家长表示不清楚如何对家居用品进行安全检查。作为儿童主要的活动场所，家庭安全隐患的检测、防范刻不容缓，儿童的主要看护者的安全意识、对其的安全教育也是重要问题。

二　儿童家庭意外伤害易发生的时间段和地点

（一）意外伤害易发生的时间段

有报道表明，很多儿童家庭意外发生的时间在 11～12 点及 14～19 点。有分析表明，原因可能是在这段时间里饥饿或疲劳影响了家长及儿童，或者这段时间家长无暇顾及儿童，使其有独自行动的机会。

（二）家庭意外伤害易发生的地点

家庭中，不同的地点发生意外伤害的比例是不同的，比起卧室或起居室，浴室和厨房是更容易发生危险的地方，这可能是浴室和厨房的设备比较危险，同时儿童没有意识到这些设备的危险性所致。

三 保证儿童家庭生活安全的措施

（一）改善家庭环境

将一些危险的用具，包括一些电器或高温器具放在儿童不能够到的地方。使浴室地板改用防滑材料，对减少烫伤及摔伤有很重要的意义。同时，家长要确保儿童玩耍场所的安全性。

（二）改善家长的监护行为

1. 提高家长的认知度

由于家长是否陪伴儿童以及是否进行了有效的监护与儿童家庭意外伤害的发生率有密切的关系，因此提高家长对儿童家庭意外伤害的认知度相当重要。目前，家长在预防儿童家庭意外伤害方面的信息来源多是儿科医务人员、自媒体及书本。因此，为提高家长认知度，可用多形式从多角度进行宣传，学校可组织家长从以下两方面入手：一是让家长认识到家庭安全的重要性，帮助他们确立家庭意外可防可控的信念；二是提高家长对预防家庭意外发生措施的认知度，如使他们了解一些急救知识等。

2. 为儿童制定一些减少意外伤害的规则

家长为儿童建立一些行为规则对保证家庭生活安全是十分有效的，如规定儿童不可以爬到窗户上、不可以进入厨房、不可以将塑料袋蒙在头上玩耍等。

3. 提高儿童自身的依从性

由于家长为儿童制定的一些行为规则和儿童对家长建议的依从性都与儿童家庭生活的安全性有关，因此，家长加强监护的同时，也要从提高儿童的依从性入手。家长可以通过一些正向强化的方式，如表扬、物质奖励等，提高儿童对危险行为的认知度，逐步培养其对家庭意外事故的防范意识。

（三）教会儿童使用一些家庭用具

对于年龄较大的儿童而言，拥有一些相应的生活本领、具备一定的生活能力是其基本素质。家长在教儿童自己的事情自己做的同时，要先强调一些安全事项，例如，使用电器时，手不要接触到金属头或深入插孔内；使用微波炉要注意开到哪一档、用时多少，完成后，用微波炉手套拿，避免直接拿造成烫伤；使用燃气灶时人不能离开，防止汤水外溢造成熄火，闻到燃气泄漏的味道时，要及时关掉开关、阀门；等等。

（四）学会家庭意外事故的简单处理方法

1. 烫伤

儿童发生烫伤后，要先用冷水冲洗或浸泡，减少热能对人体组织的进一步损伤，减轻疼痛。烫伤后皮肤毛细血管急剧扩张，通透性增加，大量血浆样物质渗出血管形成水肿或水泡，冷疗方法能使高温扩张的毛细血管急剧收缩，减少渗出，减轻水肿和创面疼痛。烫伤后的冷疗越早越好，持续时间以停止冷疗后创面不再剧痛为准，大约为30分钟。当然，如果烫伤严重要及时就医。

2. 触电

现代生活中，触电现象不时发生，不可不防。儿童在家庭里发生触电的原因有电器漏电、电器使用不当、误触电线或插座等。虽然有时碰到家用电器裸露的电线，或手指碰到插座触电被电得麻一下，不一定会造成严重损伤，但在绝缘状态差的情况下，电流穿过人体，常会造成触电死亡或严重烧伤。所以，安全用电并了解触电急救知识很重要。

发现儿童触电后，要以最快的速度帮助儿童脱离电源，脱离方法根据周围情况灵活选择。有开关的，迅速关闭电门，拉开保险盒。电源不能快速切断的话，用不导电的竹竿、木棍将导电体与儿童分开。如果没有切断电源或触电者没有脱离电源，千万不要接触触电者。尽快拨打求救电话，向有关单位求救。

3. 燃气中毒

燃气中毒发生时，中毒者往往自己没有感觉，在不知不觉中失去生命，还有人在发现自己有中毒症状时已经没有力气呼救，也不能及时脱离中毒现场进行自救。特别是对儿童而言，他们还在懵懂时期，安全意识差，因此也是燃气中毒的高频发生群体之一。对此，要告诉儿童尽量不要自己使用燃气，如果需要，则要打开门窗，发现燃气泄漏要尽快脱离中毒环境，吸入新鲜空气，拨打紧急求助电话。家长在家中醒目位置粘贴急救电话（120）、火警电话（119）、报警电话（110）。

4. 跌倒、坠落

跌倒和坠落是导致儿童残疾的重要原因。儿童缺乏基本的安全意识，喜欢攀高爬低，顽皮的儿童甚至还会在户外发生跌落事故。因此，家长要在家中安装一定高度的护栏。窗边不放儿童可攀爬的桌椅、沙发等家具，窗户安装窗锁并养成关窗即锁的习惯。同时，教育儿童识别危险警示标志，教育他们不要在楼梯推拉玩耍、跳楼梯阶或下冲。

5. 宠物抓咬伤

饲养宠物的家庭越来越多，儿童被宠物咬伤的病例也随之增加。但很多家庭缺少科学饲养的专业知识，不能对宠物的情绪进行有效管控，更有甚者带着不拴牵引绳的大型犬也出现在住宅区。如果儿童无意间弄疼宠物，或者宠物在发情期、产崽期，宠物下意识做出的攻击行为很容易伤害儿童。对此，家长要教育儿童不要独自撩拨和逗弄宠物，最好是在家长的陪伴下与宠物近距离接触。一旦儿童被宠物弄伤，家长要立即将伤口残留的血液挤出，并用消毒液清洁，简单包扎后立刻就医，注射相应疫苗。

6. 误吞异物

儿童误吞的东西可谓是五花八门，消化道异物有发卡、硬币、钉子等，气管异物有瓜子、花生、糖块等。如果是尖锐的异物，可能会刺破儿童的消化道，造成穿孔；而电池类异物，一旦在消化道分解，腐蚀性液体可能会烧灼腐蚀消化道，严重的话会导致消化道梗阻。因此，家长要妥善保管零碎物品，收好尖锐物品。换下的电池要专门存放，不给儿童佩戴吊坠等细小饰品。

总之，家庭生活安全涉及方方面面，为保证儿童安全，学校要尽到提醒义务，家长要做好监督，为保证儿童的安全成长共同努力。

第七节　校园安全

儿童一天中的大部分时间是在学校中度过的，而校园安全问题存在已久。近年来，不时发生的校园安全事故造成了严重的后果，如儿童受伤、儿童家庭受创及社会稳定受损。因此，校园安全问题是目前亟待解决的问题之一。儿童友好型学校的创建，不仅要让儿童接受更好的教育，还要保证儿童的校园安全。

一　校园安全问题的界定和拓展

目前在校园安全问题方面，存在概念混杂、概念混用的情况，因此有必要首先对"校园安全问题"的概念做一个梳理和界定。从概念的外延来说，早些年频发且被广泛关注的校内暴力入侵事件和校车安全事件仅仅是儿童校园安全问题的一部分，校园安全问题还包括校园内发生的其他许多危害学生安全的事件，比如自然灾害、意外伤害事件、学生间的暴力冲突、教师和学生的暴力冲突以及学生的自残自杀事件等。目前，学术界对此问题还没有一致的概念界定，往往是从不同的概念和不同的角度出发来阐述，如"校园暴力""教育暴力""师生冲突""校园外来暴力"等。那么"校园安全问题"是一个什么概念，包括哪些具体的类型？"校园安全问题"与"校园暴力"等其他概念是一个怎样的关系呢？

在笔者看来，首先，校园安全问题的界定要有助于消除校园中威胁儿童和青少年身心安全的事件。因此，校园安全问题应是对学校学生、教师的身心或学校财产造成严重破坏的事件，而不能将一般冲突和矛盾界定为威胁校园安全的事件，所以"教育暴力"及学生间和师生间的一般矛盾不在校园安全问题的范围内。其次，关于"校园暴力"和"校园安全问题"的关系，笔者认为"校园暴力"只是"校园安全问题"中的一种类型，无法涵盖自然灾害以及其他如校内青少年自残、自杀等影响校园安全的事件，因此"校园安全问题"的概念涵盖了"校园暴力"的概念。最后，"校园安全问题"发生的地域应界定为校园内部及合理辐射区域，家庭中的一些暴力事件不应被包括在内。根据上述分析，笔者将"校园安全问题"的概念界定为：发生在校园内部及合理辐射区域，对学校师生的身心、财产或学校财产造成严重破坏，并影响学校教学管理秩序的事件。

近年来，校园安全问题呈现新的发展特点，并且在外延上不断拓展。一方面，人为主观性、故意性伤害事件呈现多发、频发、突发的趋势，使得儿童安全威胁呈现更加复杂、多元的态势；另一方面，校园安全问题的外延不断拓展，校园外来暴力、网络暴力已经成为威胁儿童校园安全的新的重要因素。

二　多维构建校园安全防御体系

（一）加大安全工作力度

制度是根本，制度是保障。学校注重从源头做起，在安全工作的实践中逐步建立健全一整套安全管理制度责任体系，构建"没有无安全岗位的人，没有无人的安全岗位"的管理网络，从而使学校的安全工作有"章"可循、有"法"可依。

一是切实加强对安全工作的领导，成立以校长为组长的学校安全工作领导小组，认真落实"一岗双责"制度。根据学校安全工作的具体内容和形式，把涉及师生安全的各项内容认真分解、落实到人，做到每一项工作都有对应的专管人员负责，防止工作上的相互推诿。

二是明确职责，层层签订安全相关的各种责任书或协议书。每学期开学初，校长作为学校安全工作的第一责任人，与分管副校长签订安全工作管理目标责任书，分管副校长再与各部门主任签订安全工作管理目标责任书，德育处与班主任签订安全责任书，教导处与全校教师签订安全责任书，总务处与后勤工作人员签订安全责任书，各班班主任与全体学生家长签订家校安全协议书，进一步明确和细化"谁主管，谁负责""谁主办，谁负责""谁在岗，谁负责"的职责和要求，牢固树立"人人都是学校安全员"的思想，并将履行安全责任的工作情况纳入占教职工工资30%的奖励性绩效工资对应的绩效考核，形成校长亲自抓、分管校长直接抓、部门领导具体抓、各相关岗位责任人配合抓以及层层有目标、个个有责任、人人有担子、事事有人管（齐抓共管）的安全工作新格局。

三是进一步修订、补充和完善安全工作制度与安全应急预案。学校制定各项安全管理工作制度，内容涉及校园安全管理方方面面，如学校领导、教师、学生，教室、宿舍、办公室、食堂等，努力做到"四无"：无管理盲区，即从校门口到商店、餐厅、宿舍，从教室到实验室、图书室，从楼道到操场，每个责任区都有专人负责；无空档时间，即从起床到就寝，从课堂教学到课间活动，从正常教学时间到节假日休息，根据学校实际情况，详细划分管理时段，每个时段都有人监管，并且责任明确、任务明确；无闲置人员，即学校为每个教职工都设有安全岗位，从校长到各处室负责人，从教研组长到班主任、任课教师，根据岗位特点，每人都有明确的安全工作职责，签有安全责任书；无忽视对象，即学校为每个学生建立安全档案，全面了解每个学生的身心状况及特殊体质，促使任课教师有针对性地施教。

此外，为让全校教职工能做到处变不惊、有效应对，学校可印发《校园安全应急预案及突发事件应急处理流程》，其涉及"校内学生意外伤害事故处理""火灾事故处理""校舍倒塌事故处理""食物中毒事故处理""流行性传染病防控""突发停电事故处理""学生突发急性伤病处理""交通事故处理""预防楼梯间踩踏事故""预防学生溺水事故""大型群体活动公共安全事故处理""突发自然灾害事故处理"等。

（二）加强宣传教育

要确保校园安全，根本在于增强全体师生的安全意识、自我防范意识和自护自救能力。因此，抓好安全宣传教育，是学校安全工作的基础和重中之重。

一是认真抓好教职工安全培训工作，增强育人之人的安全意识。学校充分利用假期校本培训、平时政治业务学习以及每周教职工例会等时机，组织广大教职工深入学习《中华人民共和国未成年人保护法》《中小学幼儿园安全管理办法》《学生伤害事故处理办法》《中小学公共安全教育指导纲要》等法律、规章和指导性文件，观看学生伤害事故案例分析视频，开展学生伤害事故预防知识专题讲座，不断增强教职工的安全意识和分析、处理各种安全事故的能力。

二是深入推进安全教育进校园、进课堂、进头脑、进家庭"四进"

活动，做到计划、课时、教材、师资"四落实"，实现学校安全教育常规化、制度化、实效化。学校保证每周安排一节安全教育课，每学期设立一个"安全教育月"，开展一次法制安全教育专题讲座、一次安全知识测试（竞赛）、一次学生安全家长会，出一期安全知识板报（手抄报、展板），等等，结合学校学生实际和时令季节特点，系统地对学生进行消防安全、交通安全、饮食安全、用电安全、活动安全、网络安全、疫病预防、防盗防骗、心理健康、预防自然灾害、报警求助电话使用，以及简单的自救自护等各种方面安全知识的教育和学习，让安全知识入脑入心，从而避免"书到用时方恨少"的尴尬现象发生。

三是有计划、有目的和有重点地开展主题鲜明、内容丰富、形式多样的安全教育活动，做到大型活动必讲安全、升旗仪式必讲安全、全校教职工大会必讲安全、班队会必讲安全、双休日及节假日放假前必讲安全、学科渗透必讲安全等"六个必讲"，不断增强安全教育的实效性。学校和各班级充分利用开学安全第一课、师生集会、国旗下的讲话、班队会、专题讲座、校园广播、黑板报、电子显示屏、晨（夕）会、安全友情提醒、全国中小学生安全教育日活动以及悬挂安全警示标志标语等途径，向全体师生有机、有意、有序地渗透防火、防交通事故、防触电、防踩踏、防盗、防骗、防疫防病、防食物中毒、防溺水、防意外伤害、防地震、防雷电、防冰冻、防黄赌毒等系列安全知识和技能。每学期开学初，学校分管安全副校长和各班主任必须上好开学安全第一课，让全体师生绷紧安全这根弦，做到人人讲安全、时时讲安全、事事讲安全、处处讲安全；将每学年3月、9月定为"安全暨文明行为习惯养成教育月"，紧紧围绕"安全暨文明行为习惯养成"这个主题，开展安全文明礼仪系列教育活动，提升学生的安全文明素养；每学年4月、5月认真抓好春季流行性传染病防控教育活动；每学年5～9月着力开展"防溺水、防食物中毒、自然灾害预防"夏季"三防"主题教育活动；每学年11月、12月、1月主要突出"防火、防意外伤害、防冰冻"冬季"三防"主题教育活动；每学年寒暑假和法定节假日放假前开展"快乐假期，安全先行"主题教育活动；等等。

四是狠抓安全应急演练。为了逐步提高全体师生在校园突发事件中应急逃生和自救的能力，学校每学期都要开展 1~2 次包括防踩踏、防地震、防火等内容的安全应急演练活动。每次演练活动实行"三步走"：演练前精心策划，根据演练要求和本校实际情况，预先制订严密、切实可行的演练方案，先后召开校委会和全体教职工会议，把演练方案分发到各办公室，让全体教职工明确演练要求、明白演练责任，同时对学生做好演练宣传，确保演练万无一失；演练时到岗到位，各负其责，演练过程做到快速、安全、有序；演练后讲评总结、查漏补缺。

（三）挖掘管理深度

在日常安全管理中，学校倡导"用姑娘的眼光观察安全工作——眼光要尖；用女人的心思揣摩安全工作——考虑要细；用男子汉的胆量处理安全工作——处事不惊"。同时，要求学校领导班子成员站在安全管理的第一线，要勤于思考，当好研究员，善于发现工作中的好典型、好做法；要勤于发现，当好观察员，善于发现事故苗头和工作中存在的问题；要勤于指导，当好指挥员，工作中讲究方法、注重实效；要勤于工作，当好战斗员，维护学校的安全，不能光靠动脑子，必须一步一个脚印地去实干。结合学校安全管理的实际，逐步建立"作息时间书面告知制、学生上学放学家长接送制、每日安全纪律讲评制、每周（天）放学安全教育制、放学路队制、上下楼梯教师引导制、夜晚班主任查寝点名制、请假学生通知家长领走制、安全事故第一时间报告学校制、安全事故第一时间通知家长制、安全事故第一时间治疗制、安全教育记录制、安全隐患排查报告制、领导教师夜晚值勤陪宿制、家长接送学生与班主任签字交接制、活动设施教师现场指导制、学生身体心理异常异动情况询问制、学生日常活动巡查制"等近 20 条"安全工作常规"。

一是实行每日安全检查制。学校值日（周）领导坚持每天对校园重点部位的安全情况进行巡查，从"安全制度、人防物防技防、学校及周边环境综合治理、校舍安全、消防安全、疾病防控、饮食安全、交通安全、用电安全、安全教育、宿舍安全、危险剧毒品管理"等方面进行检查，填写"学校安全检查日志"。

二是抓好门卫（保安）校门口安全检查与巡逻制。学校斥资聘请专业保安，实行 24 小时值班巡逻，特别是加强校门口的安检工作，对外来车辆和人员进入校园实行"五个一"，即一验（验有效证件）、一查（查看是否携带可疑物件进校园）、一问（询问家庭住址、找什么人办什么事）、一登记（将询问的结果登记在册，签字确认）、一跟踪（打电话联系当事人并进行跟踪），严格执行外来人员的入校程序。

三是强化领导、教师值班制。学校值日（周）领导和值勤教师坚持每天巡查校园的各个角落，发现安全隐患和问题就及时处置，确保学校教育教学秩序的正常和安全"零隐患"。

四是严格执行安全隐患排查整改制。按照"及时排查、各负其责、工作在前、预防为主"十六字工作方针，在每天重点检查、每月拉网式全面排查和重大节假日前必查的基础上，查重点、重点查，查反复、反复查，横向到边、纵向到底，不疏不漏、不留死角，对检查中发现的安全隐患，立即进行整改。学校对于凭自身力量难以完成整改或短时间内不能整改到位的安全隐患，要及时向上级教育行政部门报告。在安全隐患未整改到位前，采取必要的防范措施。

五是落实安全工作考核奖惩制。学校将安全工作纳入教职工绩效考评，对在安全工作中成绩突出的，给予表彰、奖励；对因工作不力或管理不到位造成安全责任事故的，实行"一票否决"，取消年度评优评先、晋职晋级资格，同时从30%绩效工资中扣发相应的安全绩效奖。

（四）加快安全信息传递速度

学校十分注重安全信息员队伍的建设与安全信息的收集和整理。一是每个班级设立3~5名班级安全员，当好班主任安全教育与管理的小助手，主要职责是：协助教师搞好安全教育和安全隐患防范工作，即向学校领导、班主任、值勤教师及时报告校园或班上的安全问题、安全隐患；监督管理班级学生的不安全行为；及时报告或调解事关班集体的各种矛盾、纠纷，把不安全因素化解在萌芽状态；放学、集会时，在易发生拥挤踩踏处协助老师维持秩序；课间十分钟在教室内外和活动场地巡查、管理，防止突发安全事故。二是学校设立一名兼职安全信息联络员，主要职责是畅通安全信息渠道、及时上传下达，特别是关注国家、省、市、县与周边学校的安全工作动态，关注新闻媒体所报道的每一件校园安全事故，遇事反思，举一反三、吸取教训，防患于未然；同时，负责报告本校重大安全事故以及安全工作典型经验。

（五）拓宽安全工作广度

学校安全工作是社会性的系统工程，如果只靠学校单兵作战，力量显得十分渺小，需要社会、学校和家庭的密切配合，方显力量的强大。

一是学校主动与派出所、司法所、交警大队等联系，通过聘请法制副校长并每学期邀请其来校举办法制安全教育讲座或报告会等方式开展安全工作。例如，邀请交警大队警官来校举行"交通安全教育讲座暨交通事故图片展"，引发全体师生对交通安全的高度关注；邀请交警大队和道路运输管理所来校联合开展校车专项整治活动，基本上杜绝学生乘坐"三无"车辆上下学的现象；邀请关心下一代工作委员会的老同志来校举办"法制安全教育报告会暨青少年法制安全教育图片展"，为全校师生上一堂生动、鲜活的法制安全教育课。

二是充分利用召开家长会、教师"课外访万家"、印发《致家长的一封信》、打电话、发送手机短信等途径，广泛与学生家长或其他监护人联系，宣传学校安全工作的有关规定和要求，征求他们对学校安全工作的意见和建议，最大限度地寻求其对学校安全工作的理解、支持与配合，尽可能地实现学生安全工作家校无缝隙的衔接和覆盖。学校每学期都要召开1~2次以"学校家庭共配合，孩子安全有保障"为主题的全体学生家长会，通过和家长沟通交流学校安全工作的有关规定和要求、对家长进行安全教育等，提高广大家长对学生安全的重视程度；通过印发以"珍爱生命，预防溺水""预防春季传染病""为了您的孩子上下学安全，请拒绝乘坐有安全隐患的车辆""寒假的有关要求""暑假的有关要求""致家长的一封信"等为主题的通知，提醒和要求家长们在家中认真履行监护责任，加强对孩子的管护，配合学校落实好防溺水、防控流行性传染病、维护交通安全以及节假日安全的有关注意事项，从而把安全工作延伸到校外，有效保证学生的校外安全。

三是学校积极配合公安、工商、卫生、文化、质监、安监和食品药品监管等有关部门的工作，协同这些部门来校开展校园及周边的环境、饮食卫生、疫病、饮用水等方面的安全排查和综合治理工作，保证学生在校学习和生活环境的健康与安全。

（六）完善安全设施

完善安全设施是平安校园建设的物质基础和前提条件。学校应加大对安全设施的投入：一是按照有关规定，添置安保防卫器材，配齐防暴帽、防刺背心、钢叉、橡胶警棍、辣椒水、强光电筒和灭火器等安保器材，加强物防措施；二是在校门口、食堂、学生宿舍楼门口、教学楼楼梯和走廊、实验室、图书室、网络中心、文印室、档案室和器材保管室等重点部位安装红外视频监控装置，学校门卫（保安）室安装音频报警系统，校门口的视频监控系统与公安 110 报警平台联网。上述物防、技防设施的运行为校园安全工作插上腾飞的翅膀，后者更是起到"千里眼"和"顺风耳"的作用。

第八节　社会活动安全

近年来，社会活动在各学校中开展得如火如荼，社会活动对学生群体开阔视野、丰富认知、提升素质等具有重要的助推作用。

一　政府机构应加快建立健全学生社会活动的安全保障制度

社会活动对学校教育来说还处在部分试点阶段，需要完善安全机制来保障安全工作的落实。科学、系统的安全管理机制是保障社会活动安全开展和健康发展的基础。政府方面须尽快制定社会活动突发事件预案制度，厘清社会活动中有关安全责任落实、安全事故处理、安全责任界定及安全纠纷处理的主体与机制，保证社会活动具有健全的预案机制，其安全管理"有法可依，有据可行"。

二　学校应加强社会活动安全预案的审核，严格把关活动场地安全

为了保障学生的出行安全，学校可先根据不同年级学生的特点规划活动地点和项目，然后在与社会活动地点的相关单位取得联系后到教育局报批，活动中可能使用的车辆要到交警大队备案，提前一周审批。针对学生的纪律问题，学校进行严格的要求和提前教育，并通过《致家长的一封信》向家长说明活动的情况。此外，学校为每个外出班级配备两

名随队教师，各班也应有家长志愿者随行，协助教师共同为孩子们保驾护航。学校还应负责为每位学生购买活动期间的人身意外伤害保险。针对社会活动期间涉及的住宿安全、食品安全、交通安全等各方面的问题，学校应该进行经常性的教育，使学生学习必要的安全防范与急救措施，有一定的安全意识和安全防范能力，做到警钟长鸣。

三　教师应加强安全教育，增强学生的安全意识

社会活动的主要参与者是学生，这一群体的安全意识与安全素质较为欠缺，教师的安全教育是增强学生安全意识、安全能力的主要途径，教师应以防患于未然的姿态加大安全教育的力度与强度。学生也应加强自身对安全知识的学习，了解活动过程中的潜在风险，加强对风险的关注，提升风险应对能力。同时，教师还应提前写好社会活动的安全预案，并交予学校审核，努力做到将安全事故发生的概率降到最低。活动进行之前，教师要做好和相关单位的对接工作，提前视察活动场地，排除活动过程中的安全隐患，并在出发前做好学生的分组，安排好各组负责安全的小组长，让学生在活动中不仅学会自律，更要约束他人。

四　家长应对孩子进行安全教育

要保障社会活动的有序进行，每个家长都应该对自己的孩子进行安全教育。

家长要做好与学校的联系和沟通，提前将联系电话准确无误地告诉带队老师，以便在发生意外时带队老师能及时与家长取得联系。

家长要教育学生一切行动听指挥，注意防火、防电、防食物中毒（不吃零食，不吃三无食品），禁止在野外烧荒、在林区生火；任何时候不单独行动，有任何要求直接找带队老师汇报；不打架、不骂人、不攀高爬低、不到危险的地方去玩。不许学生带任何刀具、打火机、鞭炮或有危险性的玩具到营地。

家长要经常和带队老师保持联系，将学生的特殊体质、特定疾病或其他生理、心理状况异常及时通知学校，密切与学校配合。

同时，家长应该知晓任何外出活动都可能存在一定的安全风险。在

学校各项安全教育、安全防护措施到位的前提下，仍然发生非校方管理原因造成的意外伤害事件（如交通意外、地震灾害等），家长应保持克制与冷静，待有关部门有了科学调查结论之后，与保险公司、学校等相关方面通过正当途径解决问题。

五　学生应明确可做、不可做的行为

每次参加社会活动，出发之前，学生应该清楚自己要去的地点，并提前了解在这类地方活动需要注意的安全事项。

活动期间，学生应该紧跟队伍，不得私自离开队伍，若有特殊情况，需要由家长带领离开，且必须经过带队老师的同意，并写好书面请假条。活动期间的学生饮食由学校统一供应，学生不得自带或随意购买食物饮品，以确保饮食安全。活动过程中学生不得私自离开队伍自由参观，途中需上厕所或因其他事情暂时离开须经过带队教师同意，并安排其他同学或教师随行。

推行社会活动是一项具有挑战性的工作，强化社会活动的安全管理是各相关部门的义务和责任。政府、学校、教师、家长和学生本人都应该全面重视，以更严苛的安全标准来解决社会活动的安全问题，以更慎重的姿态来组织、管理或参与社会活动。

第九节　校园治安安全

为保障校园安全秩序，营造一个安全有序的育人环境，儿童友好型学校的构建必须加强校园治安综合治理工作（以下简称"综合治理工作"）。

一　层层落实责任制

综合治理工作在校内各部门之间发展不平衡，个别部门在治安防范上存在漏洞，事故、案件时有发生。层层落实责任制，即层层签订责任书，责任到人。学校要把不同年级的综合治理工作成绩列为工作的重点考核对象。学校开展综合治理，应调动人事部门力量，在综合治理中加

强对全校教职工的工作成绩考核管理，协助并督促有关部门层层建立综合治理的安全岗位责任制，定期举行岗位考核，奖罚分明，对落实综合治理工作的部门和责任人给予表扬和奖励。

二　健全组织，完善制度

儿童友好型学校的构建中，一些年级负责人对综合治理工作认识不够，责任心不强，这样就影响了年级综合治理工作的正常开展。因此，在机构调整和人事变动时，应随之调整、优化综合治理部门负责人安排，明确责任，健全综合治理组织机构，提高负责人对综合治理工作的认识。定期组织学习和培训，使负责人懂综合治理工作，随时随地地掌握综合治理工作的动态，才能因地制宜地抓好不同情况下的综合治理工作。组织、人事部门还要把综合治理工作完成的效果作为学校检验工作的重要标准，形成各部门齐抓共管的局面，"谁主管，谁负责"，如组织部门抓基层组织建设、人事处抓考核、校办抓协调、工会抓调解等，形成上有领导抓、中有组织管、下有专人负责的良好局面。

在逐步健全综合治理组织机构的基础上，学校每年都要坚持对各年级提出综合治理工作的有关要求，主管领导要亲自参与全校性综合治理工作的规章制度的修改和制定。每学期召开两次综合治理工作委员会会议，研究、布置工作，并对各年级综合治理工作进行检查，最好是结合"元旦""五一""国庆"等节日，平时应组织职能部门经常对基层部门的综合治理工作进行抽查，使综合治理工作形成年初有计划、年中有检查、年底有总结而且有奖又有罚的一整套制度。

三　齐抓共管，分工负责

个别部门认为综合治理工作是保卫部门的事，出了事情找保卫部门解决，本部门只起协同作用，所以就敷衍了事，工作不得力，落实不到位，有检查时就狠抓一下，过后又放松，不能长期坚持，严重地制约了综合治理工作作用发挥。

学校的秩序要靠大家来维护，整治校园秩序需要广大师生员工的共同参与，只有各级负责人、各职能部门都行动起来，实施齐抓共管，综合治理才能奏效。要做到工作分工不分家，统一思想，统一行动，遇到问题不推诿、不扯皮，积极参与综合治理工作。

在强调齐抓共管的同时，还必须解决分工负责的问题，这两者是辩证统一的关系。只强调齐抓共管，忽视分工负责，就可能造成具体事情无人管；只强调分工负责，不搞齐抓共管，就会导致遇事互相推诿、扯皮的局面。所以学校各部门应指定一名领导同志专门负责综合治理工作，并明确领导责任，给予其实权，充分发挥主管领导的工作积极性，使其及时处理和解决工作中遇到的实际问题，完成好所担负的工作。主管领导和职能部门在工作中遇到疑难问题难以解决时，党政一把手领导要亲自过问和处理解决。领导在处理重大问题时，应注意调查研究，听取职能部门的意见，改变那些只顾原则批示、不进行具体研究，下达让职能部门执行起来左右为难的命令工作方法。

四　把综合治理落到实处

校园治安综合治理工作实行治安管理目标责任制后，单靠保卫部门是解决不了问题的，因为综合治理的范围很大，包括"打击、防范、教育、管理、建设、整改"六个方面。只有坚持落实"谁主管，谁负责"的原则，完善治安管理目标责任制，强化防范机制和竞争机制，打防结合、以防为主、群防群治，把学校的综合治理责任落实到部门领导身上、落实到教职员工个人身上，使部门和个人都负起责任来，才能从根本上解决问题。在落实治安管理目标责任制时，又要注意做好以下方面的工作。一是把全校区域划分为若干个综合治理责任区，特别要将重要目标、重点人物、重点部位分解到各单位部门进行管理，再由单位部门分解到个人，做到单位部门责任到岗到人。二是签订责任书、开展监督检查。在确定目标、明确责任的基础上，应按一级管一级的原则，逐级签订责任书。责任书的内容要符合实际，责、权、利要明确，可操作性要强，签订责任书以后，各级领导应抓好责任书的落实工作，职能部门要经常对责任书的执行情况进行监督检查，并提供必要的服务，以保证责任书的顺利执行。三是奖优罚劣、表彰总结。综合治理部门在检查、管理工作中应注意发现和总结先进部门、先进个人的典型经验，并组织学习、参观、交流和推广以带动全盘工作。每年年终要组织全面的检查、总结、评比工作，逐条检查责任书的要求是否落实，对落实情况要进行评比，排出名次，根据奖罚之规定，凡符合条件、达到规定要求的，特别是发生案件和事故超过规定要求的应对其行使一票否决权，给予处罚。这样，可增强竞争意识，调动大多数人的积极性，使大家共同搞好综合治理工作。

五　坚持人防、物防、技防相结合

在校园治安综合治理工作中，一些教职工和儿童对综合治理工作认识不够，自我防范意识不强。有的教职工和儿童认为综合治理工作是学校的事，与自己关系不大，只要自己不违法乱纪就行了，因而主动参与的积极性不高，遇到进入校园内乱窜的社会闲杂人员和行为可疑人员不盘问、不报告，甚至看见小偷在偷东西也视而不见、避而远之，认为只要不偷自己的东西，多一事不如少一事。个别教职工在工作和休息时不检查一下门窗是否关好，有的教职工一听到有人敲门也不问清楚来者何人就把门打开，有的教职工在开门时忘了取下钥匙，有的教职工把自己的交通工具在楼梯口、墙角等处乱停乱放，这些行为使作案的不良分子有了可乘之机，造成了个人和学校财产的损失。有的教职工家庭关系紧张，在校内与家庭成员为一些琐事吵闹甚至发生打斗，影响了学校的安定团结。学生宿舍内小偷小摸现象时有发生，个别学生消费过高且家里经济比较困难，一些宿舍门窗在学生上课时没有关好，宿舍内存在留宿现象，宿舍钥匙随便配给他人，个人东西随便摆放，值班人员责任心不强且巡查盘问较少。为有效地防止上述问题的发生，学校需要针对师生员工做好以下几方面的工作。

（一）组织学习综合治理有关知识

让教职工和学生学习与综合治理有关的知识，使教职工和儿童明白什么是综合治理、综合治理的目的是什么，认识到学校进行综合治理工作实际上就是为了给教职工和学生的日常工作、学习和生活创造一个安定、团结、文明的环境，这样才能使广大教职工和学生积极主动、自觉地参与学校的综合治理。

给教职工和学生发放《安全防范手册》，增强教职工和学生的自我防范意识，使教职工和学生在不同的情况下遇到意外事件时，能做到心中有数、临危不乱，及时采取行之有效的防范措施，保护自己不受伤害。

（二）加强巡逻

保卫处在教职工上班期间要加强巡逻防范，巡逻路线、时间不要固定，巡逻人员必须是熟悉校园内部情况且能吃苦耐劳、责任心较强的人员，在巡逻中对可疑人员和社会闲杂人员要盘问查证，问明找什么人、办什么事，遇到身份不明人员和行为可疑人员要带到保卫处处理。在事故多发点，要蹲点守候，抓现行。

（三）宿舍专人值班

教职工和学生宿舍要安排专人值班，做好外来人员的登记工作。学生宿舍值班人员在学生上课期间要巡查，对没有去上课的学生要进行盘问并登记，有丢失钥匙的宿舍要及时换锁，不准放闲杂人员进宿舍，对留宿的外来人员要进行清查。

（四）加强门卫管理

把学校大门作为保卫工作的第一道防线来抓，加强门卫管理，固定门卫人员，使门卫人员熟悉校内情况。教职工和学生进出校门要佩戴校徽，门卫对来访人员要进行登记，防止社会闲杂人员和不良分子混入学校作案；门卫对出校的物品要求附有盖有保卫处公章的"出门条"，经核对登记后才准放行，防止被盗物品被带出学校；对可疑的车辆实行验证放行制度。

（五）养成习惯，加强自身安全防范

在校园治安综合治理工作开展中，为使广大教职工和学生真正自发地参与综合治理工作，还必须对广大教职工和学生加强社会主义法制教育和社会主义道德文明教育，不断培养广大教职工和学生的法纪观念与道德文明观念，使他们养成自觉遵守和维护社会主义法制与道德文明的习惯。坚持经常性地开展安全防范和安全知识宣传，联系实际案例，采取开会、印发材料、出黑板报、看录像片、组织安全知识竞赛等有效形式，宣传安全知识和安全管理规章制度。这样，才能使广大教职工和学

生遵纪守法，加强自身的安全防范。

综上可知，在校园内实行治安综合治理，是保障校园安全秩序正常的有效措施。

第十节　交通和消防安全

儿童是交通和消防参与者中的弱势群体，相比于成年人更容易受到交通安全事故和火灾的威胁。学校是儿童学习生活的重要场所，是城市发展不可或缺的公共配套设施，对交通和消防的安全性以及相关设施的可达性、趣味性等具有较高的要求。

一　儿童友好型学校的交通安全

（一）儿童行为需求特征

儿童在通学过程中的活动及表现一定程度上体现了其行为需求特征。对儿童行为模式和认知心理学的相关研究表明：在儿童眼中，有趣、好玩是其行为的核心追求。安全、可达是城市交通建设适应儿童心理和生理尺度的必要条件。

1. 年龄小的儿童独自活动的范围小

从儿童的身体和心理特征来看，儿童的活动范围一般在 1 km 以内，年龄越小的儿童独自活动的范围也越小（见图 3 - 1）。

2. 儿童视野更低更窄、步伐更小更慢

6 ~ 7 岁儿童平均眼高 110 cm，约是成人的 2/3；水平视野为 60°，约是成人的 1/3。7 ~ 8 岁儿童的平均步幅为 67 cm，在同等时间内步行距离仅为成人的 70% ~ 80% 。

3. 儿童心智尚未成熟，自我保护意识差、承压力弱

儿童一般以自我为中心，常规的行为规则对儿童约束力不足，儿童交通安全意识较为缺乏；同时，繁忙的交通给儿童带来心理压力，从而减少儿童活动需求。

4. 儿童好奇心强，趣味性能引导儿童活动

儿童容易被与众不同的空间所吸引，活动具有随意性和多变性，喜

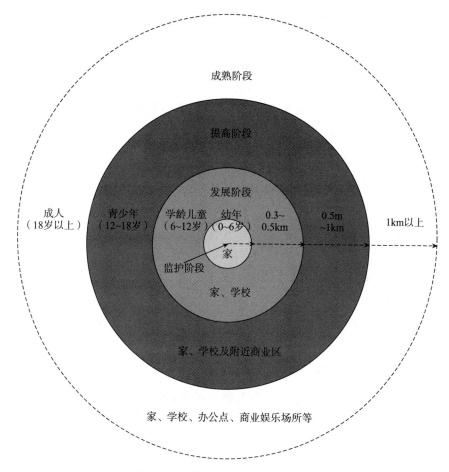

图3-1 年龄与独自活动范围的关系

欢追求刺激感，通过趣味设计可满足其好奇心。

（二）学校周边交通改善策略

1. 道路条件

路网和道路本身的条件是学校周边交通改善的基础，只有将基础打牢，才能从根本上解决交通问题，在城市交通规划设计、建设和改善中，应尽可能构筑通达效率高的次支路网结构。

如周边次支路网未完善，应尽快启动打通断头路的前期工作，完善周边区域路网；如已完善，但设置了小区闸机、围墙、铁门等隔离设施，需与小区协调，尽可能拆除隔离物。在次支路网较为发达的学校周边，可实施单向交通组织，减少机动车冲突。

2. 交通软硬件设施

学校周边交通软硬件设施是交通安全工程建设水平的重要体现，良好的交通软硬件设施不仅可以增加道路使用者的安全性，还能展现城市魅力、凸显城市风采，是儿童友好型城市不可或缺的一部分。

主要增加安全性的措施有：增设监控设施，查处违章停车；严禁社会车辆在学校周边路段违章停放、接送车辆在非上下学时段长时间停放；设置限时即停即走临时停车位，规范接送停车，只允许学校接送车辆在上下学高峰时段临时停靠；进一步完善学校周边信号灯、护栏、减速带、指示标志、提示标志等设施，营造安全良好的交通环境。建议在有学生过街需求的校门位置铺设彩色防滑路面，提醒车辆减速慢行、礼让学生。

为打造绿色慢行系统和休闲生活廊带，建议在学校围墙外围设置固定接送区和家长等候区，避免等候的家长过多地集中在校门口，并在学校周边配备人性化的座椅、雨棚、宣传栏等设施，方便家长等候，让家长在等待孩子的过程中看到学校或社区最新的宣传政策，促进交流和互动。

3. 学校自身条件

学校自身条件也是交通安全工程必须考虑的因素，针对学校指标无法在短期内调整的特点，宜采用主动需求管理措施，合理分解分流交通，实现人人、人车、车车之间的和谐互动。

对于只有一个出入口的学校，一般情况下人车共用一个出入口，二者混行，秩序比较混乱，可考虑在符合有关规定和要求的前提下，适当增加一个出入口，人车分离。

推动校车发展，鼓励拼车和非机动车接送，对于道路狭窄、人流集散场地小、人车交通秩序混乱的学校路段，可采用上下学高峰期间车辆禁行的措施，保障学生上下学安全。

对于周边临时停车位不足的学校，应合理引导接送车辆至步行 10 分钟距离内的周边停车场，家长停好车后再步行至学校接学生。

（三）拓展儿童交通安全教育的途径

1. 提醒家长自觉增强交通安全意识

家长的不良习惯在潜移默化中影响儿童，如闯红灯、逆向行驶、酒后驾驶、超速行驶、驾驶时接打电话、不戴安全头盔和不系安全带等，都会对儿童交通安全意识的养成产生很多负面影响。一方面，家长应以身作则。模仿大人的行为是儿童的天性，因此，大人的正确行为对儿童有着非同寻常的作用。作为儿童的监护者，家长应该起到表率的作用，不仅要随时提醒儿童注意安全，更要严格遵守交通规则，在教育儿童的同时，家长应该用文明的交通行为给儿童树立良好的榜样。另一方面，家长要注意确保儿童外出时的安全。这需要家长学习交通安全知识，了解交通事故对儿童的伤害，明确交通安全对儿童成长的重要性，让儿童远离交通危险。在人们的常识中，不少人认为汽车副驾驶的座位比较舒适，但这个座位存在潜在的危险，尤其对儿童来说是非常危险的。在时速40km的情况下，汽车若发生碰撞，车窗玻璃是很难承受得住冲击力的，儿童很有可能飞出窗外。而且前排安全气囊打开的冲击力，更有可能对儿童造成致命的伤害。因此，家长的安全意识需要增强，要意识到带儿童出行坐车时，最好让儿童坐在后排。

2. 教育校车司机把儿童的交通安全放在首位

校车安全是学校重点关注的交通安全之一，作为学校职工，校车的司机一定要绷紧儿童交通安全这根弦。对于儿童交通安全的问题要天天讲、月月讲，并将安全保障措施落实到具体行动上。即便进入寒暑假期间，也要大力整治校车，增强校车司机的儿童交通安全意识。

3. 学校与家长联合

保障儿童交通安全是一项全方位的"工程"，除了家长重视、司机关心之外，学校教师更应该把儿童的交通安全放在心上、放在首位，学校的值班领导、班主任、其他教师每天都要强调儿童的交通安全问题，特别是在放学期间，要做好安全教育记录，及时消除安全隐患。学生放学时需要经过的路口和容易发生交通事故的地点，除了有交通民警在现场疏导交通外，教师也要到现场确保儿童交通安全。

寒暑假放假前，学校召开家长会，提醒家长要注意儿童的交通安全，令家长切实承担起监护者的责任。

4. 多种方式教给儿童必要的交通安全知识

多样化的儿童交通安全教育方式，能提高宣传教育的效率。传统的交通安全教育，往往局限于书本，教师、家长只注重传授，强求儿童对交通知识的记忆，缺乏生活化的设计和儿童的参与，往往令儿童失去学习的乐趣。我们可借鉴其他国家或企业的交通安全教育方式，如日本的交通安全主题公园、宝马公司开办的交通安全训练营等。事实证明，体验是最真实、最感性的一种内心感受，利用它可以达到事半功倍的效果。

实践中，教师应该提示和教育儿童：一是不要在道路上玩耍、学骑自行车，过马路时要走人行横道，没有家长、教师的牵护不要过马路；二是学会识别交通信号，了解信号对车辆、行人的作用；三是乘车系安全带，头和手不要伸出窗外，不要随意摇动车窗、开关车门，在车内不要乱动，玩具不要零散丢在车内；四是节假日和其他交通繁忙阶段，不要三五成群地在公路、城市道路上乱蹦乱窜、你追我赶；五是遇到交通事故拨打"110""120"报警电话，学会一些自救和救人的方法。

二　儿童友好型学校的消防安全

（一）学校火灾隐患

教室火灾隐患：教室门不畅通或只开一扇；大功率照明灯靠近易燃物；违反操作规程使用电子教学器具；电线老化或者超负荷；不按照安全规定存放易燃物品。

宿舍火灾隐患：乱接电源；在床上抽烟、乱扔烟头；在蚊帐内点蜡烛看书；燃烧杂物；存放易燃物；使用电热水器等电热设备；使用酒精炉等明火设备；台灯靠近枕头和被褥。

食堂火灾隐患：炉灶所用的燃气泄漏；抽油烟机烟罩未定期清理，油污淤积过多；电源线路、开关等未按要求进行防潮、防油浸、防过热处理；易燃物品靠近火源；违反操作规程使用电炊具；点火烧饭无人看管。

实验室火灾隐患：实验室易燃易爆物品保存不当；实验过程中违反操作规程；实验过程缺少专人指导；实验项目缺少防火措施；试剂混存。

礼堂、报告厅火灾隐患：电线老化；乱丢烟头；大功率照明灯靠近幕布或易燃装饰物；违章使用明火；安全门、疏散通道堵塞；场馆内人数严重超过限定人数。

计算机室火灾隐患：计算机设备过多；线路老化或者超负荷；计算机电源出现短路故障；通道不畅。

图书馆火灾隐患：纸制图书文献资料及馆藏照片底片等易燃物品极易引发火灾；大量的电子和电气设备的使用使现代图书馆的火灾风险大大增加；图书馆工作人员或者读者的疏忽大意等人为原因引起火灾的风险也相对增加。

（二）学校火灾的预防措施

1. 领导负责

学校要成立由主要领导负责的消防安全组织，落实各级防火责任制，牢固树立学校消防安全责任重于泰山的意识，做到消防安全工作与教学同布置、同检查、同落实，以达到两手都要抓、两手都要硬的目的。

2. 及时发现并消除火灾隐患

消防管理人员要善于学习掌握学校消防安全的相关知识，学会及时发现不安全因素并消除隐患，将火灾事故消灭在萌芽阶段。

3. 完善消防设施

学校要按照《建筑设计防火规范》《建筑灭火器配置设计规范》等的条文完善相应的消防设施，明确专人对消防器材经常检查、维修，并保证消防水源充足、灭火设施完整好用。

4. 加强消防宣传，全面提高师生的消防素质

教育部门及各学校应采取组织听消防知识讲座、演讲，看消防影片和多媒体课件等不同形式普及消防知识，还可定期组织开展参观消防队、参加灭火演练等多种活动，向学生传授防火、灭火知识和逃生自救技能，通过宣传教育达到"教育一人、影响一家、带动一片"的效果，推动消防工作社会化。

（三）学校火灾应对措施

在扑救学校火灾时，必须贯彻"救人第一"的指导思想和"先控制、后消灭"的战术原则，积极抢救被困人员，有效控制火势发展，最大限度地减少人员伤亡和财产损失。

1. 发现起火，及时报警

发现火灾后千万不要迟疑，应立即拨打火警电话报警，并讲清起火

的详细地址、起火部位、着火物质、火势大小、报警人姓名及电话号码，并到主要路口迎候消防车，为消防队赢得最宝贵的扑救初起火灾的战机，以防止小火酿成大灾。

2. 火场逃生注意事项

儿童友好型学校要在全校教职工和学生中培养"时间就是生命，逃生第一"的思想意识，火场逃生要迅速，动作要快。

（1）沉着冷静，见机行动

在发生火灾时，学生要沉着应对、冷静思考、见机行动。在初起火灾中，要使用灭火器和消防栓等及时扑救，切不可贻误战机酿成大火。如果火势不可控制，不要惊慌失措私自行动，要听从老师及管理员的指挥，或者按照平时消防疏散演练中的方法，迅速疏散到安全的地方。

（2）正确选择疏散路线和逃生方法

教室失火：教室一旦失火，在火势尚小时，可立即用教室里配备的灭火器扑救，或用衣物将火压灭；火势发展，立即跑到室外；别的教室失火，当火势尚未蔓延到楼道时，应立即离开教室，迅速进入安全通道向外疏散；烟火封住下撤楼道、大门时，可迅速撤往楼顶平台，等待救援；身上着火时不要惊慌奔跑，可就地打滚，压灭火焰，也可脱下着火衣裤，用脚踩灭。

宿舍失火：宿舍失火要尽快逃生脱险，决不能因顾及财物而殃及生命。逃生自救的方法：火势初起时，立即用自来水、湿毛巾灭火自救，如火势过大，要立即撤离火场；迅速拨打火警电话；别的宿舍着火，而火势尚未蔓延到楼道时，应立即离开宿舍，迅速通过安全通道向外疏散；从高层宿舍下撤时，不要乘电梯；当烟火堵住下撤楼道、大门时，可撤往楼顶平台，等待救援；当烟火封住宿舍门时，应将宿舍门紧闭，用衣被堵塞门缝，防止烟气侵入，等待救援。

食堂失火：食堂失火后，用灭火器、消防栓灭火，迅速疏散用餐人员，同时拨打火警电话；如火势过大，难以控制，要以保护人员生命安全为重，迅速将火场人员转移疏散；立即切断电源，关闭燃气开关；将易燃易爆物品转移到安全区域；疏散人员要紧张有序，不可蜂拥而出，堵塞通道和大门，造成拥挤踩踏、人员伤亡。

实验室失火：针对实验项目使用的易燃易爆实验试剂，采取相应灭火措施；若发生火情，应迅速将火场人员疏散到室外，在防护措施得当的前提下，把易燃易爆物品转移到安全区域；实验室的火灾可能存在有毒气体，应用湿毛巾捂住口鼻撤离，避免中毒。

礼堂、报告厅失火：逃生过程中要防止中毒。因礼堂、报告厅有塑料、纤维材质的装饰物，一旦失火，会产生有毒气体，应避免大声呼喊，防止烟雾吸入口腔；采用低姿行走或匍匐前进，以减少烟气对人体的危害；有些礼堂安装了应急排风按钮，出现紧急情况时，可打开通风设备，排出有害气体；保持清醒的头脑，辨别安全出口的方向，互相帮助，紧张有序地撤离，避免因惊慌混乱、堵塞通道而造成更大伤亡；紧急出口的大门用力即可撞开，当大门被烟火封住导致紧急出口打不开时，也可躲进卫生间暂避。

计算机室失火：火势初起时，立即用灭火器扑灭；如火势过大，无法控制，要立即撤离火场；计算机室中的设备、电线起火易产生有毒气体，显示器遇火易产生爆炸，逃生时要防毒避炸。

图书馆失火：火势初起时，立即用灭火器等消防工具灭火，同时拨打火警电话；迅速关闭图书馆书库与阅览室之间的安全防火门，防止火势蔓延；疏散在阅览室看书学习的学生和其他人员；沿着消防通道和疏散方向的指示标记，撤到安全区域。

低楼层房间着火，如果烟火封住房门，房间在一层的话，可以从窗户跳出；房间在二、三层的，可用窗帘、衣物等拧成长条，制成安全绳，一头拴在固定物体上，两手抓住安全绳，从窗口缓缓下滑。在逃生过程中，如果房间、通道充斥大量烟气，撤离时可用手绢、衣袖等捂住口鼻，并弯腰低姿快行，防止烟气吸入。

（四）学校火灾的灭火行动要求及注意事项

1. 加强第一出动

学校是人员密集的场所，因此发生火灾时要问清情况，加强第一出动，并根据需要，调集公安、供水、供电、供气、医疗救护、交通运输等联动单位力量到场协助。

2. 做好协调配合工作

学校发生火灾，社会影响较大，火灾扑救过程中要做好协调配合工作，及时做好火场警戒，严格控制车辆和人员进出，防止影响灭火行动的正常进行。

3. 合理使用力量

如果被困学生较多，消防力量不足，应集中主要力量组织救人。当消防力量较多时，再同步开展灭火、救人行动，有效控制火势，为救人行动创造有利条件。

儿童是祖国的未来，在成长过程中，很多儿童还不具备足够的安全意识和自我保护能力。因此，做好学校消防安全工作，让火灾远离儿童，是儿童友好型学校应尽的义务。

第十一节　卫生防疫安全

卫生防疫服务是儿童友好型学校提供的基本服务之一。其服务对象主要是来校的儿童、家长和工作人员。服务内容包括：向儿童提供卫生、安全和舒适的学习场所，最大限度地保护儿童的健康和安全；开展健康教育活动，向儿童宣传科学的卫生防疫知识，促进儿童健康行为习惯的养成；为家长和工作人员提供疾病防治、伤害预防、营养、生长发育等方面的知识和指导，提升家长的育儿能力和工作人员的儿童照料水平。

一　卫生防疫服务的意义和基本要求

(一) 儿童友好型学校开展卫生防疫服务的意义

开展卫生防疫服务，对促进儿童身心健康、保证学校活动的顺利进行具有重要意义。首先，低年龄儿童的身体发育不完善，机体保护功能差、免疫水平低下，容易感染疾病或受到伤害。开展卫生防疫服务，可有效保护儿童，促进儿童健康发展。其次，不同年龄的儿童每天在学校一起生活，形成容易感染疾病且容易受到伤害的人群。如果不加强卫生防疫服务，很容易发生传染病的流行和伤害事故，给儿童的健康及学校工作带来负面影响。最后，大多数疾病和伤害事件是可以控制和预防的。

通过改善环境，减少各种致病和致伤的危险因素，为儿童这一易感人群进行预防接种，宣传健康知识，帮助儿童树立正确的健康观，改变个体不良行为，使其养成饭前便后洗手、不挑食偏食、不吸烟酗酒、遵守交通规则的好习惯，可大大减少疾病和伤害的发生，并使儿童受益终身。这些工作内容均属于学校卫生防疫服务的范畴。

（二）儿童友好型学校卫生防疫服务的基本要求

1. 提供安全、卫生的活动场所。

2. 防范疾病的发生和传染病的流行。

3. 预防伤害事故的发生。

4. 开展健康教育活动，帮助儿童建立健康的生活方式和良好的生活习惯。

5. 开展健康指导活动，帮助家长了解正确的养育方法。

二　卫生防疫服务的内容

儿童友好型学校卫生防疫服务的内容涉及卫生环境、疾病预防、营养与膳食指导、健康教育等。

（一）卫生环境

卫生环境是预防疾病、组织和开展各项活动的前提条件。学校关于卫生环境的服务内容包括：教室内和教室周边的环境每天清扫；物品、玩具、教具每天清洁；保持室内通风换气，尤其是冬季每天要定时开门窗，以便降低空气中的有害物质和病原体浓度，该做法对预防呼吸道传染病有一定作用；定期对学校环境进行消毒，用消毒液喷洒地面、擦洗桌椅和玩具等。

儿童友好型学校的卫生要求：具备通风和照明条件；地面和桌面保持清洁卫生；教具和物品保持清洁卫生。

（二）疾病预防

疾病预防是保障儿童身体健康、减少不良生理和心理影响、维护儿童正常生活的重要内容。学校的疾病预防工作主要包括两个方面：一方面是尽早识别和发现患病儿童，及时送医院或通知家长，从而控制传染病的传播，减少疾病对儿童的危害；二是提供良好的卫生环境条件，并向儿童、家长提供有关疾病预防的知识。

1. 学校疾病预防工作的要求

（1）注意观察儿童

教师每天对入校的儿童要多加观察，主要观察儿童的精神状况、脸色、情绪等。如发现儿童体温异常（腋下温度超过 37.5℃）或身体不适，要及时送医院或通知家长。儿童的精神和情绪状态不好往往是身体疾病的反映，要加以重视。

（2）隔离与消毒

一旦学校有儿童被确诊为传染病患者，要对病人接触的物品、环境进行消毒处理，同时嘱咐与病人有密切接触的儿童注意自我观察，观察期间不要和其他儿童接触，以免传染。

（3）上报疫情

学校发现传染病要及时向防疫部门上报。

（4）预防接种

提醒、配合和协助有关部门进行儿童计划免疫接种工作。

（5）流动水洗手

学校要设立流动水洗手设施，以减少经手传播的多种疾病。

（6）毛巾和水杯专用

儿童在学校使用的水杯、毛巾应专人专用，并每天进行消毒处理，可采用煮沸消毒的方式，也就是水开后煮 15 分钟。

（7）建立消毒制度

定期对地面、空间、物品、玩具等进行消毒。书籍、衣物等物品可通过太阳晒或紫外线灯照射消毒；地面消毒可将 84 消毒液按 1∶200 的比例稀释后用其喷洒地面；玩具消毒（建议每周 1 次）可将 84 消毒液按 1∶200 的比例稀释后用其擦拭玩具，10 分钟后再用清水擦拭干净；在呼吸道传染病流行季节要对室内空气进行消毒，用紫外线灯照射半小时即可（1 平方米配 1 盏紫外线灯）。

（8）加强环境卫生整治

清除学校周边的垃圾、杂物、杂草、污水坑等，注意防蚊、防虫、防蝇、防鼠。

2. 常见传染病的传播途径和典型症状识别

儿童常见病包括：消化道疾病，如大肠杆菌肠炎、轮状病毒肠炎；急性呼吸道感染，如感冒、急性扁桃体炎、急性支气管炎；营养问题，如急/慢性营养不良、微量营养素缺乏、贫血、肥胖症。儿童腹泻发病率高与不良的环境和饮食卫生、人群中的腹泻流行等因素有关；儿童常见的营养问题均与不合理的食物供应和未得到科学喂养密切相关。

甲肝：甲肝病毒存在于病人的粪便中，粪便污染食物和水源，经口传入感染，一年四季均可发病。病人表现为厌油，食欲减退，恶心，呕吐，皮肤、巩膜（白眼球）发黄等，甲肝病毒检出阳性。

乙肝：乙肝病毒存在于病人的血液和体液中，经血液、密切的生活接触、母婴三种途径传播，发病没有季节性。病人表现为食欲减退、厌油、恶心、腹泻等，可能出现皮肤和巩膜发黄或不变黄的现象；化验后肝功能异常，乙肝病毒检出阳性。

痢疾：痢疾杆菌存在于病人的粪便中，经"手—食物—口"或"苍蝇—食物—口"途径传播，发病主要在夏季。病人表现为发烧、腹痛、腹泻，大便中带有黏液和脓血，大便化验呈阳性。

水痘：水痘病毒存在于病人的鼻咽分泌物和水痘浆液中，经飞沫和接触传播，一年四季均有发病。病人早期表现为上呼吸道感染症状（发烧、流鼻涕、鼻塞、打喷嚏），2~3天后身上出现小红皮疹、小水疱。水痘带来的皮疹和小水疱十分痒，常被儿童挠破、结痂。

手足口病：手足口病病毒存在于病人的粪便、疱疹液和呼吸道分泌物中，经"粪—口"途径、飞沫和密切接触传播。其中，人群密切接触是该病的重要传播方式。病人表现为发烧，手、足出现红色疹子、小水泡，以及口腔溃疡。

流行性腮腺炎：腮腺炎病毒存在于病人的唾液中，经飞沫传播，发病主要在冬、春季。病人表现为发烧、畏寒、头痛、食欲不振、腮腺肿大（以耳垂为中心向四周肿大，边缘不清，皮肤不红但发烫），吃东西时疼痛加剧。

流行性乙型脑炎（乙脑）：乙脑病毒存在于血液中，经蚊虫叮咬传播，主要发病于夏季。病人表现为持续性高烧、头痛、喷射状呕吐、惊厥、昏迷等。

3. 常见传染病的预防方法

甲肝：可以通过接种甲肝疫苗进行预防，平时注意个人卫生和饮食卫生，养成饭前便后洗手的习惯，少吃生食。

痢疾：预防重点是保持个人和食物的清洁卫生，养成饭前便后洗手习惯，不吃不洁的食品，把好病从口入关；保持环境的清洁，消灭苍蝇。

水痘：预防重点是早发现、早隔离病人，以防止水痘的传播流行，一旦发现病人，要及时隔离，并对病人用过的物品和房间进行消毒。对接触者要进行密切观察，不要使其和未发病儿童接触。市场上已有水痘疫苗，但价格较高，家长可根据情况自愿接种。

手足口病：预防重点是切断传播途径，"勤洗手、吃熟食、喝开水、勤通风、晒太阳"。同时，流行期间不带儿童到人群聚集、空气流通状况差的公共场所。

流行性腮腺炎：预防重点是隔离病人，直到腮腺完全消肿为止。同时，对病人的用具和食具进行消毒。目前已有腮腺炎疫苗。

流行性乙型脑炎：预防重点是接种乙脑疫苗和保持环境的清洁卫生。在乙脑流行地区，儿童每年要在春季接种乙脑疫苗，使机体产生抵抗乙脑病毒的抗体；同时做好周围环境的清洁工作，尤其是减少污水和蚊子的滋生地，从而减少蚊子，切断传播途径。

4. 常见寄生虫病的预防方法

肠蛔虫症：在儿童中具有高感染率。因为儿童经常在活动期间玩耍，到处触摸物体，饭前不洗手，甚至有吸吮手指、吃没有洗干净的瓜果等行为，所以容易将蛔虫吃入体内，引发感染。预防方法是养成爱清洁、讲卫生的好习惯，饭前便后洗手，不吃不洁净的食物，不随地大小便。学校每年9~10月可给儿童服用阿苯达唑等广谱驱虫药进行预防性治疗。

蛲虫病：在儿童中具有高发病率。预防方法是让儿童养成爱清洁、讲卫生的好习惯。饭前便后洗手，勤剪指甲、不吃手指，勤换衣裤、勤晒被。服用广谱驱虫药可起到治疗和预防的作用。

钩虫病：预防方法主要是加强粪便管理，粪便经发酵后再施用。

血吸虫病：预防以灭螺为重点，采取普查普治的方法，采用病人与病畜、粪便与水源管理及个人防护等综合管理措施。尤其加强粪便与水源管理，防止粪便污染水源，严禁儿童在疫水中游泳、洗澡、戏水、捕捉鱼虾等，从而切断传播途径。

绦虫病与囊虫病：预防绦虫病和囊虫病的措施是不吃带囊尾蚴的猪肉、牛肉。学校食堂切生食和熟食的案板与刀要分开使用，肉食要煮熟。

棘球蚴病：学校叮嘱儿童避免与狗密切接触，勤洗手，不乱摸，吃熟食。建议养狗的家庭带狗检查体内绦虫寄生情况。

第四章　儿童友好型学校构建中的
儿童参与

第一节　促进儿童参与家庭生活的方法

教育过程在最通俗的意义上讲，就是把具有生物性的人变成社会性人的过程，也就是使人学会参与到社会生活中、学会处理人与人之间关系的过程。参与家庭生活，是儿童未来参与社会生活的基础，因此，家庭教育应该注意培养儿童在家庭中的参与意识和参与能力。

一　当前我国儿童参与家庭生活的现状

当前，从我国家庭教育的普遍情况来看，父母知晓率排在前三位的儿童权利分别是受教育权、隐私权和生命权，而财产受到管理保护权、参与权和身体自由权知晓率最低，可见，父母对儿童的参与权缺乏足够的认识和重视。

有的家长认为，儿童自主管理与参与家庭生活和具体事务是自然而然的行为，并不是儿童的一种权利，所以儿童参与呈现随机性和不稳定性，并且家长会根据事物发展的需要以及成人的主观感受和意愿对儿童参与进行随意的干涉，甚至是剥夺这一权利。

有的家长以家长权威自居，认为儿童是不成熟的、缺乏经验的，因此，儿童的事情要听父母的安排，儿童对家庭事务也没有发表意见的机会，只能被动接受和被动参与。有些儿童在父母的过度保护和控制下，越来越依赖父母的决定和安排，不会主动参与和表达自己的观点，变得没有想法、不敢表达，不会选择、不敢决断。有些儿童甚至产生了强烈的反叛意识，与父母争夺独立和参与的权利，引发激烈的亲子冲突。

有的家长虽然意识到儿童是独立的个体，有自己独特的需要和见解，但考虑到投入成本，认为要让儿童参与，必然要进行反复的讨论和协商，耗时费力，不如家长自己全权决定和安排，这样更简单高效。除此之外，在学业应试中功利价值的驱动下，家长更愿意让孩子把更多的时间和精力投入学习而不是参与家庭其他的生活和社会活动中。也就是说，家长更希望孩子把精力投入具体的执行命令的过程中，并快速取得结果，而无须在收集信息、筛选、做决策和反思的过程中考虑过多。有调查显示，儿童参与最多的家庭活动是智力活动，其次才是少量的社会交往活动、体育活动和生活活动，儿童参与生活、劳动、休闲、娱乐等活动的机会被功利性地剥夺了。

还有一种情况是，家长虽然允许儿童参与某些活动，但是，当儿童无法达到成人的期望和要求时，当亲子之间出现观点、决策和行为方面的冲突时，家长缺乏有效的问题解决策略和亲子沟通技巧，导致"儿童参与"有始无终或者不欢而散，最终，家长和儿童都深感挫败，这既影响了儿童参与的积极性，也让家长对鼓励儿童参与某些活动"望而却步"。

面对家庭中儿童参与权的现状，尤其是由此引发的亲子冲突以及其对儿童人格培养所造成的不利影响，有必要加强关于儿童参与权的宣传和教育，并给家长提供切实可行的建议，使儿童参与的权利能够在家庭中真正得到实现。

二 儿童参与家庭生活的优势

（一）让家长与孩子共同成长

家庭成员以提高家庭社会适应能力和生活质量为目标，通过自我完善能共同成长。家长与孩子可以共同制定学习目标和计划，使家庭活动丰富多彩。孩子的参与打破了传统家庭的模式，家长和孩子都是家庭的主体，家长率先示范，使孩子在家庭中的地位权利成为内动力，让孩子有目标地参与到家庭活动中，引导孩子摒弃不良习惯。孩子的参与，使家长和孩子处于互相监督的平等地位，家长与孩子既是长辈又是朋友，二者能共同成长。

（二）有利于开发孩子的潜能

家庭生活中存在不利于孩子成长的因素，如房子空间越来越大、心灵空间越来越小，外来压力越来越大、内在动力越来越小，使家庭中孩子的主体地位和独立人格被忽视。孩子参与有利于改变家长仅是教育者、孩子是单方面被教育的对象的情况，也能帮助家长掌握孩子成长过程中需要的科学教育手段和方法，使家长认识到虚荣心不能代替责任心、补偿心不能代替平常心，孩子是具有独立思想的个体，家长要"蹲下来"与孩子平视，在声音和行动上对孩子的问题做出积极的反馈，注意开发孩子的潜能，给予孩子表现自己、自我实现的机会。家长有意识地通过不同活动，培养孩子与人沟通、与人合作的能力，促进孩子对"我"的概念的理解，强化孩子对自我的认识，使其形成自尊与自爱的观念，最大限度地开发其潜能。

（三）让孩子体验成就感

儿童参与的行为让家长把属于孩子的权利还给了孩子，孩子可以教育和影响家长。孩子在实现自己与家长的共同愿景中由被动变主动、由盲从变积极、由无目标变有目标。孩子真切感受到家庭带来的温馨与幸福。例如，家长与孩子一起参加"母女课堂""我和父母一起升国旗"等活动，双方共同参与、共同享受家庭活动的成就感，加强了彼此之间的沟通。

三　促进儿童参与家庭生活的办法

（一）培养孩子在家庭中的角色意识

角色是个人在特定的社会关系中的身份，孩子虽然小，父母也要言传身教地引导其在不同的情况下充当不同的角色。例如，有的父母为孩子不愿意和小伙伴分享玩具感到恼火。这其实就是孩子缺乏角色意识的一种表现，孩子没有从女儿或儿子的角色转换到主人的角色。

因此，父母需要培养孩子在家庭中的角色意识，除了平时在不同的情境中利用各种机会引导外，针对主人的角色，还需要在客人到来之前未雨绸缪，进行类比说明，开展移情教育。但父母需要注意的是，在开展移情教育的过程中不要忽视自己孩子的情感，避免让自己孩子产生嫉妒心理。

（二）培养孩子在家庭中的责任意识

角色意识带来的必然是责任意识，因为角色决定了一个人该做什么和不该做什么。参与家务劳动就是培养孩子责任意识的第一步。

目前有一种来自西方国家的家庭教育观点，认为有偿家务劳动可以培养孩子的独立意识。这种观点有它的可取之处，但是如果从家庭责任的角度来看，这种观点就值得商榷了，因为它把家庭成员应该承担的责任变成了一种业务，容易导致孩子产生功利思想，使他们过于计较自己的利益，缺乏奉献精神。如果孩子参与家务劳动需要报酬，那么，父母在家庭中承担的一切家务劳动和无形的精神操劳谁付报酬呢？为什么父母就应该无怨地在酷暑中做好一家人的饭菜，而同为家庭成员的孩子洗一次碗、扫一次地，就非要得到报酬呢？同为家庭成员，生活在同一个屋檐下，大家都有责任付出和奉献，都有义务参与家庭劳动。不给予孩子家务报酬，并不是无视他的劳动，父母可以在一定的时候将购买他心仪已久的礼物作为补偿。这与直接给予他金钱上的报酬的性质是不一样的。后者是一手交钱、一手劳动的业务关系，前者是家庭成员一起购物、共同挑选过程中温馨的亲情表达。营造和谐的社会，需要从家庭做起，需要从培养孩子的家庭责任意识开始。

（三）培养孩子在家庭中的权利意识

每个人的权利始终伴随着责任和义务，责任、义务和权利的主体应该统一，不可分割。也就是说，享受权利的人同时也要承担责任，承担责任的人同时也拥有权利。我们追求民主平等，我们追求以人为本的理念。社会中人人平等虽然在短时期内还很难实现，但是我们完全可以从家庭成员之间的民主平等做起。例如，当孩子要求你到阳台上吸烟的时候，你会认为孩子是目无长辈吗？这其实是孩子的权利。当你的孩子向你索要额外的零花钱时，你会耐心地告诉他你拒绝的理由吗？你不妨严肃地说："父母是有给你零花钱的义务和责任，但是你也有作为子女认真读书的责任。你最近沉迷于游戏之中，荒废学业，没有尽到一个学生和子女应尽的义务，我们很难满足你的额外要求。"学会适时地拒绝是为人父母的一种技巧，但是拒绝的目的不是伤害孩子的自尊心，也不是使孩子心灰意冷，而是要使孩子明白你拒绝的理由，帮助孩子树立正确的权利和责任意识。我们很难想象，一个随时都能够得到满足的孩子，在他未来的社会生活或现在的学校生活中，如何面对同事或同学的拒绝，如何能够承受工作或学习中的挫折和打击。

许多动物一生下来就知道如何觅食，而人出生时比动物脆弱得多，但是这种脆弱通过人大脑的不断发展而得到补偿。大脑使人的社会发展有了无限的可能性，同时它自身也在人与自然和社会的和谐互动中不断地成熟。就这种进化的意义而言，改变人就在于改变人的大脑，培养孩子的社会参与能力首先要培养他参与家庭生活的意识。

第二节　促进儿童参与学校生活的方法

儿童在学校公共领域里参与公共教学中的各种交往活动，就是学校生活，其属于公共生活。参与学校生活的每个人是平等的，享有对学校公共制度、公共教学、公共权益等问题进行关注的权利，以平等的公共性作为学校生活的价值追求和本质特征。

一　公共生活的建构

公共生活并非与生俱来、纯然天生，它也不是现成地置放在那里，只要人跳进去就可以"生活"起来的。不同的群体都要根据自己的意愿、自己的实际境遇去创造自己的生活。在过什么样的公共生活的问题上，别人的榜样和历史的经验只能作为借鉴，最终无法取代不同群体自己的建构。从一定的意义上来说，"生活"是"生活"中的每一个个体、集体的"发明创造"。每个个体在"生活"中生成，而"生活"则是由人作为主体建构起来的。人们通过他们的生活建构活动，不仅仅建构了"生活"，而且建构了他们所选择的生活，同时也建构了他们自身。人们怎样建构他们的"生活"，他们也就在"生活"中成为怎样的人；个人怎样表现自己，他也就成为怎样的人。

二　儿童主动参与学校生活的建构

作为公共生活中一种的学校生活，需要学校中的儿童参与建构。现代学校发展的转型，使其注重在不违背教育法规的前提下求同存异，在尊重儿童个人权益的基础上，帮助儿童不断地去丰富、扩大或提升自己的生活领域和生活境界，努力寻求共同的利益和互助互补的因素，达成共同生活的意向，促使儿童真正走进属于自己的生活，主动地承担各种不同的生活角色，引导儿童在各种不同的生活建构的实践中丰富自己的个性、完善自己的人格，在班级、年级、学校中成为真正的学习、生活和参与学校各项活动的主人。

三　建构实践的要点

（一）还给儿童真正的生活，建构以儿童为主体的实践活动

现今的教育现实中，学校只是用分数、考试等体制化的手段以所谓的"学习生活"取代了儿童的全面完整的生活，剥夺了他们许多方面的生活权利，特别是学校生活权利，给他们的唯一"生活"就是读书、考试。在这样的"生活"中成长，儿童人格萎缩、德行缺失也就在所难免了。

作为主体性活动的建构，是一种人的"自我实现"活动，也是以生成和完善儿童主体人格为具体目标的活动。据此，儿童主动参与学校生活建构，可以使每个儿童的发展可能得到充分的实现，使各具特点的不同个体人格在学校生活中得以生成。

（二）儿童参与学校生活建构中应关注的内容

"生活"的建构并不是可以随心所欲的。因此，需引导儿童在主动参与学校生活建构的实践活动中，使自己的主观生活期待、生活意志得以与生活的现实基本趋于统一。所以，在儿童参与学校生活建构中，应关注下列内容。

在儿童主动参与学校生活建构的实践中要满足儿童对民主平等的需

求。目前学校的管理制度、课程设计和教学方法，仍存在着民主观念很难真正贯彻的现实情况。教师与家长为儿童的将来思考和审视现有教育的比较多，为儿童学校生活思考的比较少；为实现共同教学目标要求思考的比较多，为儿童个性的多样性和差异性发展思考的比较少；以成人眼光审视学校教育生活的比较多，以儿童视角总体审视学校生活的比较少。而儿童参与学校生活的建构为现代师生人格的生成提供了环境，这种环境能满足儿童表达个人见解、追求民主平等的愿望，既有利于儿童的心理健康和品德的培养，也促进着学校的持续稳定发展，有利于儿童未来的成长。

在儿童主动参与学校生活建构的实践中培养儿童的公共理性意识。运用这种公共理性的过程，既非简单地以他人立场代替自己的立场，也非简单地把自己的立场凌驾在他人的立场上，而是以一种自由平等的公民身份，就重大问题达成共识。这样不仅保证了个体的独特性和权利，也保证了集体的公共利益，而且能促进大家的共同发展。在这个意义上，增强儿童的公共理性意识就要培养儿童以和平的方式说理、互相协商的能力，杜绝暴力、非礼等非理性行为。

第三节　促进儿童参与社会生活的方法

参与是民主的核心，参与式民主是正义的实现条件。对于社会来说，建构一种参与式民主生活，能够促进儿童自由而全面的发展。当然，儿童的参与水平不是越高越好，有价值的参与不等于高阶参与，适合儿童发展水平的参与才是最有价值的参与。

一　儿童参与社会生活的意义

儿童是参与社会生活的主体人群之一，友好的社会空间环境能增加儿童游戏活动的频率，减少身体肥胖、心理孤独与意外伤亡的发生，有利于儿童的身心健康成长。但是，儿童身心发展尚未成熟，对社会生活环境有特别的需求。因此，适于儿童参与的社会生活对儿童具有重要的意义。儿童友好型社会建设的核心理念是：一切从儿童出发，让儿童发声，倾听儿童的诉求，满足儿童健康成长的需求，引导儿童主动参与社会治理并共享治理成果，实现儿童的身体健康、心理健康、社会适应。

二 促进儿童参与社会生活的策略

基于儿童友好的内涵，建设儿童友好型社会以促进儿童参与社会生活的策略应该包括政策、文化、空间、机制四个维度。其中，政策维度为儿童友好型社会的建设提供了政策环境的基础；文化维度为儿童营造出良好的社会氛围和环境，在其中儿童有权参与自身相关的社会建设；空间维度让儿童有安全行走和玩耍的空间，并提供教育、医疗、庇护和娱乐等服务；机制维度则提供儿童友好型社会的制度保障。

（一）政策维度

形成保障儿童参与权利的政策体系、制定层级分明的儿童友好型社会生活建构策略，以及出台承认儿童权利的法律法规，是推动儿童友好型社会生活建构的政策保障。

1. 制定儿童友好型社会生活建构的策略体系

因地制宜制定具体的儿童友好型社会生活建构的行动策略，分解和细化国家战略目标，推动社区层面的目标落实。在各项规划中，逐步让儿童参与到社会生活的建构中，形成推动儿童友好型社会生活建构由宏观战略设计向微观试点推进的层级化路径，确保行动策略清晰可行。

2. 明确儿童的社会生活参与权利

应在国家及地方的法律法规体系中逐步完善儿童权利的相关法律条文，明确儿童的社会生活参与权利的实现方式。以日本为例，在签订《儿童权利公约》后，日本政府明确儿童在社会事务中的权利，并鼓励地方制定地方性条例。基于《儿童权利公约》，新雪谷町进一步制定《城镇建设基本条例》，明确了儿童参与城乡规划项目的权利，并给出参与指引。

（二）文化维度

建设儿童友好型的社会，营造儿童友好的文化氛围是基础，包括自上而下和自下而上两个良性互动过程。自上而下需要加强宣传，形成儿童友好的舆论氛围，增强儿童的话语权，并通过制度建设保障儿童参与社会生活规划的权利；自下而上则倡导儿童积极参与社会生活公共空间环境改造规划，主动表达诉求和规划意愿，培养其参与意识和能力，同时积极营造儿童友好的沟通环境，在交流中运用儿童易懂的语言、减少专业术语，便于儿童更好参与到社会生活中。

1. 加强儿童友好理念和相关知识的宣传教育

政府部门可通过举办社会活动，促进社会对儿童友好的认知和参与对儿童友好型社会的建设，为儿童营造表达自身诉求、行使参与权利的文化氛围。在社会生活常态化的背景下，可以以社区为单位开展儿童权利宣传教育，提升居民对儿童权利的认知水平。

2. 培养儿童的社会归属感和参与意识

社区可通过业主群等线上渠道定期组织儿童参与社会生活活动，培养儿童参与的意识。除自上而下的被动参与外，政府和社区还应通过日常宣传和趣味性的教育活动，培养儿童对社会生活的归属感、责任感以及参与意识，使其主动参与到社会公共事务的决策中，从而培养儿童的自主性，实现儿童友好型社会的可持续发展和治理。

3. 倡导用儿童友好的话语解释公共事务

儿童缺乏专业知识，难以理解相关技术说明和准则，故在儿童参与社会生活公共事务的决策及与儿童交流的过程中，用讲故事、绘画等通俗易懂、趣味性强的方式解释公共事务，创造儿童友好型语境，有助于儿童理解公共事务。在社会生活中，友好的沟通方式将很大程度地提升儿童的参与度。

（三）空间维度

安全健康且适应儿童活动需求的社会环境空间是儿童友好型社会的物质载体，是儿童参与社会生活的重点场所。与儿童日常生活密切相关的社会生活空间主要包括户外活动空间、出行空间、公共服务空间等。完善的社会活动与服务空间体系不仅为儿童提供安全舒适的日常活动环境，还有利于面对突发性社会事件实现平灾转换，形成能应对紧急状况的社会生活空间。

1. 全年龄段友好的户外活动空间

儿童友好型社会应配建公园、户外游戏场地等适合儿童活动的空间。根据不同年龄段儿童的行为习惯和成长需求，对室外活动区域按照年龄段进行功能划分，引导全年龄段儿童进行身体锻炼。

通过增加户外空间的趣味性引导儿童参与户外活动，也有利于儿童心理健康成长。例如，可以以社区为依托，布置社区农场、社区花园；打造主题户外空间，丰富活动体验；打造亲子空间，增加家庭亲子关系；等等。

2. 安全且充满乐趣的出行空间

结合儿童出行习惯和目的地倾向，合理规划儿童的出行路径。路径采用符合儿童尺度的设计，设置儿童常用的服务设施，并且迎合儿童的猎奇心理，采用区别于普通出行路径的卡通、明艳色彩等设计元素，增强其对儿童出行的引导性和趣味性。

具体的街道空间设计需避免人车冲突。拓宽社区内街，根据儿童的活动习惯重新梳理交通灯控系统，分时段封闭车流量较少的道路，打造人车共存的街道空间，提高道路安全性。同时，推荐儿童自己设计街道的标识系统，采用儿童喜欢的风格和颜色，增强可辨识性和引导性。

3. 完善且可达的公共服务空间

以符合儿童步行尺度的5分钟社区儿童友好生活圈规划建设为载体，布局社区级的儿童教育、医疗、文化、体育、福利设施，包括幼儿园、社区卫生服务机构、儿童图书室、儿童议事室、社区儿童综合活动室、母婴设施等，保障社区儿童能便捷地享受到基本服务，并在考虑安全性和趣味性的基础上设计儿童活动设施场地，促进儿童身心的健康发展。

（四）机制维度

为使儿童真正成为社会生活事务决策中的参与者，政府相关部门及社会组织需要共同探索在社区中设计儿童参与的制度，形成涵盖儿童在内的各利益相关方协作机制，构建绩效考核、动态评估机制。

1. 设计儿童社区参与的制度

在社区规划设计中，需完善儿童参与社区建设的制度设计。可构建社区儿童代表制度和儿童需求落实机制等常态化机制，选取儿童代表定期与相关决策者交流，表达儿童对社区的看法，并参与社区日常事务的决策。如日本新雪谷町的"中小学生社区发展委员会—儿童议会"两级治理制度，以及我国深圳的儿童代表制度、儿童议事制度，均是实现社区中儿童诉求表达、权利行使的良好制度设计。

2. 形成多方协作的社区规划和治理机制

健康社区的建设强调开放性、共享性，需充分调动社会公众，尤其是儿童参与的积极性。通过开展需求调查、设计工作坊、进行社会监督等形式，引导多元主体介入儿童友好型健康社区的规划设计与治理。根据社区特质，构建多方协作机制，推动儿童参与社区规划决策。其中，政府提供制度、政策保障，企事业单位和公益组织提供服务与支持，学校、街道社区共同参与，媒体进行宣传、跟踪，共同构建儿童参与的社区协同规划治理机制。

3. 构建绩效考核、动态评估机制

建立定期绩效考核机制，为儿童参与社会生活相关活动的保质、保量开展提供支撑。依据地方特点，建立长效的儿童参与社会生活基准评估体系和评估指标，并邀请第三方进行定期评估，考核儿童参与社会生活的社区建设情况。

第五章 儿童友好型学校中的教育公平

第一节 全面展开面向每一位儿童的教育

在儿童友好型学校中，没有歧视和偏见，学校珍视儿童的差异性和多样性，接纳残疾儿童，包容问题儿童，使每一位学生都获得更多的照顾、关怀，全面展开面向每一位儿童的教育，这就是全纳教育。全纳教育是一种以教育的公平为本位的全新教育理念，教育公平是全纳教育的核心内涵。

联合国教科文组织将全纳教育定义为：通过增加对学习、文化与社区的参与，减少教育系统内外的排斥，关注所有学生多样化需求的过程。

一 全纳教育的历史演进

全纳教育具有深厚的历史渊源和实践根基，要探索全纳教育的精髓，需要把握全纳教育形成的历史脉络。从国际历史文献以及各个国家实践进程分析，全纳教育从初步萌生到全面发展大致经历了三个阶段，即全纳教育"理据生成"阶段、部分国家"初期探索"阶段和国际社会"达成共识"阶段。

（一）"理据生成"阶段（20 世纪 60 年代前）

全纳教育的出发点是：受教育是基本人权，也是维系社会正义的基础。这一基本观点的产生受《联合国宪章》和《世界人权宣言》的影响。

1945 年 6 月，联合国成立时通过的《联合国宪章》第一次将保护人权规定为一个国际组织的宗旨。它提出"不分种族、性别、语言或宗教，增进并激励对于全体人类之人权及基本自由之尊重"。

联合国自成立以来，始终关注儿童的幸福和权利问题。1948 年 12 月，第三届联合国大会通过的《世界人权宣言》第一条明确指出：人生而自由，在尊严和权利上一律平等。《世界人权宣言》还明确提出了禁止歧视的原则，强调所有人不得因种族、肤色、性别、语言、宗教、政治或其他主张、国籍、出身、财富、家世或其他身份的不同而受到歧视。《世界人权宣言》第二十六条则提出：所有人都有受教育的权利；教育必须以发展完善人格、强化对人权及基本自由的尊重为目的；父母有优先为子女选择教育种类的权利。

尽管《联合国宪章》《世界人权宣言》没有直接提及残疾人的问题，但国际社会以其他方式关注着残疾人。1959 年，联合国大会通过的《儿童权利宣言》强调保护儿童的权利，并提出身体、心理或社交障碍的儿童要受到特别的治疗、教育和照料。

上述文献的发布，标志人权开始成为国际社会普遍关心的问题和需要围绕其展开国际合作的事项，对现代国际人权的发展具有现实的指导意义。这一系列国际大会所通过的国际性文件，为全纳教育理念的形成提供了理论依据，同时直接推动了全纳教育的兴起和发展。

（二）"初期探索"阶段（20 世纪 60~80 年代）

1960 年，第二十三届国际教育大会通过的《弱智儿童的特殊教育组织建议》明确指出："《世界人权宣言》的教育权适用于所有的人，包括最不聪慧的人。"该建议从权利主体的角度阐述了特殊教育的重要性，指出国家要对残疾儿童实施免费的义务教育，而且强调使特殊儿童融入正常的社会生活。这为进入 20 世纪 60 年代以后各国残疾人教育法案的出台和各个国家对全纳教育的初期探索奠定了基础。

从 20 世纪 60 年代开始，北欧一些国家受国际有关人权议题的一系列公约、宪章等的影响，开始发展新型教育，学校接收各类型的学生，包括残疾学生。这种新型教育的出现拉开了全纳教育"初期探索"的序幕。

1975 年，美国颁布了《所有障碍儿童教育法》，该法提出最大限度地将残疾学生安置在普通班级接受教育，与普通学生一起学习和生活。

这一体现"回归主流"思想的教育法的出台，使残疾学生有机会与普通学生共同参加非学术性学科，如艺术、体育、音乐的学习，为美国"零拒绝"、提供"最少受限制环境"等全纳教育理念的初期实施奠定了基础。随着经济和社会的发展，针对特殊教育面临的问题和国际教育发展的趋势，1976年，英国的《教育法》第一次明确提出支持把残疾儿童安置到普通学校的做法。1978年，英国《沃诺克报告》（Warnock Report，即《关于残疾儿童及青少年的教育报告》）接受了"一体化"（Integration）教育的思想，对残疾儿童进入普通学校予以极大的关注，认为绝大多数的残疾学生可以且应该进入普通学校学习。

20世纪70～80年代，澳大利亚的特殊教育研究更多地转向对残疾学生进行教育安置方面。由于澳大利亚幅员辽阔，澳大利亚的教育法规定残疾学生应在当地学校入学。这样，一些残疾学生开始离开特殊教育学校，进入普通学校学习，澳大利亚由此也开始了"一体化"教育运动。

上述这些国家的教育思想，无论是"回归主流"的思想，还是"一体化"教育的思想，都集中体现了它们打破特殊教育的隔离式状态、促成残疾儿童或需要特殊教育的儿童进入普通学校接受教育的全纳教育雏形的形成。

由于前面提及的《儿童权利宣言》等国际会议文件不具有法律效力，而儿童权利又亟须以法律的形式得到保障，因此在各个国家对全纳教育前期探索的基础上，联合国大会于1989年11月通过了一项关于保护儿童权利的、具有国际法约束力的国际公约——《儿童权利公约》。该公约规定，儿童也是权利的主体，他们有四项基本权利：生存权、发展权、受保护权、参与权。该公约强调反对各种形式的歧视，包括对残疾人的歧视。《儿童权利公约》第二十三条确认残疾儿童有接受特别照顾和获得援助的权利，以确保残疾儿童能有效地获得和接受教育、培训、保健服务、康复服务、娱乐机会并做好就业准备，其方式应有助于该儿童尽可能充分地参与社会、实现个人发展。这是比较成熟的残疾人"融合观"，与全纳教育的思想已比较接近。

（三）"达成共识"阶段（进入20世纪90年代后）

20世纪90年代初，国际教育界致力于推动全球性的全民教育运动。

1990 年，由联合国教科文组织、联合国儿童基金会、联合国开发计划署、世界银行发起，在泰国宗迪恩举行的世界全民教育大会通过《世界全民教育宣言——满足基本学习需要》（以下简称《世界全民教育宣言》），该宣言指出：本应人人享有的受教育权益的保障状况并不乐观，一些社会问题阻止了满足所有人基本的学习需要这一目标的实现。《世界全民教育宣言》倡导创设条件，保障每一个儿童的受教育的权利，其中当然也包括有特殊教育需要的儿童。《世界全民教育宣言》指出："残疾人的学习应受到特别的关注，必须采取行动为各类残疾人提供平等的受教育机会，并且使这种教育成为教育体系中的一个组成部分。"《世界全民教育宣言》虽然对特殊教育仅仅提及了一句，但与会的来自世界 150 多个国家和地区及联合国系统各机构、政府间国际组织、非政府组织的代表以及专家认识到，发展特殊教育是实现全民教育的一个重要环节。《世界全民教育宣言》的发布为确保儿童受教育的权利和世界各国达成开展全纳教育的共识奠定了基础。

世界全民教育大会之后，世界各国开始共同思考如何创设条件保障每一个儿童的受教育权的问题。大家反思"回归主流""一体化"教育产生的效应以及问题，深感"回归主流""一体化"教育虽然在促进特殊教育与普通教育融合上起到了积极作用，但是仍然没有很好地解决普通教育与特殊教育的关系问题，普通学校还没有做好充分准备以接纳大量的需要特殊教育的学生，所以只是在一定范围内接受有特殊教育需要的学生，缺乏主动为其服务的意识和有效措施。因此，呼唤全纳教育的声音来势迅猛。1993 年 2 月，亚太地区特殊教育研讨会在中国哈尔滨召开，会议通过了《哈尔滨宣言》，就实施全民教育、建立全纳学习观念等问题形成了初步的建议。1994 年 6 月，在西班牙萨拉曼卡召开了有来自 92 个国家、25 个国际组织和机构的近 400 人参加的世界特殊需要教育大会，该会通过了《萨拉曼卡宣言——关于特殊需要教育的原则、方针和实践》（以下简称《萨拉曼卡宣言》）。《萨拉曼卡宣言》正式提出全纳教育和全纳学校的概念，并对全纳教育这一全新的思想和概念进行了阐释。《萨拉曼卡宣言》除了重申儿童受教育的权利外，更强调：每个儿童都有其独特的特性、兴趣、能力和学习需要；必须认识到学生的不同需要，要满足学习风格和学习速度不同的学生的需求，并确保每个人受到高质量的教育。世界特殊需要教育大会的召开，标志着世界性全纳教育实践的开始。《萨拉曼卡宣言》通过之前，全纳教育仅在个别国家开展，在这一宣言通过之后则在世界范围内形成了国际共识，许多国家和地区都逐渐开始了全纳教育的研究和实践。到21世纪初，全纳教育逐渐突破特殊教育的局限，渗透到普通教育领域，引起了普通教育的一系列改革，促进了特殊教育与普通教育的融合。因此，从这个意义上说，《萨拉曼卡宣言》将世界各国教育带入了一个新的时代，是教育发展史上的重要里程碑。

在全纳教育演进的过程中，全纳教育从隔离的特殊教育到"回归主流"和"一体化"教育中部分融合、部分隔离的教育状态，再到全部融合的状态；从关注人的基本权利到提供适合每个人发展的教育，再到为每个人提供满足其需要的、有质量的、适合终身发展的教育。总之，各国特殊教育的发展为全纳教育的提出奠定了基础；全纳教育立足于人权观，其核心是把教育看作个人和社会发展的基本要求，主张为每个人提供有质量的教育，反对学校中的歧视与排斥，注重人的参与和合作。

二　全纳教育的基本理念

虽然全纳教育是从残疾人教育和特殊教育领域中发展起来的，但它不仅仅是指残疾人教育和特殊教育，还应涉及普通教育。普通学校里的学生也存在大量的特殊教育需求。学生的教育需求是一个连续体，而特殊教育是整个教育体系的一个内在组成部分，是一种提供各种形式的额外帮助的教育。全纳教育主张用一元制教育体制取代二元制教育体制，在一元制教育体制下，所有学生在一起学习，不会因为残疾或学习困难而被排斥或遭到歧视。

全纳教育主张：每个儿童都有各自不同的特性、兴趣、能力和学习需求；学校必须关注学生的不同特性和需求差异；学校应该接纳所有的学生并满足他们的不同需求，为有特殊教育需求的学生提供学习的机会；学校应该提供一种有效教育，反对排斥和歧视学生。

全纳教育认为人人都有平等的受教育的权利。全纳教育重申了应保障人所具有的受教育的基本权利，即不仅要给每个人平等的入学机会，而且要能做到平等地对待每一个学生，满足他们的不同需求。全纳教育强调平等观，不是要追求一种不可能达到的绝对平等，而是强调我们的教育应关注每个学生的发展，不能只关注一部分学生，而忽视、歧视或排斥另一部分学生。全纳教育是一种权利，任何团体和个人都不能被这种权利所拒绝。这些理念充分说明了全纳教育所强调的人权思想。

全纳教育提倡学生的积极参与，在学校教育中，全纳教育注重的是每一个人的积极参与，每一个人都是学校生活的主人。全纳教育的目的是要使人走向一种全纳的社会，在这种社会中，人人参与，大家合作，每一个人都是集体中的一员，人人都受欢迎。全纳教育主张通过教师之间、学生之间、师生之间、教师与家长之间、家长与学生之间以及教师与社区之间的合作，共同创建一种全纳的社会。全纳教育认为应把特殊儿童——"他们"纳入"我们"（包括特殊儿童）的大集体中，强调从关注"他们"转向关注"我们"。

三　全纳教育的实施模式

模式是理论的价值取向及相应的实践操作方式的系统，是结构与功能、形式与内容的具体统一。全纳教育实施模式就是关于教育的全纳性、建构性的价值取向及相应操作方式的统一。它在应用中注重平等、参与、合作及个体的主动建构。各国的全纳教育者们在实践中探索出不同的全纳教育实施模式，以帮助学生实现最大限度的发展，其中三种有代表性的模式是"顾问模式、小队模式、合作与共同教学模式"。

（一）顾问模式（Consultant Model）

当班级规模较小而且需要特殊帮助的学生也较少时，这个模式比较适用。这是一种非介入性（non-intrusive）的方法，它为有特殊需要的学生配备至少两名在课程方面能提供帮助的教师（顾问），以帮助学生解决课程中出现的问题。顾问能有效地协助需要特殊帮助的学生掌握解决困难的技能，或者帮助学生练习新近获得的技能。

（二）小队模式（Teaming Model）

特教教师被安排进一个年级层次的小队，每周为这个小队做为期一周的计划。特教教师提供特殊学生的信息和可行的指导策略、行为策略。小队成员定期会面，以保证彼此之间的交流。小队成员们无论是来自普通教育还是特殊教育领域，都在一起工作以拓宽他们在不同领域的知识面。当然这个模式也有它的不足之处，在实施过程中可能会遇到阻力而延迟对困难学生的帮助，或者拔高生师比，使特教教师在普通教育的课堂上工作的机会变得十分有限。

（三）合作与共同教学模式（Collaborative and Co-teaching Model）

该模式是指普通教师和特教教师共同在同一教学空间中向特殊学生和普通学生提供实质性教学。普通教师和特教教师在以下方面都有责任：教学计划及其实施、学生的成绩评估和纪律（discipline）管理。学生将学习适合其年龄的学习内容，接受辅助的服务及改进后可行的教学。这种模式减少了时间安排所带来的问题，使教育者之间进行不断的和即时的交流，而且，比起顾问模式来，其生师比很低。合作与共同教学模式可分为以下几类。

1. 一个教、一个帮（One Teaching, One Support）

这种模式下，一位主导教师负责全班教学的同时，另外一位教师则作为助理教师在教室里来回走动观察学生，并在需要时给予帮助。这种策略能够为学生提供基本帮助，从而使班上学生多样化的学习需要得到满足。

2. 平行教学设计（Parallel Teaching Design）

教师把班级分为几个小组并同时教他们。由于生师比不高，因而更多的时候学生们专注于学习而非等待帮助，重新接受教学的机会与来自教师的帮助即时可得。师生间不断进行交流，学生的行为问题也相应减少。

3. 教学站（Station Teaching）

这种合作教学模式把学生分成不同的组安排在教室的不同位置，称之为教学站。教师将教学内容分割，然后分别进行讲授。这种模式不按照具体顺序教学，而以单元来进行主题教学。其优点在于为学生提供立即接受再教学的机会，降低了生师比；此外，教师能够充分合作，使交流得以持续。

4. 更替教学设计（Alternative Teaching Design）

在这种模式下，当其中一个教师为在掌握学习内容上有困难的小组进行再教学的时候，另一个教师负责帮助其他学生巩固已学过的内容或者扩展小组的功能与目标，并使每个学生都有机会进入不同目标的小组学习。这种模式尤其适用于需要大量再教学的数学课。

四　全纳教育实施的策略

（一）课程策略

全纳学校为所有学生提供相同的教育。学生学习普通课程，有特殊需求的学生得以获得额外的帮助和支持。学校所提供的课程应适应每个学生独特的个性、兴趣、能力和学习需求。课程的实施应：减少整班上课，实施以教师为主导的教学策略；减少学生坐、听、接受和吸收知识的被动性；减少对教室安静的奖励；减少课堂填空白工作表、重复抄写、做练习和其他课堂作业的时间；减少教师粗浅地讲授囊括每一学科领域知识的内容的尝试；减少对事实和细节的死记硬背；减少学校里竞争和分等级的压力；减少用分等级的方式把学生划分进"能力团体"的做法；减少标准测试的使用；加入更多的基于经验、引导、亲身实践的学习；加入更多的课堂上的积极学习、与帮助者的谈话和合作；更多地强调深入思考以及对一个领域的主要概念和原理的学习；对少量主题进行更深入的研究，以便学生能内化某一学科领域的调查方法；使学生投入更多的时间阅读原著、非小说的材料；把对任务的责任更多地交给学生，包括目标设定、按计划行事、调控、评估；让学生有更多的选择权，如挑选读物、确定写作主题、选择小队成员和制订研究计划；更多地注意学生情感的需要及个体学生不同的认知风格；更多地开展合作、协同行动，把课堂中的学生发展为互助的团体；让教室里有更多异质团体，从而使个体需要通过团体化的活动而非与其他个体的隔离得到满足；在普通教室里给予特殊学生更多的特殊帮助；加强教师、父母与行政人员的合作；注意使教师对学生的评价以对其成长的描述性评价为主，包括定性的/事的观察。

（二）教学策略

全纳教育除了让身心有障碍的学生完全融入团体外，还需注重他们学业的进展。它倡导为所有的学生提供高质量的教育，给学生提供更多的学习机会，并通过学生持续的学习行为提高他们的成绩水平。因此，全纳性的教学应该包括以下几点。一是全员的参与、合作，这需要普通班教师对全纳教育班级的教学结构做重新安排，并与特教教师交流各自的课程设计、教材教法及教学评价，共同与家长、学校行政人员、专业人员等根据特殊障碍学生的特性与需求进行个别化教学方案的编写并基于其开展教学。在教学过程中，需要把教师间的合作、教师与学生的合作、学生之间的合作结合起来。二是个别教学，全纳学校班级规模较小，设施齐备，利于个别教学。全纳性教师工作的目标就是促进每一名学生的成长，因而教师应采用不同的教学方式和方法满足学生的不同需要，如利用现代教育技术进行辅助教学是个别化教学的一条可行之路。三是以学生"建构"为主的教学法，教学应以学生为中心，强调学生对知识的主动探索、主动发现和对所学知识意义的主动建构。教师应立足于学生当前的生理、情感、智力等的状况以及他们主体性的发挥和社会参与程度，通过多种积极的教育行为影响学生，促进他们成长。

（三）管理策略

管理者支持和推动着全纳教育的发展，他们需要与职员和家长一起为不同的学生考虑，帮助学生成为善于与人相处、具备产出能力、能够自我鞭策的优秀的决策者。

1. 前瞻与进程（vision and agenda）

心怀全纳教育这个目标，管理者应该能够对一个学校如何教育其所有的学生这个问题有一个预想。这样，管理者就可以规划达到目标的进程。此外，管理者必须了解在为所有学生提供平等的受教育机会上每一个专业人士的作用。

2. 结构与组织（structure and organization）

管理者可以通过排除障碍来促进在交叉训练上的合作。他们可能需要重新安排学校工作日程，包括为合作者规划编制时间表、调整日程安排以及提供不同形式的技术援助，如缩小班级规模、提供辅助人员的协助等。

3. 职员的培训（staff training）

为职员提供培训、继续教育和职业发展的机会是必需的。在全纳学校中，管理者可以通过提供在职培训的机会来支持教师以满足教师自我发展的需要。聘用有能力的人员来实施培训，激励教师参与进来，使用不同的方法，并使其与其他地区或学校的培训同步。管理者也必须在教师的时间表里安排出一定的时间用于合作解决问题、开展小组会议、开展同伴训练会议和进行素材的改写。

4. 资源的配置（allocation of resources）

资源的创造性分配和聚集对实施交叉训练和保持其中的协作来说是至关重要的。

（四）培养全纳性教师

全纳性教师应深谙全纳教育理念，具有必要的特殊教育知识，能够平等地对待每一位学生。其具备解决问题的能力；具备利用学生的个人兴趣和内部动机来发展其所需技能的能力；具备为每个学生设置合适的、既高又可做适当调整的期望值的能力；具备为学生调整任务，以让不同水平的所有学生都参与到设计课堂活动中的能力；具备评价学生带到课堂中的多种技能，而不限于学科技能的能力；具备让所有学生每天都能体验成功的能力；具备获得社会对全纳教育支持的能力。要培养具备上述能力的高素质教师，应激励教师自主学习，积极参与校本研究；注重教师教育的连续性与阶段性；建立"学习—实践—科研"三位一体的教师教育模式；等等。

五　全纳教育的实践特征

（一）将差异性作为新的标准

全纳教育中的学生群体的同质性在持续降低，班级的组成愈加异质化。现在，越来越多学习困难的学生被安置在普通班中，而不是被隔离为特殊群体。普通班级出现了在智力、身体或感官上有缺陷的学生，还包括有情绪或行为问题的学生。而在过去，这些学生中有许多人是必须去上特殊学校的。全纳教育的目标是全体学生的纳入，而不必介意学生所具有的各种特殊性，既是对人的受教育基本权利的实现，也是社会进步对"民主""平等"的体现。

（二）以合作教学为主导

全纳教育的立足点是集体，解决问题的方法是合作。它主张普通学校接纳所有的学生，但由于学生的学习能力、个性特点、学习需要的多样化，需要强大集体的合作。从80年代末期开始，合作教学更多地被作为一种在普通班级里满足异质的、多样的学生学习需要的特殊教育策略与技巧。它倡导教师的协同合作、同学间的互助学习、结构化班级的互动等。它能使教师投入更多的精力去解决问题、采取更为有效的策略，同时也为学生提供了人的合作技能的范例。

（三）强调学校结构的灵活性

全纳学校的结构与有弹性的讲授方法、课程设计一样，也需要做适当的安排以满足不同学生的需要，如学校必须给身心有障碍的儿童提供无障碍的学习环境及相关的支持服务等。并且，学校教学时刻表也反映出同样的灵活性。

（四）采用多种评价方法

全纳教育的教学观认为应向所有学生提供相同的教育，如果学生有特殊的需求，则应该提供额外的帮助和支持，并根据学生的不同特性，进行个别化教学方案的编写和开展多样化的教学。基于上述教学观，全纳教育对学生发展的评价更多基于教师对学生成长的描述性评价，包括对学生故事的观察、对情景的观察等，并注重对学生的动态评价、多方参与评价、真实评价、多元评价。同时，对学生的评价如同给予他们的指导一样是个别化的。

总之，对于儿童友好型学校来说，社会的民主化要求教育的民主化，教育的民主化要求实行全纳教育。

第二节　全面促进每一位学生的有效学习

学习使人类超越了自身的有限性，是人类文明进步的巨大动力，能够实现个体的价值并开发其潜能。学习是为了世界更美好，为了人类自身更完整。是否拥有有效的学习方式决定了学习对个人生活的意义。个体只有通过不断的学习，才能进一步发挥自身的潜能，并将学习作为一种自我提高、自我满足的方式，从中不断地获得乐趣。学习与人类生存和社会发展同步，是人类个体和社会发展的重要条件，已成为现代人的根本需要之一。但是，学习是一个持续的过程，而不是一个终极目的。社会发展和教学改革为学习者的有效学习提供了平台，社会发展需要的是"会有效学习"的人才。教育的目的是促进学生的发展，通过让学生掌握更优的学习方式、拥有更健康的学习心理，培养学生自我学习的能力，促进其发展。

一　学生有效学习的意蕴

（一）有效学习的内涵

有效学习是指能够顺利实现预期目标、达到良好学习效果的学习过程和学习行为。有效学习包含三个方面的内涵：学习的进步和发展，即学习效果；学习的实践和应用，即学习效用；学习的时间和效益，即学习效率。因此，要达到有效学习的目的，必须使增进学习效果、强化学习效用和提高学习效率这三个要素有机结合，内在地统一于学生的整个学习过程之中。有效学习的基本目标是知识与能力的获得，最终目标是使学生能够得到恰如其分的发展。

与一般意义上的学习相比，有效学习具有五个显著特征：一是目标性，在教学之前为学生制定具体的学习目标，让他们带着明确的目的去学习，有利于完成预定的目标；二是实效性，让学生在有限的时间内完成预定的学习目标，以提高学习效率；三是生成性，它是学生有效学习最明显的特征；四是主体性，即学习过程的主体是学生，教师只是作为引导者，以实现学生的全面发展为最终目标；五是交互性，实现学生的有效学习，要求师生相互交流、沟通与对话。

（二）有效学习的意义

有效学习追求最优化的学习，是一种智慧生成的过程，更是一种理念。有效学习的目的是建构一个学生主动探究、积极有效掌握知识、全面进步和成长、自我教育的模式。学生的有效学习是课堂教学的根本目的，是学生全面发展的需要，更是创新型人才培养的需求；是个体成长和社会发展的需要，是教育改革的重要目标，也是教育成功的前提和最终目的。开展对学生有效学习的研究是推动新课程改革背景下教学改革实践持续深化的理性路径，将有力促进教师的专业化发展，推动学生学习能力和综合素质的全面提高，从而实现我国基础教育高质量和均衡发展。

二　影响学生有效学习的因素

对于学生有效学习的影响因素，学者们的理论解释和具体的维度划分方法有所不同。有的学者从有效学习的心理结构进行分析，有的学者从有效学习的背景和过程进行分析，还有的学者从学生的内部因素和外部因素的角度对其进行划分。笔者主要从内部因素和外部因素两个角度来分析影响学生有效学习的因素。

（一）内部因素

1. 学生的学习动机

动机是行为的动力，会促使人们从没有兴趣开始生发出兴趣，进而促使人们不畏艰难险阻争取成功。动机能唤起成功的欲望，并会转变成大脑中的意念，引导自我调节行为，走向成功、避免失败。美国著名的课程研究专家泰勒曾说："学习者的动机，即学习者自身积极卷入的推动力，是有效学习的一个重要条件。"[1] 学习动机解决的是"要不要"的问题，它是学习过程中影响学习效果的重要心理因素，是直接推动学生学习的内在动力，是引起和维持个体学习行为以满足学习需要的心理倾向，良好的学习动机是促进学生有效学习的基本前提。没有明确的动机，便

---

① 胡文娟. 泰勒原理未过时 [J]. 教书育人，2008，(27).

没有自觉的行动。学生良好的学习动机调节着学习活动并维持着其稳定，并使其持久地向着完成既定目标的方向发展。

2. 学生的学习准备

学习准备是指学生原有知识水平和心理发展对新的学习的适应性。原有的知识和技能是新的学习开展的重要内部条件，不仅影响新的学习的成功与否，而且也影响学习的效率。注重新旧知识的联系是有效学习的重要条件。学生只有以原有的知识为基础，才能寻找到解决问题的线索，最终在同化和顺应的过程中重组自己的知识结构，从而获得新的知识和技能。

3. 学生的学习兴趣

赫尔巴特认为，主要是兴趣引起了对物体正确的、全面的认识，它促进了知识的长期保持，并为进一步学习提供动机。学生的学习兴趣是学生力求探究某种事物或从事某种活动并带有强烈情绪色彩的意识倾向。

学习兴趣是学生学习积极性的一个重要方面，也是人才成长的"起点"，它通常不需要外在刺激来维持，而是能够推动学生自己独立地、积极地、深入地探索事物的本质。杜威曾经说过，以兴趣为基础的学习的结果和仅仅以努力为基础的学习的结果有质的不同。[①] 学习兴趣既是过去学习的产物，也是促进今后学习的手段。同时，保护并提升学生的学习兴趣，是解决学生学业不良问题的关键。

4. 学生的学习能力

学生的学习能力就是一切能够引导学生达到其学习目标的内在因素，可以解决"能不能"的问题。它是实现培养目标的基础，是有效学习的保障因素，也是"学会学习"这一目标的具体体现，在很大程度上会影响学习的结果。学习能力的差异不仅会影响到个人学习目标的实现，而且能影响到教学的进行。"自主学习"是学生通过自学、探索、发现获得科学知识的新型教学方式。学习是学生自己的事，学生是学习的主导者，可以自主安排学习的整个过程，在明确的目的和方向指引下自觉、主动、有效地学习。培养学生自主学习能力就是培养其主动发展的能力，

---

① 约翰·杜威. 民主主义与教育［M］. 陶志琼译. 中国轻工业出版社，2014.

使学生形成良好的学习品质，培养其自信心，激发其好奇心。

5. 学生的智力因素

智力因素通常是指记忆力、观察力、思维能力、注意力、想象力等，即认识能力的总和，是一个人先天遗传和后天培养的结果。由于每个学生所处的生活环境不同，先天禀赋存在差异，因此，学生的智力因素会影响学生的有效学习。

（二）外部因素

1. 朋辈群体

朋辈群体的合作学习让学生在互帮互学、积极向上的氛围中主动地学习，不但解决了问题，而且培养了学生乐于寻找规律、思考问题全面的好习惯。合作学习通过各成员之间互相探讨、交流，共同解决问题，使学生主动思考问题、积极发言、敢于表达、互相交流与合作、体验成功的喜悦，从而达到共同提高、共同进步的目的。同时，让学生置身于一个充满信任，同学们互相帮助、互相激励的学习环境中，可以培养学生善于欣赏他人、懂得倾听的性格，培养学生的动手能力和交际能力，激发其进行讨论与研究学习的愿望。充满朋辈群体的学习环境，可以强化学生的团队意识，培养学生团结协作精神，促进学生积极地参与合作与竞争，展现学生的个性特征，充分发挥他们的特长和智慧，从而提升学生的学习效率和教师课堂的教学效果。因此，朋辈群体对培养学生的创新精神、探究能力、合作意识和技能具有重要的影响。

2. 学习环境

设计有效的学习环境可以把有效学习进一步推向实践，而设计良好的学习环境可以成为学生学习有效性的重要保证。良好的学习环境能帮助学生形成一种好的心境，这是学生乐学的必要条件。因此，要给学生创设一个宽松的学习氛围，在良好的学习环境中激发学生学习的主动性、创造性。一个接纳的、支持的、宽容的课堂，强调的是一种相互认同、相互接纳的关系，是为学生提供各种便利，促进学生主动地、富有个性地学习的课堂，是以学生的互动、帮助与分享为纽带的课堂。在这样的课堂教学环境中，学生的主体地位得到了重视，学习方式生动、有趣，师生在师生间、学生间的相处中产生了良好的情感体验，这样的环境可以引发学生学习的需要，强化学生学习的动机，有利于学生保持学习的欲望，最终促进学生的有效学习。

3. 教师

以往研究的有效教学偏重于教师的教，忽略了学生的学。实际上，在课堂教学中，既要有高效的教，也要有高效的学，只有两者相互配合的教学才是最优的教学，也才能真正达到有效教学的目标。从根本上讲，教学的有效性取决于学习行为的质量，任何教学活动都应服从和服务于学生的学习。影响学生学习的因素很多，教师是对学生课堂学习影响最大的外在因素，是影响学生有效学习最主要的直接因素，主控着其他因素。有效教学关注的是教师的教学行为，但其最终的目的还是提升学生学习的效果。

因此，学生有效学习能力的培养比有效教学更加接近教育的终极目的。为了使有效教学高效率、高效果、高效益地发挥作用，我们既需要利用人类的一切有效学习方式，也需要创造一切能够促进人类有效学习的条件，实现学生的有效学习，使学生在已有知识、经验和能力的基础上最大限度地达成或超越预期的教学目标，这也是有效学习的本质。教师不再是课堂中唯我独尊的控制者，而会转化为尊重学生主体性、欣赏学生独特性、支持学生创造性的促进者。教师身上的下列因素都会影响到学生的有效学习。

一是教师的素质修养。教师肩负着教育和培养学生的神圣使命，其素质的高低直接关系到中国能否兴旺发达、繁荣昌盛。加强师德修养、提高自身的专业化素质、践行为人师表的理念，已成为新时代对教师职业素养的必然要求。教师职业特殊性的表现之一就是其劳动对象是可塑性强、模仿性强的学生。因此，教师要不断提高和加强自身素质和修养，用自己的人格魅力影响学生，用道德力量感染学生，为学生塑造良好的榜样。在具有良好职业道德与人格魅力的教师的影响下学习，学生的学习兴趣浓厚，学习效果明显。良好的素质修养不仅是教师个人的职业优势，也是学生有效学习的不竭动力。

二是教师的专业知识。教师的专业知识是其学习、研究、总结的产物，良好的知识背景可以帮助教师有效地选择教材、组织教学行为并最终保证教学目标的实现。具有良好的专业知识素养是成为教师的最基本要求，也是教学能够成功的前提条件，它保障教学顺利开展并起到应有的效果，也是学生有效学习的基础。教师专业知识上存在的缺陷会影响学生知识的获得和智力的发展，甚至影响到整个教育活动的质量和成效。教师只有深刻理解教学内容，才能在教学时由浅入深、循序渐进地将学生的间接经验转化为系统性的知识，使学生易于领会。只有教师的专业知识扎实了，教师队伍的整体水平才能提高，教育才会发挥出更大的作用。因此，实现学生的有效学习、提高课堂教学的时效性，教师的专业知识至关重要。教师只有具有先进的教育理念，并以正确对待教育规律为基础，才会指导学生正确把握学习规律，提高学生分析、解决问题的能力。只有教学观念与时俱进，教师才会在教学中源源不断给学生注入新鲜的知识，才会提高学生学习积极性。以科学先进的教育理论指导教学实践，能极大地促进有效教学的发展。如果教师拥有有效教学的理念，不断提高科学组织课堂的能力，科学地组织教学和学习活动，教学就可以按照教学计划设定的方向顺利进行。学生的知识建构过程是在教师的引导下完成的，因此，教师的学科专业知识结构的特征、完整程度和更新程度均会对学生的知识建构造成影响。

三是教师的教学方法。"教学无法、教无定法、贵在得法。"好的教学方法不是放诸四海而皆准的金科玉律，不是昙花一现的海市蜃楼，也并非代代相传的秦砖汉瓦。随着时间的推移，原本被奉为金科玉律的"好方法"很可能因跟不上时代的变更而逐渐被淘汰，而那些原本曾被漠视的"差方法"在历史潮流的冲刷下很可能愈见其效果出色而逐步被采纳。教师在教学中运用什么样的教学方法，不仅对学生掌握知识和技能有很大的影响，而且也影响着学生智能和个性的发展。教学方法的灵活多样是有效学习的根本保障。一个合格的教师只有根据自己和学生的实际情况，才能找到真正属于自己的独特方法。选择恰当的教学方法能激发学生主动参与学习全过程的兴趣，是提高学生学习有效性的必要条件。教学方法并不是固定不变的，应根据具体教学情境的变化而变化。教师要根据教学内容和实际需要，采用适合教学情境的教学方法，并科学合理地组织教学，从而调动学生学习的积极性，使教学达到事半功倍的效果。而不当的教学方法不仅达不到预期的教学目标，还会影响学生对学习的兴趣，浪费教师与学生的时间和精力。

四是教师的教学能力。教师的教学能力是教师能力结构的核心，是影响教学和学生有效学习效果的教师因素中最直接、最明显、最具效力的因素，对于学生的发展具有重要作用。教师应具有完备的教学能力，这是教学能够有效进行的直接条件。因此，在新课程改革的大背景下，应提倡提高教师的教学能力，加速教师队伍的能力水平建设，适应社会、学校、学生对教师的需求。信息技术的发展为教育的发展提供了空前的动力，在新课程改革实施的过程中，教师要具有信息技术的运用能力。运用信息技术既有利于培养学生的学习兴趣、提高学生的参与程度，又有利于节约时间、把有限的课堂时间还给学生。教师学习信息技术并掌握这项新的教学技能，是时代和职业的要求，是自我发展的需要。

五是教师的教学态度。教学活动是师生共同的活动。教学态度是教学行为的基础，任何教学行为都是在一定的教学态度指导下进行的。教师的教学态度在很大程度上决定了教师的教学质量和教学效果，进而影响学生学习的有效性。教师的教学态度是完成课堂教学任务的重要工具之一，这是一种潜移默化的强大力量，从知、情、意等多方面感染着学生。

三　制定促进学生有效学习的学习管理制度

学习管理制度是用以规范、约束、发展和评价学生学习过程与行为的一系列准则和规范的总称。它是学校管理者实施学生学习管理的依据，也是学生一切学习活动的行动准则。学校制定学习管理制度的目的是促进学生的有效学习、为提高学生的学习效率提供保障。

科学可行的学习管理制度是促进学生有效学习的重要保障。学校管理者应重视学生学习管理制度的建立。这种学习管理制度，有着不同于传统学习管理制度的内涵，其核心是强调学生学习方式的改变，体现学生是学习的主体、学习是学生的自主行为，认为只有充分调动学生的学习兴趣，引导他们主动地探求、发现、质疑，才能使整个学习活动变得具有吸引力和活力，这样的学习才是真正有效的学习。在制定学生学习管理制度时，我们一定要记住：把学习过程还给学生。学习管理制度主要包括以下四个方面。

（一）课前预习及自学管理制度

课前预习和自学是学生自主学习的第一步，也是其他学习环节活动有效开展的基础。"先学后教"是许多学校或教师在教学实践中运用的行之有效的方法。今天，学生的学习活动与以往有很大的不同，处在信息时代的学生随时分享着极为丰富的学习资源和信息，教师作为知识垄断者和裁定者的地位逐渐丧失，学习方式的改变成为必然。

有效学习要求改变传统的接受学习、死记硬背、机械训练的学习方式，倡导学生主动参与、乐于探究、勤于动手，培养学生搜集和处理信息、获取新知识、分析和解决问题以及交流与合作的能力。而课前预习和自学正是体现这一要求的重要环节。实践中，许多教师在引导学生课前预习和自学方面做了很好的尝试，不但指导学生预习，还让学生进行学习方法设计，更加鲜明地突出学生学习的自主性，取得了很好的，甚至是意想不到的效果。

学校管理者和教师应该充分相信学生学习的自主性和主动性，相信他们的潜力、想象力和创造性，引导学生通过课前预习和自学广泛收集、整理信息，设计学习方法并尝试着思考和分析问题。传统的课前预习管理制度要求学生做到：初步了解新课的基本内容、重点、难点，对重点、难点、疑点加上标注，做好预习笔记，通过查资料、做书后练习和资料上的基础题巩固预习效果。有效学习的课前预习管理制度则强调学生在课前预习中的探索、发现和创造，要求学生能够提出问题、设计学习方法，并扩展书本上的知识内容。

学校应该通过制定相应的学习管理制度，对学生提出课前预习及自学的要求，并要求教师在这一学习环节给予学生针对学习目标及相关问题的指导，使学生的课前预习和自学活动更具目的性和有效性。学校应制定学生课前预习要求和评价机制，通过相应的制度规范使之落到实处。

（二）课堂学习管理制度

课堂学习是学生开展学习活动的主渠道。课堂学习管理制度制定得是否科学、能不能够体现有效学习的实质直接影响着学生的学习效果、学生的发展及教学目标的达成。实践中，每一所学校都制定了相应的课堂学习管理制度，规范着教师教的行为和学生学的活动。但一些学校的课堂学习管理制度常常难以体现有效学习的特质。

有效学习要求淡化教师权威，强调学生是学习的主体，提倡自主、合作、探究式学习，将学生的问题意识和质疑精神放在十分重要的位置上，提倡依学而教、教学相长。为此应要求学生"上课积极参与，主动与老师和同学交流，勇于提出自己对问题的见解或观点"。为了体现学生的创新学习，学习管理制度中应规定："课堂上应主动地去思考、观察，发现并提出问题。回答问题应有新思路、新观点。敢于怀疑书本、教师和他人的观点。"为了强调学生在课堂学习中的自主、合作交流和探究式学习活动，学校还应考虑对教师课堂上的讲授时间适当加以限制，以制度化的形式保证学生在课堂教学中的自主、合作交流及探究式学习活动落到实处。事实表明，适当限制教师在课堂教学中的讲授时间，不仅可以给学生更多的自主学习时间，而且也有利于教师对教学内容进行进一步的概括提炼，精读基本内容，实际上既提高了教学效率，又对教师的备课提出了更高的要求。

此外，课堂学习管理制度的条款表述中"禁止""不许""不准""不得"等词语的过多运用，显得缺乏对学生的尊重、信任，语言表述的强制色彩太浓，缺少人性化激励语气，与学校的积极教育功能不相符。因此，学生课堂学习管理制度的语言表述应该充分体现学生的主体地位，给学生更多的鼓励和信任。

学校管理者和教育者应该确信学习是学生的自主活动，是一个学生通过不断探索、发现，提出、思考和解决问题的过程，这是有效学习的实质所在，课堂学习管理制度应该为学生的有效学习提供支持与保障。

（三）作业管理制度

课堂学习不是学生学习过程的结束，学生还应该通过作业、实践等环节进一步巩固和运用所学知识。传统的学生作业管理制度，要求学生将所学知识熟读牢记，反复练习强化，独立完成作业，禁止抄袭作业，而且教师面向全体学生布置统一的作业，所有的学生必须按时完成。这样的作业要求机械、程式化、被动、千篇一律，很难体现有效学习的实质。结果是学生仅仅是为了写作业而写作业，将完成作业看作负担，这不仅违背了教师布置作业的本意，还挫伤了学生做作业的积极性，更谈不上自主学习。例如，某中学学生作业管理制度规定如下。下课后，回忆——把课堂所学内容静心回忆一下，弄清课上学会了或记忆了多少以及不清楚的地方；研读——细读课本及资料，查阅有关资料；整理——整理课堂笔记，使知识条理化、系统化。同时，作业要求做到及时、认真、独立完成，具体要求坚持"三要""三不要"。要熟练，讲究解题技巧，提高解题速度；要检查，养成认真、细致、准确的习惯；要规范化，作业要格式一致，字迹工整。不要漏题漏答；不要抄袭他人作业；先思再答，不要先看答案再凑解法。

有效学习理念指导下的学生作业管理制度，则要求体现更多的自主性、合作性、探究性及差异性，学生作业管理制度应规定课本上的作业练习和开放性的研究性作业相结合，学生独立完成的作业与合作完成作业相结合，统一要求作业与选择性作业相结合。

（四）考核评价管理制度

学生学习结果的考核评价管理是学习管理不可缺少的重要环节，其考核评价标准和方式是否科学合理，直接决定着学生的学习行为，也决定着每一个学生的发展，更决定着让每一个学生都获得发展的理念能否真正落到实处。

传统的学生学习考核评价管理制度注重甄别与分等鉴定功能的体现，以单一的学习成绩作为评价的依据和标准，选拔所谓"优秀学生"，淘汰部分所谓"差生"。这种评价机制是"为了选择适合教育的儿童"，相当于用一把尺子去量大小、高低、宽窄、形态各异的材料，结果必然会造成巨大的浪费。有效学习观下的考核评价管理制度则在强调学生学业成绩的同时，更加关注学生发展的差异性和多样性。

事实上，学生的特征是各异的，发展是多样的，社会对人才的需要也是多样化的，而我们的学校却用同一个标准来衡量学生，结果必然是关注了部分学生，忽视了另一部分虽然学习成绩不太理想，但在其他方面拥有特长或非常优秀的学生，这并不是我们教育的本意。我们的教育应该是让所有的孩子都得到发展、体验成功。当我们用多把尺子去衡量学生时，就会发现孩子们常常会表现出我们想象不到的长处和优点，而这正是我们学校教育和管理的出发点。在学生学习考核评价管理制度中，应该明确的是学习考核评价的目的不仅仅是甄别和分等鉴定，不是"选拔适合教育的儿童"，而是充分发挥考核评价的激励作用，关注学生多方面的、可持续的成长与进步的状况，并通过分析指导，提出改进计划来促进学生的发展。总之，学生学习考核评价管理制度应明确提出评价的目的，即评价是为了帮助我们"创造适合儿童的教育"。通过学生学习考核评价，可以让每一个学生都看到自己的长处，了解自己的不足，为下一步的学习和发展确定起点与目标。学生学习考核评价应从过分关注学业成就逐步转向对综合素质，如积极的学习态度、创新精神、分析与解决问题的能力以及正确的人生观、价值观及各种爱好和特长等的考查。对学生学习考核评价的方式应要求多样化，可以是笔试，也可以采取口试及活动方式等，使学生发挥所长，提高学习的有效性。

总之，转变学习方式、提高学生学习的有效性，是儿童友好型学校教学改革所关注的重点问题。良好的学习管理制度是实现学生学习方式转变、促进学生有效学习的重要保障。为了促进学生的有效学习，学校应改革传统的被动接受式学习管理制度，建立新的能够体现学生学习主体性、独立性，保障学生主动参与、探求、发现、质疑的学习管理制度。

四　改进教师工作方式，实现学生有效学习

（一）改进教师工作方式

1. 理解师生平等

师生平等是当前流行的对师生关系的解说。教师应以平等之心对待教育对象，做学生的朋友。然而，以下三重身份、三种角色，却又直接决定了师生无法真正"平等"。

教师作为以教育下一代为职责的专业工作者，必须对自己、对学生、对社会负责。师生关系，是组织者与被组织者、指导者与被指导者的关系，在这一层面上也是一种不平等的关系。

实际存在不平等却要追求平等对待的态度，在平等对待时又必须坚

守教育责任，这或许是"师生平等"的主要内涵。

2. 转变对学生的态度

既然师生实际并不平等，教师的言行在学生心目中又具有象征或符号意义，那么，学生当然会在乎教师的态度，教师的态度也必然会对学生的学习产生积极或消极的影响。一般来说，教师有三种态度会对学生的学习产生消极影响：忽视、轻视与偏爱。忽视和轻视反映了教师对教育对象关注不够、了解不够；偏爱则是教师为一些学生创设了不正常的发展环境。

教师态度不当引发或加剧学生的学习障碍，与学生的心理不成熟有关，与我国教育体制的不合理有关，并不能全部归因于教师。关键是要引导教师及时察觉此类问题，并尽可能在行为中加以纠正，以有效地推动学生发展。

3. 正确对待学生的"逆反"

"问题学生"都有较强的逆反心理，他们似乎是"成心"与老师作对，常常使教师左右为难。学生的逆反表现，大部分是非理性行为。大多数情况下，只要教师能够冷处理，能给学生时间，在尽早判断出矛盾冲突的导火索并尽力消解的情况下，学生会自行解决问题。

在冲突过后，许多学生会后悔。这时，教师就应该淡然处之，做出宽容大度、毫不在意的表示，尽量消解萌芽中的矛盾。逆反心理是引发或加剧学生学习困难的重要因素。因此，科学认识、巧妙化解学生的逆反心理，是帮助学生克服学习障碍的重要方法。

4. 关注的价值

教师的工作是需要全身心投入的工作。教师的工作对象是学生，他们往往不能正确认识自己，不成熟，不稳定，需要教师全心全意的关注。为此，要强调关注的重要性，鼓励教师真心关注每位学生的表现。关注是一种态度，也是一种方法。关注来自责任心，来自科学与求实的工作态度。高度负责的教师，相信"只有准确把握变化中的对象，才能施行有效教育"的理念，就一定会去观察、了解、分析、研究学生，也一定会在这种准确把握的基础上设计并实施自己的教学行为。

5. 表扬与批评都要恰当

表扬是鼓励、肯定学生行为的一种方式，它是正面的，会使学生感到高兴和愉悦。批评是否定、禁止学生行为的一种方式，会使学生感到沮丧。教师指出学生的不足、纠正他们的错误，促使其尽快走向成熟，既是职责所在，也是权利所在。但是，不恰当的批评或表扬，是使师生关系疏远和紧张的重要因素。教师应该关注每位学生的表现，全身心地投入对学生的了解、观察与研究中，这是做好教育工作的基础，也是很辛苦的工作。

6. 学习是学生自己的事

学习，是学习主体自己的事。学生学习困难，可能是由老师教育方法不当造成的，但是最终起决定作用的，还是在教师创设的条件下学生的主观努力。那么，教师怎样才能帮助学生克服学习困难呢？

首先，要设置宽松的学习环境。学生只有感到安全，知道不会被嘲笑，才会不怕露怯，不怕幼稚，主动暴露自己的问题，才会主动参与讨论，才能全身心地投入学习中。

其次，学习的任务必须适应学生的需要。教学内容要符合学生的接受能力，既不能过难又不能太简单。

再次，要加强教学指导的针对性，及时提供特定的帮助。只要教师的指导帮助是切合学生需要而又及时的，学生的学习困难就会逐渐得到克服。

最后，及时提供反馈。反馈是教师组织学生活动的重要方式，表扬是反馈，批评也是反馈，把学习活动引向深入更是重要的反馈。

（二）实现学生有效学习的路径

第一，培养和维持学生的学习动机，培养学生的自主意识，激发学生自主学习的兴趣。学生有效学习的关键特征是在学习过程中主动积极，基本要求是认知参与，必要保证是情意参与，直接体现是行为参与。学习内容对于学生应具有意义和趣味性，在教学过程中，教师要有意识地诱导、有效地激发学生的求知欲，使他们产生愉快的情感体验，这样学生就会感知敏锐、思维活跃、想象丰富，并主动探索、钻研、思考。

第二，在意义建构中引导学生完善自己的认知结构。尊重和利用学生已有的知识经验，即加强新、旧知识的联系以及学习、社会、生活之间的联系，促进其有意义地学习。有效学习的实现仅仅依靠理解是不够的，还需要大量的应用和反思，教师要超越行为主义和认知主义的限制，注重学生的情境性学习和社会性学习，实现从强调"理解"到强调"参与"和"行动"的转变。在教学过程中，教师要关注学生的"最近发展区"，及时、准确地掌握他们原有的知识结构和认知特点，只有这样，才能明确选择用什么样的教学方法完成教学任务。如果无视学生原有的知识水平，那么，教学策略就会由于缺乏针对性而失去可操作性。在不同的年龄阶段，学生的生理成熟水平和心理发展水平有着明显的差异，教学目标的设定必须要考虑到其是否能够使学生建立起学习的信心，不能打击学生学习的积极性，要使教学目标基于学生现有水平并适当地高于现有水平，有效地调动和保持其学习的兴趣。

第三，引导学生既重视相互协作，也注重自我探究，重视实践与反思的全过程教学。与朋辈群体的交往有利于学生的自我概念和人格意识的发展，能够增强学生的自尊和自信。"学而不思则罔，思而不学则殆。"学生要勤于思考，使学习所得通过内化进入自己的认知图式，使其转变成自己的知识、技能、情感、态度和价值观，还要加强应用。教学要从知识的认知向知识的分析、应用以及问题解决和批判思维运用转变。学生的自我反思是课堂必不可少的环节，学生要不断地监督、评价自身的学习进程、学习方法和学习结果。学生反思是新课程改革的要求，是学生思维活动的核心和动力，其与教师反思相结合，是课堂的重要补充。学生通过自我反思和评价的过程，培养独立学习能力，成长为终身学习者。教师不应只引导学生掌握知识，还要鼓励学生把学到的知识应用于实践，激发学生学习的兴趣，提高学生解决实际问题的能力。

第四，培养与激发学生对于学习良好的自我效能感。自我效能感决定了个人工作目标的大小、努力程度和坚持性。有较好自我效能感的学生往往拥有更高的学习热情和更好的学习习惯，更容易得到教师的肯定，他们也更加自信。自我效能感不仅影响学生学业目标的选择、努力程度、意志控制和学习策略，还会影响其学习行为。因此，教师要引导学生客观地评判自身学习的优劣，并根据评估的结果做出正确的归因，更好地为以后的学习提供经验教训。

第五，磨炼学生的学习意志，激发其情绪力量。要培养学生做出较好的认知准备与情感准备，使之进入较好的学习状态。这是因为坚强的意志和良好的情绪是学生有效学习的重要条件，情意与态度的培养是有效学习的应有之义。

第六，精心设计，重视学习策略的指导。要科学运用课堂管理策略，增加有效学习的时间，反对注入式教学，倡导启发式教学，积极引导学生自主学习，教会学生学习。高质量、高效率的课堂教学既是促进学生有效学习的基本前提条件，又是实施新课程改革的重要保障，因此，采取适宜的课堂教学策略尤为重要。

第七，及时、有效地对教学过程和学生的学习效果进行监控与评价，这一做法便于教师把握整体的教学进度，促进对教学行为的反思，有利于更好地完成与实现教学目标，有助于学生有针对性地改正不足，从而促进有效学习的实现。学习评价要将过程评价与结果评价相结合，以过程评价为主。发展性的课堂评价是有效学习的必要手段。

第八，教师要努力提高自身素质，不断加强专业知识的学习，增强教学能力，运用适当的教学方法。要始终相信每个学生的潜能是巨大的，善于通过给予学生积极、正向的期望和言语反馈，并结合具体教学实际对学生的学习进步进行适当的归因，引导学生禀赋和才能的开发。教师要帮助学生树立与其自身各方面相似的榜样，观察榜样成功的行为，学生会更加认同榜样的进步，进而将其转化为对自身的认同。

第三节　构建均衡发展的体系

教育公平是我国教育政策的重要原则，是实现社会公平、构建和谐社会的重要组成部分。本节从教育机会的公平、教育过程的公平、教育结果的公平三方面论述。

一　教育机会的公平

（一）教育机会公平的内涵

机会，是指社会成员生存和发展的可能性空间或余地。对于每一个社会成员而言，机会是一种资源。所谓机会公平，是指社会成员在解决如何拥有作为一种资源的机会的问题时应遵循这样的原则，即平等的应当予以平等的对待，不平等的应当予以不平等的对待。或如米尔恩所说："（a）某种待遇在一种特定的场合是恰当的，那么在与这种待遇相关的特定方面是相等的所有情况，必须受到平等的对待；（b）在与这种待遇相关的特定方面是不相等的所有情况，必须受到不平等的对待；（c）待遇的相对不平等必须与情况的相对不同成正比。"一般而言，所谓教育机会公平，是指每个人都能做他力所能及的事，彰显他的天赋和能力，因其学习、创造和能力而得到回报。这意味着每个人的起跑线都一样，有相同的成功机会，结果的任何差异都是由能力、天赋、创造性、勤奋，或许还有运气造成的。在现代社会，教育机会公平是教育公正的一项重要理念和准则。

1. 教育机会起点的公平

就人的教育机会起点而言，有整个人生和人生的某一阶段的教育机会起点之分。每个人一出生，就在其天赋、社会给定的教育条件和所处环境等方面区别于他人。就天赋而言，有种族、智力、体力、性别等多方面的差异；就社会给定的教育条件而言，有父母的地位及受教育水平，家庭的经济条件、社会关系等方面的差异；就所处的环境而言，有出生于城市或乡村、内陆或沿海、经济发达或不发达、教育水平高或低地区的差异。因此，在人生道路的教育机会起点上，人与人之间本已存在着不平等，要求"人之初"的教育机会公平是做不到的，期望"人人生而平等"是不现实的。但是，每个人都有不受任何歧视地开始其学习生涯的机会，至少是在政府所办的教育中开始其学习生涯的机会，应该以平等的方式来对待每一个人，不管受教育者的人种和社会出身情况，并通过各种措施，使每个人取得学业成就的机会更加平等。在这个意义上，教育机会起点的公平又是存在的。教育机会起点的公平是说：凡是具有同样潜能的社会成员应当拥有同样的起点，以便争取同样的发展前景。"假定有一种自然禀赋的分配，那些处在才干和能力的同一水平上、有着使用它们的同样愿望的人，应当有同样的成功前景，不管他们在社会体系中的最初地位是什么，也不管他们生来是属于什么样的收入阶层。在社会的所有部分，对每个具有相似动机和禀赋的人来说，都应当有大致平等的教育和成就前景。那些具有同样能力和志向的人的期望，不应当受到他们的社会出身的影响。"①

2. 教育机会实现过程本身的公平

教育机会起点的公平固然很重要，但如果仅限于此，则是远远不够的。教育机会的实现过程对于最终能否践行教育机会公平的原则也有着重要的影响。教育机会的实现过程必须排除一切非正常因素的干扰，遵循"任才能驰骋"的原则。这至少需要做到："一是阻碍某些人发展的任何人为障碍，都应当被清除；二是个人所拥有的任何特权，都应当被取消；三是国家为改进人们之状况而采取的措施，应当同等地适用于所有的人。"② 只有起点和过程均是公平正义的，才有可能保证结果也是公平正义的。

（二）教育机会公平的理念依据和现实依据

我们所谈论的教育机会公平是现代意义上教育公正范围内的事情。只有现代社会，才能为教育机会公平提供坚实的理念依据和现实依据。

1. 教育机会公平理念依据

其一，教育平等的理念。教育平等的理念确认了人的"可教性"、学习能力和尊严。教育之所以能够存在和发展，能够保持其自身的尊严，无论如何离不开作为个体的人的"可教性"、学习能力以及尊严。马克思指出："全部人类历史的第一个前提无疑是有生命的个人的存在。"③正是这无数的个体人为教育的存在提供了依据，并促进了教育的发展。离开了个体人，教育就无从谈起。从教育存在和发展的意义上讲，每个个体人的努力、能力是不可或缺的，是平等的。教育的发展中，也正是每个个体人的努力和能力，才使教育具有了自身特有的尊严，于是个体人也因之具有了相应的人的尊严。此处所说的人的尊严，与他的智力、技艺、才能、等级、财产、信仰无关。因此，作为人，我们都是平等的。

①　罗尔斯. 正义论 [M]. 何怀宏等，译. 中国社会科学出版社，1988：73.

②　哈耶克. 自由秩序原理：上 [M]. 邓正来，译. 生活·读书·新知三联书店，1997：111.

③　马克思恩格斯选集：第 1 卷 [M]. 人民出版社，2012：146.

教育公平理念的宗旨在于维护个体人的基本尊严，它对教育机会公平原则的影响在于为个体人的基本发展提供最基本的教育机会保证。

其二，自由的理念。这一理念确认了个体人的自主性和选择性。自主的人是客观环境的支配者和控制者，是自己活动的主人，能以自己的意识、思维支配自己的行动，而不是盲目受客观环境的支配，也不是盲目顺从他人的意志，他们能够自我立法、自我控制，具有自律性。个体人个性的价值就在于进行选择，个性可以被理解为个人在宏观社会的制约下按照自己的差异性与独立性所进行的选择。这一理念还强调尊重个体人本身所具有的合理差异，其中有的是先天的，也有的是后天的，还有个人如何运用其天赋和后天所得才能的问题。这也就导致个体人在以后各自发展的结果，如学习成绩、分数等方面上的种种差别。在合理的范围之内，自由的理念是认同这些差异的。自由的理念对于教育机会公平原则的要求是：应当为有差异的个体人的发展提供合理的、有差别的教育机会空间。

2. 教育机会公平现实依据

可以这样说，教育现代化的实际进程的推进直接促成了教育机会公平原则的形成。简而言之，伴随着工业化、现代市场经济发展、世俗化、民主化、社会分化和社会整合进程的推进，人们的行为取向越来越趋向于非情感性、个人取向、自致性、专一性和普遍性。在这样的现实基础之上，教育机会公平的原则必然会生成。

（三）现代意义上的教育机会公平原则

在教育机会公平的理解方面，我们应当同平均主义的绝对均等以及自由主义的机会放任划清界限。现代意义上的教育机会公平原则不同于平均主义的教育机会绝对均等的观念。教育机会公平原则是现代意义上的教育公正体系的一个有机组成部分。教育公正体系是由如下四个部分组成的有机整体：基本教育权利的保证原则、教育机会公平原则、按照能力或分数进行分配的原则、教育机会的补偿原则。在教育公正体系中，教育机会公平原则具有承前启后的意义。教育机会的具体状况直接影响个体人未来的发展状况，教育机会的不同将导致未来发展可能结果的不同，因而从个体人发展的意义上讲，教育机会的状况是一种事前就对发展状况有所"预构"的因素。不应低估教育机会问题对于整个教育公正体系的重要意义，教育机会公平是在为每个个体的具体发展提供一种统一的规则。布坎南指出："促使经济—政治比赛公正进行的努力在事先比事后要重要得多。"① 如果没有教育机会公平原则这个事前就"预构"好了的原则的话，那么，事后的分配原则和补偿原则就很有可能由于缺乏"历史"的依据而陷入来历不明的窘境。另外还有必要注意的是，正如我们不应把教育公正的全部内容等同于公正分配一样，我们也不应把教育机会公平原则视为教育公正的全部内容。教育机会公平原则只有同公正的其他内容结合在一起，才会对现实社会有效发挥其作用。否则，便会陷入偏颇的境地。

（四）构建教育公平

1. 整体协调

协调有协和、调理之意。在哲学上，协调有两个基本的含义：一是指事物内部矛盾的一种作用状态，即事物矛盾运动过程中的矛盾同一性的表现状态；二是指一种功能关系，即反映解决矛盾的途径和方式的功能关系。协调的上述特性及其功能，决定了其在人类社会实践中具有重要意义。我国教育改革的历史表明，任何缺少协调机制的单项改革，都难以取得全面的成功。实现教育公平不是一种孤立的社会活动。一方面，教育公平是社会公平的重要组成部分；另一方面，教育公平本身也构成一个完整的有机系统。这就要求我们在实现教育公平的实践中坚持系统论的观点，从实践的整体性出发，把握整个系统的各个不同层次的动态结构，在实践中协调好各个层次之间的关系，保证整个实践进程的顺利。

第一，教育公平要与社会经济发展相协调。马克思主义关于国家与社会发展的理论认为，公平问题不仅是一个政治问题，而且是一个经济问题。实现教育公平，教育制度要做到下面两点。一是要以社会生产力的发展为基础，与社会生产力保持协调。社会生产力的发展水平制约着教育的发展和人的发展；反过来，教育的发展和人的发展，又影响着社

---

① 布坎南．自由、市场和国家——20 世纪 80 年代的政治经济学 ［M］．吴良健等，译．北京经济学院出版社，1988：141．

会生产力的发展。二是要与社会分配制度相协调。社会分配制度是影响教育制度的一个重要因素，只有建立了公平的分配制度，才有可能真正实现教育的公平。当然，教育制度的公平性也会直接影响分配制度的公平性。

第二，教育公平要与社会政治制度建设相协调。社会主义条件下的教育公平与社会主义政治制度之间的相互影响，主要发生在社会的上层建筑领域。相对来说，这种影响更加长久和深刻。一个公平的社会政治制度必将推动整个社会的公平，也包括教育的公平；同时也要看到，公平的教育制度，对广大公民的民主意识、公平意识的养成也必然会产生重大的积极影响，进而增强社会政治制度的公平性。

第三，教育公平要与文化的发展相协调。教育公平的实践同样需要相应的文化环境。忽略了教育公平与文化的协调，也不可能真正实现教育公平。我国几千年遗留下来的宗法观念、特权观念、等级观念、依附观念等在一定程度上影响着教育公平的实现。尤其是"读书做官""学而优则仕"等观念，使许多青少年的思想受到影响，甚至使一些地方和一些人在办学指导思想上步入歧途。另外，教育公平的实现程度相对不高，又严重影响了我国文化的发展。实现教育公平与文化发展的协调，一个重要方面就是帮助处于文化不利地位的儿童改善受教育的状况，这也是世界各国都在努力完成的重要任务。

2. 均衡发展

公平的社会主义教育制度，作为一个社会实践系统，不仅需要通过协调机制来保证系统各个因素之间的整合，使其有效地联系和发生作用，而且需要在教育内部的子系统中特别重视各个薄弱环节，以保证系统整体的相对均衡发展。考察我国教育的现状，义务教育、农村教育、幼儿教育、少数民族教育、特殊儿童教育、女性教育等仍然是较为薄弱的环节，直接影响了教育公平的实现。在促进教育公平的实践中，必须给予这些环节高度的关注。

第一，普及义务教育。义务教育机会的公平，关系到人生起点的公平，是教育机会公平的最重要方面。从我国义务教育的现状来看，进一步提高学龄人口的入学率、扩大教育规模十分重要，没有数量的发展就根本谈不上教育机会的公平。完善我国义务教育制度，当前的一个重要方面是要将免费制提到议事日程上。免费制是世界多数国家普及义务教育制度的重要特征。由于历史的原因，我国尚未全面实行义务教育免费制，这将会在一定程度上影响义务教育的普及，也会影响义务教育公平性的实现。同样重要的还有教育质量均衡的问题。至少在义务教育阶段，各地、各个学校应在实现公民基本素质培养和学生人格健康发展的目标上保持相当的水平。坚持普及基础性的义务教育，延缓课程分流时间，尽可能使所有学生在义务教育阶段掌握最基本的文化知识、技能、技巧以及形成良好的道德品质，是实现我国教育公平的长远措施。

第二，加强农村教育。城乡教育机会的不平等是存在最广泛的，是教育不公平的突出表现。联合国教科文组织曾指出：农村地区教育服务不足，有可能造成灾难性后果。近年来，世界各国对农村教育问题给予了高度的重视。从现实来看，我国在农村的人口少于40%，而文盲中的绝大多数就在农村。从经济形态来看，我国是一个农业大国。因此，中国特色社会主义现代化目标的实现中，农村是一个不可忽视的重点，而且农村教育又是农村发展的关键。要改善农村的教育条件，还有待于全社会长期不懈的共同努力。

第三，发展幼儿教育。发展幼儿教育是20世纪50年代以来世界各国促进教育机会公平的重要措施之一，许多国家将发展幼儿教育作为消除不同阶级、阶层和家庭文化差异的影响，尽早实现教育机会起点公平的重要途径和补偿性措施。与庞大的幼儿人口基数相比较，我国幼儿教育还很滞后，尤其在广大农村和偏远少数民族地区，幼儿教育相对薄弱。因此，必须对发展我国公共幼儿教育事业做较长远的设计。

第四，重视少数民族教育。我国是统一的多民族国家，其中少数民族人口超过一亿。中华人民共和国成立70多年来，少数民族教育的成就巨大，得到世界公认。但由于历史的原因以及少数民族地区经济、文化、教育等特殊条件的限制，从总体上看，我国少数民族教育还比较薄弱，不能适应少数民族地区社会主义建设的需要。这主要表现在少数民族教育普及水平相对低下、文盲或半文盲较多等方面。普及少数民族教育是当前教育公平制度建设的重点和难点之一，必须给予高度重视。

第五，关注特殊儿童教育。抓好特殊儿童教育对当前实施义务教育具有重要的意义。提高残疾儿童入学率，可以充分体现义务教育的公平性、民主性和人道主义精神。从经济建设的角度来看，加强特殊儿童教育有助于充分调动一切积极因素从事现代化建设事业，提高残疾人的生活质量，将他们从单纯消费者变为生产者；还有利于促进残疾儿童精神境界的提高，进而促进整个社会的精神文明建设，提高我国义务教育的整体水平。

第六，保障女性受教育权利。男女受教育机会的平等是教育公平的难点，即使在发达国家，妇女受教育的平等权利和机会也仍然没有得到充分保证，在发展中国家，男女受教育不均等的状况就更为严重。我国是一个发展中国家，同时"男尊女卑"的传统思想还有存留，当前男女受教育机会不平等状况仍然存在，在有些地区还比较严重。在推进教育公平实践中，需要增强广大妇女及女童的受教育意识和自觉参与意识，破除文化观念上的陋习，激发妇女求知的欲望和热情。同时应当增加经费投入，为有特殊困难的女童提供入学资助，在少数民族地区适当办女子学校和女子班，加强学校教育与女性生活的联系，在招生与就业中防止歧视女性。

3. 社会参与

教育公平牵涉全体公民的切身利益，因此，社会的广泛参与和监督对于教育公平制度的建立具有重要的意义。

第一，社会的广泛参与是实现教育公平的"加速器"。社会的广泛参与能够更加充分调动社会各界对教育的积极性，加速社会主义教育公平制度的建立和完善，促进教育机会的不断扩大，推动教育事业蓬勃发展。

第二，社会的广泛参与是我国教育改革的重要动力。在广泛的教育参与中，社会各界必定会提出更多更好的教育改革建议，将有利于教育改革的进行，进而推动教育公平。

第三，社会的广泛参与体现了教育民主的精神，有助于形成全社会支持教育的良好风气。近年来，社会的参与也随着教育民主化的推进逐步成为世界教育改革的一大趋势。社会参与的形式是多样化的，大到管理的参与、经费投入的参与、战略决策的参与，小到教学过程的参与，如参与确定办什么样的学校、招收哪些人入学、聘任什么样的人做教师，以及学校教育如何进行改革等。随着我国改革的深入和教育事业的发展，广大人民参与教育的积极性将更为高涨，同时也将会极大地促进教育公平的实践。

4. 法制保障

实现社会主义社会的教育公平，仅仅依靠社会宣传、行政管理上的措施还远远不够，如果没有法律上的保障，教育公平就只能是人们美好的主观愿望。实践证明，教育法制建设是促进教育公平的重要环节，是维护教育公平已有成果的重要手段。通过立法程序，把国家关于促进教育公平的方针政策、制度措施、任务目标等用法律形式固定下来，使之成为整个国家的意志和整个社会所遵循的准则，是促进教育公平最有效的措施。当前加强教育法制保障必须重视以下几个环节。

第一，有关教育公平的法律法规必须符合宪法的基本精神，使对受教育者的权利和义务的规定能够成为国家、社会和个人遵循的行为规范，即教育法律法规要符合国情。

第二，有关教育公平的法律法规要能代表广大人民群众的意志，真正体现教育的民主和平等。

第三，关于教育公平的法律法规要有一定的稳定性和连续性。法律法规的存在和效力，不应当因政府机构的改组和人事更迭而改变，而且关于教育公平的法律法规要有强制性和权威性。

第四，教育立法要重视其可操作性和严肃性。一方面，有关教育公平的法律法规要便于实施；另一方面，法律法规一经确立，就要保证其实施，对于有法不依的现象必须采取严格的制约措施。

教育法制保障的建立，还应当包括法治观念的形成和普及。改革开放以来，我国颁布了《中华人民共和国教育法》、《中华人民共和国义务教育法》（以下简称《义务教育法》）等一系列教育法律法规，为我国教育公平机制的建立奠定了良好的基础，当务之急在于从实际出发，全面贯彻实施现有法律法规，并从教育公平的理念出发，不断完善法律法规体系。

5. 政策导向

教育政策及其实施状况直接影响教育公平。早在20世纪70年代，联合国教科文组织国际教育局在第三十七届国际教育会议上，就要求联合国教科文组织各成员国将改进教育体系的组织和管理作为提高效率的手段，以便扩大人们受教育的权利。就我国现实状况而言，建立教育政策导向机制，必须重视以下几点。

第一，实行教育经费倾斜政策。联合国教科文组织关于第三世界国家教育发展不平衡的研究结果表明：如果一个国家的地区之间教育上的差别阻碍着这个国家的发展，那么唯一合理的办法就是首先解决好条件差地区的人人受教育问题，这是教育应采取的基本方针。基础教育是国民素质教育，它对于提高广大劳动者素质具有广泛而深远的意义，同时，它又是各类各级专门教育的基础。因此，在经费的配置上，必须保证基础教育的重心地位。从长远看，基础教育投资的效益必然高于其他教育，能够促进社会和经济的更快发展。从我国国情来看，当前由于经济建设的基础仍然需要强化，而国家对教育的投入总是有限的，因此不可能保证所有的公民接受较高层次的学校教育，相当数量的青少年只能以接受基础教育为主。从这一实际情况考虑，国家在经费投入的总量配置上，应以保证青少年受到良好的基础教育为主，兼顾经济建设和社会发展的迫切需要，根据择优培养的原则，适当发展高等教育。国家针对贫困地区及家庭经济困难学生出台了许多政策措施，应当很好地落实。

第二，完善招生就业政策。进一步完善现有各级各类学校的招生政策，坚持科学命题、公平竞争、择优录取的原则。改革高等学校和中等专业学校的就业制度，建立相对公平的大学毕业生就业的机制，打破地区与身份限制，营造公平用人的社会环境。

第三，规范教育收费。"乱收费"与教育机会平等的精神是相悖的，如果听之任之，特别是在基础教育阶段不控制这一现象，必然会影响教育公平发展的进程。所以要加大力量，坚决制止各种形式的"乱收费"。

实现教育公平是复杂、曲折的历史实践过程，需要全国人民的共同努力。相信经过长期不懈的努力，我国社会主义社会一定会更加和谐，社会制度更加体现公平、公正，特别是教育的公平必将得到更加充分的体现。

二　教育过程的公平

（一）教育过程公平的内涵界定

教育过程公平是指在教育过程中，为了满足学生差异性优化发展的需要，给予学生公平待遇。也就是说儿童应根据年龄、资质、能力等方面的差别接受适于自己发展的教育。它关注的是作为受教育者的个人如何获得其"应得的东西"，以及每个受教育者"应得"的教育方式的正当合理性的问题。我们承认"给予每个人其应得的东西"是公平的，但是无法否定"应得"所具有的不确定性。"什么是一个人应有的东西依赖于所分配的是什么东西以及分配发生的情景。"不同的公平理论是基于不同的情景的，而且在对应得的东西的确定上也持有不同的观点。因此，任何一种公平理论，必须以解释"应得的东西"的内涵、确定分配的具体情景为出发点，不能离开事物赖以存在的客观环境和背景去做抽象的判断。因为真理总是具体的，世界上根本不存在抽象的绝对真理。对教育过程公平而言，"应得的东西"就是制度化教育所提供的社会价值——教育价值，具体而言就是学生发展所需要的东西。判断"应得"的唯一标准是学生发展的合理需要。

公平对待学生不是对每个学生平均用力，而是应考虑用以平等为基础的不同方式来对待不同的人，体现因材施教。每个人的智力、能力等天赋条件的差异是客观存在的。每个人获得与自己自然本性相当的教育机会与条件是教育过程公平的体现，如同卢梭在《爱弥尔》中的主张：教育应根据人自身的本性引导人的发展。

因此，教育过程公平是一种合理的平等。英国教育哲学家彼得斯在《伦理学与教育》一书中，对平等在教育中的运用做出了中肯的哲学思考。他认为平等本身是一个用于比较的术语，比较的结果就是平等或不平等。人人平等是指平等对待一切人，但绝不是指同样对待一切人。他得出了与亚里士多德相同的结论：应平等地对待平等的，不平等地对待不平等的。这样就言明了两种性质的教育过程公平：一种是"平等"的公平，即"平等"地对待相同者，另一种为"不平等"的公平，即"不平等"地对待不同者。贯彻的是"对于同等事物应同等对待，对于不同等的事物应予以区别对待"的公平原则。

在教育公平中，平等对待指每个学生皆应获得平等的待遇，差异对待指根据学生发展情况需要给予不同学生区别对待，使每一个学生都获得发展。早在两千多年前，孔子就在宣称有教无类的同时因材施教，看到了教育过程公平的这两个方面。平等对待与差异对待互为条件，前者是基础，没有平等的待遇，没有同样的关心和责任，没有学生自尊心的形成，学生的最佳发展就无从谈起；而如果不是为了每一个学生都得到最好的发展，平等对待便失去了最终的目标。倘若存在差异对待，这种差异对待必须以"平等考虑"为基础，即在平等的基础上以不同的方式对待不同的对象；同时，这种平等或不平等的待遇是否切合对象（学生）需求、是否符合对象的利益，都必须考虑。二者都是为了保障学生潜能的开发和差异性优化发展，保障每名学生都能得到成长与成功所需的一切。平等对待与差异对待是公平的两个方面，不能用一个取代另一个。

教育过程公平是要"肯定每一个人都能受到适当的教育，而且这种教育的进度和方法是适合个人的特点的"。真正的公平，与因材施教的原则是一致的。不可将公平理解为不管个体之间是否存在差异都要以相同的方式对待他们。公平绝不是平均主义，针对优秀学生采用高标准的特殊的教学大纲，不是不公平。让课程去适应班上的中等水平的学生，优秀学生受不到挑战、感到厌倦，弱生只能混到及格，学生的学习需要得不到满足，这才是不公平的。

班级授课制强调教学的标准化、同步化、统一化，以同样和平等为公平，在应该差异对待时却相同对待，以这种"平等"与"人道"为旨趣，僵化地抹杀学生的个性，对学生造成了心灵的束缚，成为学生发展的桎梏。忽视学生之间的个性差异及其个性发展的需要，完全一致地对待具有不同个性差异的学生，是表面上的公平，实质上是不公平的。因为平等对待只是公平的一个方面，不能代替公平的全面。随着时代的发展，公平的另一方面——差异对待学生必将凸显出来，客观地说，在当前的教育形势下，如何差异对待学生才是教育过程公平的核心问题。

"使每个人潜在的才能和能力得到充分发展，这既符合教育从根本上来说是人道主义的使命，又符合应成为任何教育政策指导原则的公正的需要。"① 2006 年 9 月 1 日起施行的《义务教育法》第二十九条规定："教师在教育教学中应当平等对待学生，关注学生的个体差异，因材施教，促进学生的充分发展。"这可以被看作对教育过程公平最好的诠释。同等地对待不同等者和不同等地对待同等者，都是不公平的。教育过程公平体现的是一种人本思想，蕴涵着对学生乃至对人类的终极关怀。

教育过程公平绝不能理解为相等、理解为削峰填谷以消除差别，否则就会造成公平与优秀之间的假冲突，更会危及对优秀、卓越的追求。教育过程公平是以追求卓越、优秀，追求学生的成功为旨趣的。教育过程公平内含优秀。优秀应建立在两个基石上：一个是对价值采取多元论的探讨方式，尊重各种各样、各种深度、各个方面的人类经验，并探讨人类心灵可能达到的各种类型的优秀才能；另一个是受到普遍尊重的发展个人的哲学。如果个体受教育不是以追求自身优秀为目的，那么，公平内涵中的"每个个体都有机会达到自己的最佳水平"就不可能，每个人都想优秀，而资源有限，才产生公平问题。追求优秀是教育过程公平的原动力，若不是追求优秀的话，对教育过程公平的要求就会失去它的内在理由。低水平的平等哪里都有。因此，从教育哲学的角度上看，教育过程公平反映教育质的范畴而不是量的范畴。

（二）教育过程公平的原则

1. 比例平等原则

比例平等原则指相同情况相同对待、不同情况不同对待。具体实施需要遵守以下原则。

（1）资格原则

适当的待遇是分配性的。在教育过程中，当某种东西必须在人们中间做出分配时，人们就被卷入一种分配的场合。形成一种分配场合必须有确定资格的各种规则，以划定哪些人有资格介入分配，并规定只有那些有资格的人才应该参与分配，获得自己应得的一份。当一个合格者被排除在外时，他在有关方面的资格与他人相等，却得到了不平等的对待，

---

① 温守坤，周俊平.浅谈"以学生为中心，以能力为本位"教学模式 [J].电脑知识与技术（学术版），2008，(19)：105.

参与分配的其他人就获得了更大的利益，分配必定不公平。因此，教育过程公平的实现必须遵守资格原则，这是前提。有相同的资格就应受到相同对待，资格不同就应得到不同对待。

因为原则可能被错误地运用，所以当将此原则运用于具体场合中的所有条件都得到了满足时，也可能产生不公平。如，在分配的场合，那些获得利益的人的需求被错误估计，一些人得到了比他们应该得到的更多的东西。

（2）基本利益完全平等原则

"全部人类历史的第一个前提无疑是有生命的个人的存在"[1]，社会存在的第一前提也是一定数量有生命的社会人个体的存在，社会须臾不可离开人（社会是最大的合作体系）。每个个体都是缔结社会的一个成员，只要一个人生活在某社会中，便为他人作了一大贡献：缔结社会。这在每个人对社会所做的一切贡献中是最基本、最重要的。正是基于此，马克思才说："人权，它本身不同于公民权。与公民不同的这个人究竟是什么人呢？不是别人，就是市民社会的成员。""市民社会的成员，是政治国家的基础、前提。他就是国家通过人权予以承认的人。"[2] 虽然人的才能有大有小，品德有高有低，对社会的贡献有多有少，但在缔结社会这一贡献上却是完全相同的。不管其他贡献如何，根据缔结社会这个基本贡献，每个人都应该得到作为人类社会的一员所应该得到的东西，即生存和发展所必需的起码的利益，即享有人权或基本权利。简而言之，每个人不仅应该享有基本利益，而且应该平等享有基本利益，即分配给每个人同样多的基本利益，这绝不是什么恩赐，而是必须偿还的债务，"每个人都是社会的一个股东，从而有权利支取股本"。每个人因其同样地参与缔结社会，最基本的贡献完全平等，故应该完全平等地享有社会中最基本的利益。所有人在基本利益的享有上都应该是平等的。

（3）非基本利益比例平等原则

非基本利益来自人们生存和发展的较高级的权利。非基本利益比例

---

① 马克思恩格斯选集：第1卷 [M]．人民出版社，2012：24．
② 马克思恩格斯全集：第3卷 [M]．人民出版社，2002：182，187．

平等是指：谁的贡献较大，谁便应该享有较多的非基本利益；谁的贡献较小，谁便会享有较少的非基本利益。每个人因其条件不同、才智不同而对社会的贡献大小不同，因其贡献不平等而享有相应不平等的非基本利益。这样，人们所享有的利益虽不是平等的，但每个人所享有利益的多少与每个人所做出贡献的大小的比例却是完全相等的。这样一种利益分配原则也是严格遵循"贡献"这一分配标准的，所以也是合理的。

（4）基本利益优先原则

对于社会中每个人或每个群体来讲，他的任何一方面的基本利益，都优先于其他方面的非基本利益。基本利益的优先性还体现在一些人的基本利益与另一些人的非基本利益发生冲突时，要保障人的基本利益。不应该为了使人们得到更多的经济方面的非基本利益而剥夺他们的政治、思想等方面的基本利益。"对第一个原则（基本利益完全平等原则）所要求的平等自由制度的违反不可能因为较大的社会经济利益而得到辩护或补偿。财富和收入的分配及权力的等级制，必须同时符合平等的公民的自由和机会的自由。"① 例如，当一个社会的物质财富极度匮乏时，如果人人吃饱从而平等享有基本利益，几乎不会有人吃好，侵犯了有大贡献者所应该享有的那部分非基本利益，便违反了非基本利益比例平等原则；反之，如果一些有大贡献者吃好而享有非基本利益，就会有人因享受不到基本利益而饿死，这样，基本利益便不是人人平等享有的，这违反了基本利益完全平等原则。在这种情况下，应该怎么办？显然应该违反非基本利益比例平等原则而侵犯某些有大贡献者"吃好"的非基本利益，以便遵循基本利益完全平等原则而保障每个人"吃饱"的基本利益。这样才是合理的、公平的。其依据在于，每个人参与缔结社会的这一基本贡献优先于任何人任何其他贡献。

2. 推定平等原则

彼得斯在《伦理学与教育》中称"在特定的情境中没有什么人能够要求得到比其他人更好的待遇"，或"没有差异就不应该差别对待"。②

---

① 罗尔斯. 正义论 [M]. 何怀宏等，译. 中国社会科学出版社，1988：57.
② 张海生. 教育究竟是什么？——彼得斯《伦理学与教育》书评 [J]. 重庆高教研究，2020，8（2）.

这一原理告诉人们：在那些相关差异未被认识到的地方，对所有人应相同对待；在那些相关差异得到认识的地方，对人们应区别对待。根据这一原理，我们不需要为应该平等待人进行辩护，而应将辩护的责任加在那些想区别对待的人身上，这实际上是"我应该做什么"这一问题的预设前提。没有这一预设前提，"我应该做什么"就没有意义。

3. 利益平等考虑原则

利益指有价值的生活方式或活动形式的必要条件。对每个人的利益应予以平等考虑，这意味着弱智儿童的智力发展与天才儿童的智力发展同样重要，但不意味着应该以相同的方式对待弱智儿童与天才儿童的智力发展。利益平等考虑原则是作为一切人之间平等的根基的平等原则。只有这种基本的道德原则，才使我们得以捍卫涵盖了人类所有成员的那种平等，而不论他们之间存在的差别是什么。弱生和优生的利益必须得到平等考虑。有人试图在弱生与优生之间寻找一条分明的分界线，企图将成绩作为区别对待的依据，这样做有两个基本错误，一个是事实错误，一个是推理错误。即使我们能为弱生与优生之间划出的界限找到事实的验证——的确，优生和弱生在学习成绩上是有区别的——这种依据学习成绩对他们进行的区分也并没有内在的伦理重要性，因而没有任何道德上的分量。他们只有学习成绩优秀程度上的区别，没有类别上质的区别。要区别对待，最好是能找到可以公开的、真实的，可以为区别对待辩护的伦理界限。如果找不到有重要意义的伦理界限，那我们就必须将他们的利益进行平等考虑。

对利益平等考虑原则应有透彻的理解。人的道德地位是平等的，我们没有忽视弱生痛苦的理由。利益就是利益，无论是对谁的利益，都应该给予平等的考虑。我们应该根据可普遍化的要求来思考要把哪些人纳入道德的适用范围。利益平等考虑原则应该是我们讨论问题的背景框架。如果教师没有把弱生的利益纳入考虑，就应冷静地寻查自己的信念和价值观中的偏见。我们对他人的关心不应该取决于他人是什么样的，或者他人具有什么样的能力。不能认为因为一些人不如另一些人聪明，前者的利益就应该被我们忽略。一些人认为，对优生偏爱在情理之中。伦理不要求我们废除个人关系和偏爱，但却要求我们在评价被我们的行为所影响的对象的道德诉求时，要学会超然于自己的情感。

　　4. 位置互换原则

　　"按照某标准，甲和乙是同样的，所以给予甲和乙同样的待遇"，这只能说明对于给定的标准，甲和乙得到同等待遇是公平的，却无法证明设定这样的标准是不是公平的，我们也就无法知道甲和乙是否真的被公平地看作同样的存在。所以，公平原则除了比例平等原则之外，还需一个估价原则，即一个关于价值尺度的原则。比例平等原则只是公平的表面的原则，必须由估价原则来支撑它，否则它就没有实际意义。估价原则不能是某个人的观念或者某种意识形态的观念，否则，每个人的观念都会成为估价原则，估价就变得没有任何意义。按某种标准对甲和乙进行同等分配，其中的某种方式或某种标准总是一个未经判断的理由。所以，公平原则还需加上一条位置互换原则，以消解任何价值标准的偏心问题，消除制定价值标准方面的不公平的影响：甲以某方式对待乙的正当性，仅当甲认可在甲乙两人位置互换时这种方式仍然是正当的时，才能得到确认。这在利益分配上仍然有效：甲按某标准把甲和乙看成是同等的并且使甲和乙得到同等的利益的正当性，仅当甲认可二者位置互换后，乙按这个标准把甲和乙看成是同等的并且使甲和乙得到同等的利益是正当的时，才能得到确认。

　　5. 受教育者利益最大化原则

　　人们可以从多种角度理解平等。其一，区分平等对象。从这一角度来看，平等按对象划分包括简单的无差别的个人平等、组内平等和组际平等。个人平等是指每个具体的个人无差别地享有平等的机会。组内平等是指对于不同组别，追求每组内部成员的平等，而忽略组与组之间的平等。组际平等是指将平等对象分为不同的组别，追求组际平等，而忽略组内平等。男女平等便是这种平等，无论是何种女性主义，共同特征就是追求男女之间的平等而较少顾及女性内部的平等。其二，明确资源平等类型。在这里，平等包括边际平等和整体平等。边际平等是指将可以平等化的资源平等地分配给平等的对象，而不考虑每一对象原有的基础和这种基础所造成的分配结果的不平等。整体平等是指当可供平等化的资源少于平等化要求的资源时，不平等地分配可供平等化的资源，以求缩小或扩大分配结果上的差异。其三，阐明平等原则。平等引起的争论实际上与人们在不同意义上讨论平等有一定的关系。多种平等取向加以组合，可以获得多种平等原则。面对多种选择，莱伊提出了可供选择的几种平等的原则，包括平等考虑、差别对待和受教育者利益最大化原则。无论为受教育者提供何种教育机会，采用什么原则分配教育资源，都应该平等考虑、差别对待和受教育者利益最大化原则并重，其中尤其重要的是应该最大化受教育者的利益。受教育者利益最大化原则应该是逐步缩小教育差异、均衡发展基础教育的可行和现实的思路。

6. 补偿原则

首先，公平的利益分配关系要求有利于合作体中的每个人。显然，基本利益的完全平等分配是有利于合作体中每个人的，但非基本利益的"不平等"分配却并不有利于每个人。它明显地对能力、禀赋较差者不利。因此有必要引进一条附加原则，即获利较多者应相应地给获利较少者一定的补偿，我们可称之为补偿原则。首先，正如罗尔斯所说的，"为了平等对待所有人，提供真正同等的机会，社会必须更多注意那些天赋较低和出生于较不利的社会地位的人们"。"社会和经济的不平等（如财富和权力的不平等），只要其结果能给每个人，尤其是给那些最少受惠的社会成员带来补偿利益，它们就是正义的。"这样的利益分配原则才是公平的。不过，人们往往在"比例平等"原则实行之后才实行补偿原则。其次，获利较多者给获利较少者以利益补偿，本身也体现着合理性，"获利多者比获利少者较多地利用了双方共同创造的资源：社会、社会合作"，获利较多者的贡献"包含着对共同资源的较多使用，因而也就间接地包含着获利较少者的贡献。于是，他们因这些大贡献所取得的较多利益，便含有获利较少者的利益。因此，他们必须给予获利较少者以补偿"。[①]

补偿原则一般指向对弱者的帮助。补偿原则最有可能减少长期以来的不平等，然而，它本身看起来就在违背平等原则。之所以选择这一原则是因为边际效用原理。这一原则的应用能缓解存在于弱势群体中的那种绝望的自卑感。在没有更好的可替代方案的情况下，补偿原则值得一

---

① 罗尔斯. 正义论［M］. 何怀宏等，译. 中国社会科学出版社，1988.

试。在教育中，这一原则要求对处于不利发展境地的弱生给予援助。

7. 坚持公平的低序列原则

比例平等原则就是在确定资格的前提下，严格按照"相同的相同对待，不同的不同对待"这一原则对待学生。在每一种场合，都可运用比例平等原则，得到在那种场合下适当的待遇，但这种待遇是什么，却不是比例平等的问题。比例平等原则并没有说明适当分配的数量，也不可能说明适当的标准是什么，因为对于什么待遇为适当存在着不同看法，例如，围绕"好的医疗是按需要分配还是按支付能力分配"这一问题关于什么是公平的分配会发生不可调和的冲突。因此，公平是第二序列的价值。它必须以第一序列的价值的认可为先决条件，而不能超越它们解决冲突，其适用与否必须先由那些本身不以其他价值的存在为先决条件的独立存在的价值来决定。如赔偿中，受损应该得到赔偿，这是第一序列的要求，只有应该赔偿正确时，有关什么种类和数量的赔偿为公平的问题才产生；而为什么应该赔偿是受其他价值控制的。尽管如此，公平为社会生活本身所必不可少，一群对比例平等的原则缺乏实际理解的人根本无法形成一个社会共同体。

8. 幸福原则

公平不是建立合法的价值判断的充分方式，因为一件完全公平的事情可能是坏的。所以，最终的价值判断依靠的是幸福原则。霍尔巴赫称"公正是社会美德的最高原则。公正和所有美德的基础一样，是对自己的文明的爱，公正必须建立在个人为了幸福生活而渴望毫无阻碍地运用自己才能的基础上"。公平的目的是增加人们的幸福，幸福问题是公平问题不可缺少的背景，公平原则必须以幸福原则为前提。教育过程公平必须坚持以使学生幸福为原则，这是最高境界的公平原则。

就像衣食住行等是基本物质需求一样，公平始终是人类的基本精神需求。教育过程公平更不是可有可无的奢侈品。第一，从人的发展的角度来看，教育人本论认为"教育即发展人的价值""教育即发挥人的潜能""教育即发挥人的个性"。根据多元智能理论，每个人都有不同水平的多种智能，而且都有一种或多种优势智能。提倡教育过程公平实际上就是提倡教育要符合多种智能发展的需要，让学生的潜在智能充分发挥出来，并发现和培养一种或几种优势智能，最大限度地发挥学生的潜能。如果教育不能为学生创设相应的条件，就是失败的；如果人的个性得不到充分发展，甚至影响其实现人生价值，这对于任何一个人来说都是不公平的。第二，从社会发展的角度来看，社会的发展需要不同层次、不同类型的高素质人才。某一方面人才的相对不足、缺失，会给社会的发展带来重大影响。因此，教育过程公平符合个人和社会的发展需要。

公平具有规范性，代表着人类的价值追求。同时它也是一个实证性概念和一个客观性范畴，代表着现实生活中存在的客观事实，不可能脱离现实而单独存在。人类就是在这种理想和现实的冲突与碰撞中得到发展的。教育是实现人类价值诉求的实践活动。教育过程公平能在教师内心形成一种信念，一种明确的、公正的要求，能对教师行为公平性的自觉调整起到指导性作用。公平的蓝图是教育得以不断发展的永恒动力，也是教育能够不断前进的灯塔和航标。

（三）构建教育过程公平

1. 教育过程公平的平等对待

（1）平等对待的目的是形成自尊

如果某个东西不仅被经历过，而且它的经历存在还获得一种使自身具有继续存在意义的特征，那么这种东西就属于体验。体验具有多重的含义，它指人的一种生存状态，不只是心理的、内部的感受，还是整个身心的参与、介入和实践。狄尔泰说："生活体验对我来说并不像被觉察或呈现出来的事物那样'与我相遇'，它并未向我显现，但事实上生活体验确实与我共在，因为我能够以反思的形式意识到它，就像它完全属于我一样。"① 体验不是单纯的认识论概念，而是超越单纯的认知；它也不仅仅是一种情感状态，而是一个本体论概念，是个体的存在方式，在根本意义上是对忽视人的精神存在的唯科学认识方式和客观主义的反叛。"在体验中有某种东西被经历和被意指，否则就没有体验。"体验总是发生在与个体的需要或目的相联系的过程之中，没有需要和目的，也就无

---

① 陈桂生．影响学生成长的若干经验形式辨析［J］．江苏大学学报（高教研究版），2005，（01）：25.

所谓体验。人们所能体验到的，一定是与其生存意义相关联的事件和情绪。因此，体验具有某种动力性特征，某种体验的产生会相应地促使人产生做或不做某事的意向。在教育过程中，平等体验十分重要，与学生的自尊等关系密切。

体验的生成是一个复杂的、延续的过程，是被经验、被体验的外界特质和个体体质相结合的过程。个体生成某种体验既受到个体所深入其中的外界事物特征的影响，也取决于个体本身的感受性问题。因此，如果要改进或促进某种体验的生成，就要既着眼于那些能够促使体验生成的环境和条件的改造，又着眼于体验者个体的内在感受性的改造。

①情境的作用

平等对待关注的是有着个性特征的具体个体，因此，平等对待的原则更是一种人在情境中的互动原则。形成平等的体验离不开情境。所谓情境，一般是指由各种因素互相作用而产生的一个有意义的活动过程和场景。情境具有整体的效果，会比个体更能作用于人的行为，主要不是教师的喋喋不休影响和教育了学生，而是具体的事件和情境作用于学生的体验。在同一个情境中的不同儿童的行为特征比同一个儿童在不同情境中的行为特征变化更少，情境中的行为特征比特定儿童行为倾向更能预测儿童行为的一些方面。不同个性的人在同一种情境中会做出相似的行为，同一个人在不同的情境中会表现出非常不同的行为，这就是生态效度的体现。生态效度是指"提示线索能协助有机体完成一次与环境交互作用的程度"。因此，不是个体掌握情境，而是个体被情境所控制，情境成为更加强大的力量。使人处于某种情境之中就更可能促使其出现某种行为，多次重复的情境可使人的某种行为固定化。教育就要利用情境的作用，对人的行为进行改造。

②平等情境的构建：公正团体策略

具体到平等体验与自尊的生成，教师就要有意识地创设情境，平等对待学生，促使学生生成正确的自我理解。每个人都在理解世界，个体在理解过程中对自我特征的反应，说明我们只是从某个特定的"视界"来理解世界。该"视界"为我们提供了思想和行为的起点，教师的作用就是利用学生在情境中的体验改变学生的"视界",帮助学生形成正确的自我理解和自我价值体验,进而形成自尊。若要实现这一目的,教师可以采取公正团体策略。

"教育发挥作用的最有效的单位不是个人而是集体。"教师要将学生组成自我管理的公正的生活团体,团体要具有民主管理的结构和气氛,要建立一种民主参与制度,通过民主讨论解决实际问题,使民主成为一种团体的生活方式。学生要在其中做出道德决策,团体的道德氛围要以公正为价值取向。以公正为原则的团体氛围使学生有责任维护自己经过民主协商制定的规则和纪律,有责任从集体利益的角度对现实生活中的问题做出判断并躬身践行,从而达到使学生自我管理和自律的目的,公正团体中的学生愿意以"我们"的思维模式考虑集体的事物及规章制度,对学校的集体利益表现出更强的责任心和更多的维护行为,容易形成平等的体验和自尊。

总之,自尊的形成不仅是平等对待的途径,也是目的。平等对待既不是一种对学生人格的简单尊重,也不是一种资源和机会的简单分配,而是在对学生人格尊重的基础上,通过资源的分配维护人的尊严,实现学生能力的发展和在这种发展基础上的对自己的认知与体验,从而使学生形成自我发展的动力,这样对学生才是公平的。

平等对待,应该把平等指向学生的自尊,从自尊的角度去理解平等,维护学生自尊。人的尊严的平等是最根本的平等,自尊是公平分配的衡量标准和结果之一。在理想的教育体系中,自我尊重是需要教给学生的最高级的一种尊重。"在个性的最高的形式中,自尊就变成了自我教育。"因此,教师应该给予学生自尊的形成更多的支持。教育目的不能简单化为促使学生取得外在的成就,而是要包括为学生的发展提供持久的动力。建立健康的自尊关系到个体内在的发展动力问题的解决,也是"为人的教育"更为基本的任务。"教育的作用是使一个人欣赏他的社会的文化,介入社会的事务,从而以这种方式提供给每一个人对自我价值的确信。教育的这一作用即使不比其他作用重要,至少也是同等重要。"①

---

① 罗尔斯. 正义论 [M]. 何怀宏等, 译. 中国社会科学出版社, 1988: 101, 238.

（2）平等对待的原则

①尊重人的尊严平等

公平不仅具有经济的意蕴，而且具有道德的意蕴，或者说主要是一个道德范畴，强调的是人的生存权利和发展权利，这是最原始的亦是最根本的公平，是公平之为公平的最一般义和普遍义。人身上肯定存在人之为人的共同属性，理性、自我意识、自由意志等属性构成了给予所有人同等对待的正当理由，因为人性是平等的。人之所以为人，在于人的尊严和品格。这表现在把人当人看的道义平等和人格平等、尊重人之为人的价值和尊严上。教育学是人学，一种"成人"的教育，如果违背了一个人做人的尊严与宗旨，它本身就是不公平的。

在平等问题中，人的尊严平等应该是一个根本的问题。尊严这个概念意指依据它我们认为自己应该要求得到我们周围那些人的尊重（主要是指一种好感）。真正的资源平等也许根本不会在社会生活中实现。强调尊严的平等即人格的平等，才能向资源平等过渡，才能够超越人的一些外在的东西，趋向于对人本身的平等的尊重。把尊重每个个体的作为人的生命存在放在第一位，体现了把人当作主体来对待的基本的人道原则。

②尊重人的发展的平等性

在教育领域，尊重人的发展的平等性，就是要从发展方面体现人的平等性。对人的发展起重要作用的是人的自主性的发挥，这是发展的前提，也是发展的结果。康德相信，所有人在他们自主的能力上都是同等的，道德的责任和人类的尊严均依赖这种能力。因此，一切能增强人的发展性、自主性的平等措施都应该得到维护和创造。人的发展的平等性，实质就是机会平等。当然这里的机会不是跻身上流社会的机会，如果机会是这样的话，机会平等实质上是自相矛盾的，因为它以不平等为前提，同时又以平等为先决条件。这里的机会是指每一个人都有可能全面发展他作为个人在与他人无拘无束的交往中所具有的聪明才智。发展的首要条件是受到关注，给予关注是教育者的责任。延伸到班级教学中，关注学生的重点在于了解他们的需要、明确他们的个体差异、体察他们存在的问题，以便为教育提供基础。

③学生作为平等者被对待

作为平等者被对待与被平等地对待并不是一个概念。前者不是从任何其他命题中推导出来的，它本身是其他命题的基础。在某些情况下，作为平等者被对待这一权利蕴含平等对待这一权利，但并不是也绝不会在所有情况下都这样。也就是说，作为平等者被对待有时候可能导致的是不平等对待，但是这种不平等对待不是对有利者的优惠和偏爱，而是对弱者和不利者的扶持和爱护，这是平等的应有之义。正如罗尔斯在他的公平正义原则中所指出的那样，不平等对待应该有利于最不利者，即那些在发展过程中处于暂时的不利地位者。应对他们做出必要的补偿，尽可能地提供给他们进一步发展的条件，只有这种时候不平等才是被允许的。对不利者做出必要的补偿和援助，保证他们必要的生活和发展条件，这是一个正义和人道的社会或组织的首要特征。

④复合平等原则

我们在平等的每一个具体领域和范畴中，面对的问题并不相同，虽然各个领域的问题可能是相互联系且彼此制约的，但一个领域的不平等问题并不构成其他领域的问题核心。争论中的困难是不平等始终被认为是一个单一的问题，纠正的方法也只有一种，而在社会学的研究中，不平等的种类有许多。我们面临的问题不是从两者中选择，而是研究什么类型的不平等会导致社会和道德方面的哪些不平等；不平等必须由许多标准来衡量，按一种标准衡量的不平等和按其他标准来衡量的不平等完全不同。这就是复合平等原则表达的含义。任何人在占有一个领域的善时，并不能用这种善支配其他的善。一个人在一个方面的发展，不仅不能作为获取其他附带利益的条件，而且在某种程度上还可能成为被剥夺的理由。也就是说，一个领域中的等级序列并不意味着广泛的不平等，除非这个领域中的等级序列被无故延伸到了更加广阔的范围，超过了应有的权限。例如，教师与学生学术水平不同，导致学术地位不同，这是必然在学术身份上出现的等级序列。如果一个学生是地方官员，他在政治领域与他的老师相比处于较高的等级序列，这一等级也是必然存在的。但是如果这个官员学生在求学时要求教师尊重他的官员身份，想要依据他的官员身份去取得教师的尊重，则构成了政治权威对学术权威的侵越，这是不平等的。

学校依据学生的学习成绩以明显或隐晦的方式将学生分成多个层级和类别，然而，即使班级中有着各种学业成就上的"等级排列"，学生在学习成绩上的等级身份也不能进入其他领域，影响其他领域的利益。这些"知识优势""分数优势"并不是决定人的平等性的根源，能决定他们平等性的是人的尊严、自主性和发展权。但是，事实是在这种"等级森严"的生存场域里，很多学生由于学习成绩不好被排斥、被放弃。这是复合平等原则不允许的。复合平等要求不能用过于统一和呆板的标准衡量所有人，倡导的是多元化的平等，主张用多元的标准从多个角度、根据多种价值观对多个领域进行不同的划分和排序，让个体在变动的序列中看待自己的价值。复合平等并不是在任何领域都不要等级了，也不在于消除所有的差别，更不是提倡所有人完全一致、完全平等，有些等级是必要的。复合是一种事物各种要素之间的内在关系的制衡。复合平等原则在于承认平等与不平等的融合，在于在承认人的人格和尊严平等的前提下，从多个角度看待人的价值的平等，实现人在更广泛意义上的平等。它能使学生在得到一般尊重和获得一般发展的情况下，拥有自己独特的优势领域，并体会到自己的价值，因此它是自我诠释的最好方式，是学生形成健康的自尊观念的基础，践行它是实现平等的必要举措。

走入学校的儿童是受家庭背景、父母教养等多种因素影响的合成物，如果教育没有致力于改变家庭初级社会化对儿童心理和行为的影响，而是顺应了这些结果并使他们在此基础上成熟化，那么教育的平等就没有实现，教育就只不过是社会分工和社会再生产的工具而已。学校在平等对待方面的责任就是要研究如何在各种限制性的或有利的条件下平等地对待学生的问题。学校要积极消除儿童在入校之前受到的各种不好的影响，激起儿童对学校的兴趣和自我信心，使其形成自尊感，鼓励儿童获得好的表现；正在遭受伤害和失败的孩子不能等待社会结构的改变。"那些站在教育前沿的教育者可以从教学的角度采取措施，并在他们管理的范围内朝着教育平等而努力。"让平等对待成为儿童发展的动力，是教育过程公平的本意。人们不断产生平等"是否可能"和"如何可能"的想法，然而事实是，平等是人类的一种价值目标、一种"至上的美德"，人们对其的追求是不会停止的。

2. 教育过程公平的差异对待

在过去的世纪中，教学的最大错误是：假定全体儿童是没有差异的同一个体，而以同一方式教授同一学科般地对待全体儿童。学生的学习需要各不相同，因此，教育中的差异对待意味着要满足学生的学习需要。响应不同学生不同的学习需要，让每个孩子都能接受最好教育、能最大限度地发挥自己的特殊才能，是教育过程公平提出的必然要求。只要存在有多种需求的学生，我们就应该对学生的不同需要做出响应，就应该强调教学的多样化。满足学生各种各样的需要，虽然是一个简单的信念，但要在课堂上实现却并不容易。对天才学生而言，它意味着尽可能提供发展的机会；对有困难的学生，它意味着提供帮助；其他学生有不同的能力、学习方式、兴趣所对应的需要，这些都要予以满足。如果没有认识到、考虑、预先关注学生的准备状态、兴趣和学习情况的多样性，根本不可能开展教育活动，任何其他的改革也不可能很好地发挥效能。除非我们面对这些问题，否则在学校里，失败的、失去成功机会的学生会越来越多，学校就会成为"失败学生的制造者"。

用同一种标准来教全班学生的观念既侵犯了学生的人权，也导致教学有效性的降低。为了使学校成为它应该成为的样子，我们需要系统的变革。教育改革只有根植于实践性的教学中才会有效，因此，教育过程公平应该根植于教学的实践背景，聚焦于课堂实践，确保日常的活动成为学生逐步实现梦想的必要步骤，否则这些活动就不值得教师去为之努力。这是一个很大的课题。

（1）差异对待的特征

①因材施教的弱操作性

谈到面对学生差异，对学生的需要进行响应，人们会首先想到因材施教。"多者便于博，寡者易于专，易者勇于行，止者安其序，亦各有善焉，救其失，则善长矣。"孔子主张："中人以上，可以语上也；中人以下，不可以语上也。""教师在接受托付给他的儿童时，应当弄清楚他的能力和资质"，"精确地观察学生能力的差异，并且弄清楚每种能力的倾向，这些通常是，而且不无道理地被视为教师的优秀品质；因为天赋、才能的种类多得难以置信，而心灵类型的多种多样，不亚于身体的多种多样"。"我们必须重视儿童个性的差异，并且要因势利导来促进儿童个性发展。不能强求一律，也不能强求学生平均发展。""每一个人的心灵有他自己的形式，必须通过这种形式而不能通过其他形式去教育，才能使你对他花费的苦心取得成效。"①

因材施教理念得到普遍认可，但在我国理论研究与实践领域的地位却并不显赫。我国教学论研究传统是注重个体发展的同一性，相对忽视个体发展的差异性问题。近年来，我们认识到个性发展的重要性，开始重视个性教育的研究，但是，研究中所谓的个性，"与其说指个人的差异，毋宁说指人类天赋的通性；所以他们所谓的个性教育与其说是随人而施的个别教育，毋宁说是发挥个人天赋的通性的共同教育"②。也就是说，近年来出现的个性教育研究，重点关注的是个性中共同性特质，忽视个性中差异性特质的研究。这种研究现状导致的结果是因材施教在人们的心中始终只是一种信念。

因材施教在实践领域也没有被践行。有调查发现，60%的教师对实施因材施教是心有余而力不足。而另外一项大型调查发现：在所列的要求教师按重要程度排列的17项标准中，"注意个别差异，做到因材施教"这一标准被排到15位；一半以上的教师认为，在班级教学中，只能按照多数学生水平安排教学内容，很难照顾到处在两头的学生，虽然差异发展很重要，但是在现有条件下实施差异教学是不可能的，因此，教师在自己的教学中很少考虑或根本不考虑差异发展教学问题。有的教师认为班级教学的最大优点在于高效教学，缺点在于无法照顾到学生的个别差异，这种缺陷是天生的，自身无法克服，因材施教应该游离于课堂教学之外，只能在课堂以外的课外活动、兴趣小组、个别辅导、特长班等中实现。还有的教师认为因材施教就是特长发展，就是招特长生、办特长班；也有的教师认为因材施教就是分快慢班，以便学校集中优势教育资源于快班，提高升学率。

---

① 赵祥麟. 外国教育家评传 [J]. 甘肃教育，2015，(15)：128.

② 宋恩荣，编. 范寿康教育文集 [M]. 浙江教育出版社，1989：284.

　　这说明因材施教的理念还没有得到真正意义上的接受和落实。它始终是以理念的形式存在着，这固然受到理论界研究兴趣的影响，但是其操作性客观上确实有问题。

　　因材施教的"因"是根据或针对的意思，"材"是指学生的情况，因材施教就是指根据每个学生的具体情况进行分别指导，制订出最适于学生本人的教育方案，使学生达到与自身个体素质水平相适应的发展目标。因材施教无疑是最为理想且满足公平价值要求的。但是一个班几十名学生之间在很多方面存在差异，教师应该因哪类学生或哪个学生的材来施教？传统因材施教需要教师先了解学生的情况，然后由教师对学生进行人为分层，每个学生学什么、学多快由教师决定。在目前社会条件下，为了能够让尽可能多的人平等地接受普及化或更高级的知识和技能教育，社会教育资源对于实现传统因材施教的目标来说，显得过于短缺。因为无论是学得快的还是学得慢的学生，实际上都需要教师的帮助，为了达到因材施教的目的，哪里需要他，他就得到哪里。教师忙乱不堪，负担加重，使因材施教在班级人数众多的前提下几乎没有可操作性和可行性，只能导致因缺乏可操作性而被悬置。有些学校尝试采用"分层教学""能力分班"等方式进行因材施教，但这些方式实质是因"群"施教，而不是真正的因"人（材）"施教，在客观上产生的最大的不合理性在于给学生贴上优秀与劣质的标签，客观上造成学生心理的不平衡，因而弱生的发展往往不理想。

　　②从因材施教到顺势为学

　　传统的因材施教所依据的教学观明显带有教师权威论的特点，学生只是处在凭教师研究、设计、施以预期影响的被动地位，这极大地影响了它的可操作性。因材施教的实施，一定要涉及主体的转移。必须把处理学生的个别差异的目标定位于培养学生的主体性，只有这样才有可能实现因材施教。这是因材施教必须坚持的立场，也是差异对待实现的前提。要认识到学习是发生在学生内部而不是强加于学生的，不断反思每个学生的独特性，思考如何才能发展学生们作为人所具有的共同点，又能培养其作为个体而具有的独特性。因此，要实现差异对待，应该变因材施教为顺势为学，发挥学生的学习主动性，让学生在学习中根据自己的需要选择不同的能够满足自己需要的内容，教师根据学生已有的发展情况设计教学，这也是自然分材教学的核心理念，可见，在实现公平的价值取向上，它已经先行一步，走出了很远。

③差异教学的操作点

关注学生的需要和差异。支持教与学应互相匹配的观点，学生并不是总用一种方式加工处理知识，尽可能寻找机会来了解学生，根据评估结果，考察和确定个体的学习需要，寻找适合每个学生的学习目标。教师主动根据学生已有经验，不同的学习风格、兴趣、思维水平和成绩水平，不同的学习需要，设计、组织多样化的学习活动，以适应广泛的学习差异，为大部分学生提供合适的学习机会。教师监控学生与学习任务之间的匹配程度，并在必要时加以调整，而不是临时被动地调整。差异化任务、弹性分组等多元选择创造了一种机制，使学生在教师忙于解答其他同学的问题时，也能得到帮助。当学生等待教师或下一个团体活动时，给他们提供持续的学习活动。这正是教师协助每名学生发挥最大潜能的基础。这样的课堂是以学生为中心的、实践性的、意义建构型的。尊重每个学习者，教师和学生一起创造能够帮助每个学生得到更快、更好的发展的环境。

让学生承担更多的学习责任。教师讲得少，团体活动少，小组或个人活动多。注重培养学生的思考能力、决策能力和学习责任心。充分发挥学生的学习主体性、主动性，将学习责任交给学生。注重激发学生的内在学习动力。

全班、小组与个别教学相组合。差异教学不意味着每个学生都要接受单独的教育，不是个别化教学，不是每天为不同的学生安排不同的课程，也不是总以班级整体为单位进行教学，不是固定的同质分组。它是加入个别化变量的班级授课制，是根据学生的教育需要，为学生小组做出合适的人员搭配。它确保在一个恰当的挑战水平和支持水平下让学生理解观点、掌握技能。与个别化教学相比，差异教学更像是单个教室中的复式教学。在差异教学中，教师有时需要面对全班同学进行教学，有时只对小组进行教学，有时只辅导个别学生。灵活多样的教学组织形式，既可以使每名学生按照各自的知识和能力水平学习，又可以增强学生的集体意识。

在同一时间段里需要管理和监控更多活动。与一般教学相比，差异教学的教师在同一时间段里安排不同的学习进程。它的成效体现在学生活动的目的性以及学生间交流的指向性上。无论是学生已经达到自己那个阶段应有的水平，还是没有掌握该年级所规定必须掌握的技能，差异性课程都会给学生指出该怎么办。

④差异对待的原则

实现差异对待，需要坚持以下原则。

第一，差异对待的理念是"学生才是课堂获得成功的关键"，在教与学的循环中的任何一个特定时刻，都要保证全体学生始终如一地开展有价值的活动和学习，每个学生都能感觉到挑战，都能掌握所学的科目中出现的信息和技能，并且获得基本知识和技能的机会是同等的。

第二，差异对待不能放弃集体教学。当通过普遍开展的活动或经验建立班级的氛围时，向学生讲解新的单元、话题、技能、概念时，组织学生讨论重要的学习内容时，集体教学是最有效的教学方式。

第三，以要领性问题组织教学。要领性知识要反映出教师希望学生在课程结束时能够掌握的重要知识和技能。这可以帮助教师把握关键的内容，而不使自己陷入与学生了解、掌握并运用知识无关的学习活动中。如果课程建立在松散的、不相关联的事实和技能的基础上，那么就很难实行差异教学，或者说教起来费劲。要领性问题是差异教学的工具，是统整教学内容的一个核心。它能够使教师有更明确的教学目标，可以对那些刻苦努力的人进行重点指导，给那些优秀的学生提供一个深化学习的平台。

第四，给予学生一定的选择权。让学生自己选择学什么以及怎样学是非常重要的。如：若教师认为学生适合学习基础性的内容，可以允许学生选择不同的学习方式（阅读或访谈），或者选择不同的学习作品。小手册、小品剧、插图等都可以帮助学生在做差异化任务时进行自主选择。教师可以使用项目清单赋予学生选择自己喜欢的项目的权利。清单的左边是本单元要求掌握的技能，右边是学生在脱离教师的直接教学后，可以做的替代性活动。这些活动根据挑战性水平或复杂程度排列。挑战性的、扩充性的内容是为学得好的学生准备的，但是这些任务不能偏离要领性问题。教师要为学生更深入地学习主要内容做出教育学的思考。

⑤差异对待的评分

评分是差异对待的教学实践中最痛苦、最困难的问题。如：一个刻苦的学生在某段时期的学习中取得了很大的进步，尽管如此，他在班级里仍然处于末尾的水平，那么，他能获得 A 吗？又如：一个学习很好的学生，可能根本没有什么进步，但他的相对水平仍然很高，好像他只能得 A，但是，这个 A 对他意味着什么呢？如果教师要进行差别对待，特别是按照现有状态，根据学生的不同水平布置不同的作业，他应该怎样理解并评定成绩？如何在差异性课堂上进行评分？如果学生做的作业比别人难，应该怎样公正地打分？

评分被认为是一个有偏见、易变的裁判者在对学生的表现做了不精确的评判后给出的一个不完整的报告，从这种报告中，我们既无法明确知道学生在差异性课堂上掌握了哪些内容，也不清楚学生对内容的掌握水平。我们应该承认评分常常处于一种混乱状态，而不是坚持认为它总是具有客观性，能够完全反映情况。这种认识可以让我们对评分开始一个新的讨论。

首先，人们常常将评分等同于考试，常将评分看成单元结束的环节，或者作为判断学生掌握与否的工具。其实，评分起始于单元学习的开端，贯穿于整个学习过程。好的评分会问：应安排怎样的方式来使学生展示所学的知识和技能？评分是教学的有机组成部分以及拓展学习范围的途径，而不仅是测量的工具。评分应作为正在进行的学习的反馈，是教学过程的一部分，而不是发生在学习过程末尾的某种东西。评分不是为了比较，也不是为了强制学习，而是为了给学生反馈，让学生明白自己学到了哪一步、哪些已经掌握、哪些还需要学习，让学生了解自己的学习进度和质量，明白高质量学习的要求是什么。然而这一反馈通常太少、太晚、太模糊，并且以错误的形式呈现，因此缺少效果。我们的挑战是为学生找到促进正在进行的学习的反馈方法，这将增加他们持续成长的机会并使他们的学习进步。差异化评分应当清晰地反映出质量的标准。难度大、复杂的学习任务的评分标准不应当和简单的、基础的学习任务的评分标准一样。这两类标准应该反映出任务类型的不同。教师不需要考虑差异化的教学活动是基础性的还是超前性的，要做的只是告诉学生，对于任一类型的任务其高质量的标准是什么，然后按照标准，公正地评价学生的作品。

竞争性评分中，我们没有什么证据表明，成绩能激起学生学习的动力。这些成绩向刻苦的学生表明，他们没有能力获取真正的成功；成绩只能促使能力较高的学生追求 A，但他们很少能从学习中获得快乐。我们也没有证据表明，存在一种有意义的、正确的方式把成绩传递给家长和学生。成绩 C 对一个教师来说是有能力的标志，对另一个教师来说，可能就是失败的标志。一个 C 并不能给任何人提供有用的反馈信息，不能说明学生是如何进步的。学生只有经过努力学习并获得成功，才能坚持下去。评分单纯是在和别人竞争，这势必导致一部分学生在学习上很努力，但成效不大，以至于他们会很快放弃学业。竞争性评分不断向一些学生证明：他们应该得到表扬。这些学生总是付出很少的努力就能获得成功，以至于他们觉得好成绩是一种荣誉，成功也不需要多大努力。做出很小的努力就能获得很好的成绩，这使学生失去了培养毅力及从困境中奋起的机会。一旦真正的挑战出现，他们就很难在学业上做好准备。因此，成绩必须是模糊意义上的。我们对成绩不可太在意，填成绩时要充分考虑学生的背景。在成绩报告单中，报告成绩的各个总分数，不是把各种变量混合在一块，仅仅给出一个总的成绩。基于学生的发展的评分与用文字和数字进行的成绩评定，二者是不同的。有效的评分方式需要在教学中慎重对待学生之间的差异，应该把学生的个人成长作为评分的一部分，基于学生的成长来评分。

（2）设计差异化任务

①用于区分学生的学生特征

学生至少在三个方面存在差异：特定时期学习某种概念或技能的准备状态，对活动或主题的兴趣，由性别、文化、学习风格或智力偏好等组成的学习情况。根据这三个方面调整教学，是一种明智的策略。

准备状态。教师可以在不同难度水平上给学生设置不同的任务或者提供不同的选择，以便对学生的不同准备状态做出有区别的响应。Ⅰ.调整任务的困难程度来为学生提供适当的竞争水平。Ⅱ．教师和同伴的指导是脚手架，提供了帮助学生思考和工作的框架或者结构。因此，教师可以考虑增加或减少教师、同伴指导，提供或不提供任务的范例。Ⅲ．以学生完成任务的经验和技能的熟练程度为基础，让学生更多或更少地熟悉任务。Ⅳ．根据小组的需要改变直接教学方式。

兴趣。教师对学生兴趣的响应也要有所区别。对某个需要理解的关键技能和材料进行排列，使这些内容融入能够调动学生积极性的话题和活动，其方法如下。Ⅰ．在大家都感兴趣的领域，让水平较高的人（教师或学生）担任指导者。Ⅱ．为学生研究某个主题或展示学习情况提供各种途径。Ⅲ．让学生选择任务和结果，包括让学生设计选择办法。

学习情况。学习情况是指学生掌握信息和观点的最好办法，以及学习风格、性别、文化、优势智能对学生产生影响的方式。教师要根据学生的不同学习情况做出响应，其方法如下。Ⅰ．创建具有灵活空间、可以选择的学习环境。Ⅱ．通过听觉、视觉以及运动知觉等的方式呈现信息，鼓励学生使用听觉、视觉以及运动知觉等的方式探索信息。Ⅲ．允许学生独立工作或者和同伴一起工作。Ⅳ．确保学生可以在竞争性、合作性和独立性的学习体验中进行选择，为各种智能和能力提供真正的发展机会。

②用于区分学生的课程因素

首先，可以在课程的内容上进行差异化处理，范围包括与学科相关的事实、概念、概括、原则、看法、技能，以及表现这些要素的材料等。其次，可以在课程的过程中区别对待学生。例如，安排不同的伙伴为学生学习提供帮助和挑战；对需要额外示范的学生进行再教育，或是免除那些通过阅读或接受再教育已经达到学习要求的学生的学习任务；在多种阅读水平上使用课文；鼓励学生用各种各样的资源完成任务；提供与学生学习准备状态相匹配的不同难度水平的任务。当内容一样时，学习过程可以不一样，过程是学生认识、理解并且掌握学科关键事实、概念、原则和技能的方式，其同义词是活动。教师可以采取一些方法区分活动或过程。例如，在不同的难度水平上提供不同的选择，或者根据学生的兴趣提供不同的选择，为学生提供不同人数的教师和学生来协助其完成某项任务。最后，教师还应该区别对待学生的学习成果。成果一词指代学生用以证明自己通过学习获得的认识、理解和能力。教师可以让学生选择如何呈现自己学到的东西，提供多种可以选择的方式使任务差异化。区别对待学习成果的方法有：允许学生根据目标参与学习成果的设计；鼓励学生用各种各样的方式呈现自己学到的东西；允许多种多样的安排；使用多种评价方式。

③设计差异化任务的策略

差异化任务要求结合对学生需要的判断，在任务的挑战水平、复杂性、可用资源、实施过程、最终成果的呈现等方面对任务进行差异化处理。关键是其挑战性、多样性。可以将布卢姆的分类目标设置为挑战性的指标，再把多元智能理论中的智能类型设置为多样性的指标，把每个任务按思维水平分类。对于天才学生来说，需要分析的、评价和考验综合水平的任务才是最具挑战性的；其他学生可能需要更多的练习才能成功地完成这些任务。利用加德纳的多元智能理论，可以检查任务的类型，看它们是否具有多样性。同时应用布卢姆和加德纳的理论，不同的组合会形成适合学生不同需要的差异性任务。

在学生知识掌握的水平出现差异时，可考虑根据挑战性、复杂性的水平设计差异化任务。任务设计中，既可以采用多种资源满足学生的需要，根据资源设计差异化任务，达到相同的学习效果；也可以采用同种的学习材料要求学生获得不同的学习成果，根据学习成果设计要求做出基础水平和高级水平成果的差异化任务；还可以根据过程设计差异化任务，考虑这个任务是不是可以要求学生以不同的学习过程取得相同的学习成果。如果设计的任务强调不同的学习成果，那需要事先考虑一下你希望全体学生学到什么，然后考虑那些能够解决更复杂、更抽象、更有迷惑性问题的学生最终能学到什么；如果根据过程或作品设计任务，则只需了解学生喜欢以什么样的方式进行学习以及展现自己的学习成果就可以。面对任务，想想它的复杂性和挑战性。如果书里的任务是基础性的，就可以据此设计高级的任务；如果书里提到的是高水平的内容，那么就可以据此设计基础性任务。也可以思考把两种活动或者同一活动的两种方式结合起来设计一个同时包含基础性任务和高级任务的差异化任务。找找书中、教辅资料中有没有基础性任务或者高级任务，采用书中提到的任务，设计出缺失的那种任务。对某些学生而言显得特别困难的问题，可以设计成高级任务；对某些学生而言显得特别容易的题目，可以设计成基础性任务。

3. 教育过程公平的弱生转化策略

实现补偿原则最现实的实践问题就是弱生转化。国内外很多教育家对转化弱生这个"难啃的硬骨头"进行过探讨，在目前公平呼声日渐强烈的态势下，它必将再次进入大家的视野，成为关注的焦点。在实践中，我们常常将弱生转化视为一个操作系统，机械照搬操作步骤，效果常常适得其反。在转化弱生问题上，若只对实际操作的方法感兴趣，忽视操作方法背后的教育思想，就会陷入无奈、无力之境。弱生转化中的操作步骤很重要，但是，转化弱生更是一个理论系统，在转化弱生方面，我们需要重新审视理论依据和重建教育观念。

弱生缺乏学习上进的动机、不可教化似乎是教师的共识。其实，动机是个体产生行为、获得个人控制感和胜任感、"积极学习和成长的先天的能力和倾向"，不管是正常儿童还是边缘学生，都有积极的心理活动潜能，包括先天的自尊和学习动机。只要我们想想刚刚上幼儿园或者刚上小学的小同学的表现，他们为能够上学是那么激动，刚开始学习时是那么好学，有哪个孩子是从一开始学习就差呢？哪个孩子从一开始就不爱学习呢？学生的先天学习动机是一种内部固有的存在状态，但会受到内、外界因素影响而被遮蔽。因此弱生转化需要明确一点，那就是教师必须思考：是什么因素遮蔽了弱生的先天学习动机？怎样激发这种动机？

弱生形成看起来是一个不愿学—难学—更不愿学的过程。实际上弱生形成的开始不是没有学习动机，而是由于某种原因学习动机被遮蔽，又得不到及时的救助。弱生的形成涉及这样的过程，即没学会—难学—畏学、厌学—更难学—厌学—不学—学习差，学生在学习上有困难而得不到及时帮助，积重难返时，就会滑向厌学的深渊。从这个过程上看，没有学会是弱生形成的起点，这一现象形成的原因众多，比如学生没有注意听讲、接受能力差等，但是这一起点更多地启发我们思考教师的原因，学生没有学会，教师做了什么？弱生形成的过程中，教师的责任更多一些。我们更多地关注弱生形成以后的表现，而忽视了是什么造成了这个局面，也正是这个原因，使转化机制的假设表现得笼统、含糊、片面。下面探讨如何帮助弱生克服学习困难。

(1) 满足弱生合理需要

教育世界中一个最根本的矛盾就是自由和控制间的矛盾。控制一直是我国教育界流行的意识形态。惩罚、竞争与奖励等传统手段的共同之处在于从外力的角度进行控制。这也表现在弱生转化上，教师对弱生的种种不良行为总是试图进行直接控制，但会立即遭到抵制。"人有探究的本能，从婴儿起就开始了探究并试图改变世界的努力"，不听话、捣乱就是这种努力的表现。学会抵制、学会反抗他人意志是建立自我意识的过程，是成长的一部分。弱生会与教师顶嘴，痛恨任何试图控制他们行为的尝试，强硬地抵制所有的行为矫正计划，清楚地让教师看到什么是蔑视权威。在管束中如果学生情绪失控，突破边界，教师觉得受到威胁，就会发号施令，与学生发生冲突。外界控制下的改变是人的异化，也是教育的异化，效用甚微。改变弱生的行为，若从外部着手进行直接干预，很容易引起人的本能抵制。外部入手转化受阻，启发我们将思路从外转向内，从内因上思考转化弱生的理论依据。

弱生转化是个行为问题，行为和动机不能分开来研究，因为任何事情都是人的行为和反应。如果我不知道一件事情发生的原因，几乎不可能真正了解这件事，即使知道事件本身的情况也毫无益处。我们需要解决的正是人的行为的动力问题。叔本华认为人的本质只是一种意志的不断追求。人这一生命体就是客体化了的生命意志，是一个千百种需要的凝聚体。需要、欲望、追求即人的生命。马斯洛认为人至少有五种基本目标，我们可称之为基本需要，扼要地说，就是生理、安全、爱、尊重和自我实现的需要。此外，还有达到或维护这些基本需要的满足赖以实现的各种条件的愿望所引起的动机。这些基本目标是相互联系的，并排成一个优势层次结构。这意味着占优势的目标支配着意识，将自行组织去充实机体的各种能量；不怎么占优势的需要则被减弱，甚至被遗忘或否定。但是当一种需要得到相当好的满足时，另一优势需要就会出现，转而支配意识生活，并成为行为组织的中心，而已经满足的需要不再是积极的推动力了，此时，它就停止起积极的决定作用。需要一旦得到满足，就不再是一股推动力，它们就不存在了。这一点经常被人忽略。在任何一个需要满足后，随着它的逐渐平息，其他曾被挤到一旁的较弱的需要就登上突出地位，力陈各自的要求。需要永不停息，一个需要的满足产生另一个需要。这样看来，人是永远有所需求的动物，总是寻求满足这种需要。因此，满足在动机理论中具有重要作用。

"某些更为基本的需要遭受挫折会产生病态，这些更为基本的需要不可思议地顽固，难以对付，没有任何通融的余地，它们只要求适当的内部满足。这些需要表现得很顽固、不可削弱，是不能再分析的终极事实，只能作为既定的事实或不可怀疑的基点。"使这些基本的人类需要遭到任何挫折或可能遇到的挫折，或者是危及保护这些需要的满足的防御措施或这些措施赖以存在的条件，都可以被看作心理上的威胁。在任何一种基本需要中受到挫折的一个人，简直可以被看作有病之人。这种人与缺乏维生素和无机物的病人很相似。谁说缺乏爱就不如缺乏维生素重要呢？健康成长的最主要的先决条件是基本需要的满足，一个健康人的动机主要是出于他对发展和实现他最丰富的潜在力量和能力的需要。如果一个人迫切而经常地具有任何其他的基本需要，他就不是一个健康的人。他就像是缺盐、缺钙似的，是个病人。人的本性是好的，人的破坏性行为是人的基本需要得不到满足或遭受挫折而派生的，因而并不是不可克服的障碍。当我们转向询问人对生活的需要时，我们才触及了弱生转化问题的本质。我们必须立足于基本需要论，抓住原始的、固有的、在一定程度上由遗传决定的需要、冲动、渴望，以此研究人的行为。"人的情感发展是教育中的一个本源性、根基性的问题。因为只有情感才是真正属于个体的，它是内在的、独特的，是人类真实意向的表达。"① 弱生就是基本需要受到挫伤的人，也是情感上处于病态的人。要转化弱生，从需要的满足着手，巧妙利用弱生的心理、感情需要，顺势而变，将有事半功倍之效。

①满足弱生的成功需要：打破竞争神话

弱生由于经常面临失败，因而比常人具有更强烈的成功需要。然而，

---

① 朱小蔓，梅仲苏. 儿童情感发展与教育 [M]. 江苏教育出版社，1998：6.

在胜者为王的竞争环境里，只有确定自己能超越他人时，学生才具有学习的动力。无论他做得多好，也不能保证他会有成功的感觉，因为别人可能做得更好。学生对别人可能做得更好心存恐惧，从而使学习变成了令人害怕的事情，当恐惧成为刺激，成就动机会不断增强，但其成就取向不是指向学习的成就而是指向避免失败的发生。学生的注意力都集中在表现本身，不再重视学到了什么，也不关心学习对生活的意义。它让学生远离真正的成就，引发学生嫉妒性的比较，所以这种竞争学习带有伤害性，没有人愿意在这样的环境中待一天，最终导致学生丧失了对学习的热爱。在竞争的环境里，不管怎样安排奖励，学生的努力都面临着威胁。奖励的结果是只激励了那些最不需要激励的学生，即已经成功的学生，而那些最需要鼓励的学生却是受竞争打击和威胁最严重的群体，这意味着竞争、奖励神话的终结。教师要努力为弱生创设成功的机会，在班内创设合作而非竞争的氛围，满足弱生对成功的需要。

②满足弱生对安全的需要：温和干预

坚持少惩罚学生的信条。弱生长期体验失败，导致自我概念比其他学生要差，他们通常认为自己的适应能力差，而且对这种不适应比其他同学有更强烈的主观感受，因此自尊受到威胁。当自尊受到威胁时，学生就会产生消极情绪和不安全感，消极情绪一旦出现，便会不断得到证实，使学生越发感到受威胁，越发感到不安全，这种消极的学习经历、不安全的自我信念使学生情绪低落，掩盖了先天的动机，导致了学生的失败。多次的失败经历使得他们逐渐适应了自己的失败，对失败的情绪反应导致他们在别人拒绝他们之前就拒绝别人，以保存尊严。因此，不安全感是低自尊和问题行为的源头。

惩罚是在改变学生行为的过程中，有意让学生感到内疚、耻辱、后悔或恐惧。因此，惩罚的目的就是让学生感到不安全。表面看来，很多弱生好像需要的正是惩罚。很多教师也相信惩罚的必要性，认为问题行为出现后立即给予惩罚，就能导致行为频率及重现的可能的降低。而且使用惩罚可以带来情感上的宣泄，并表现了一种优越感、权威感，让教师感觉良好，因此，很多教师对惩罚情有独钟。但惩罚的效果绝非教师以为的那样。教师的惩罚行为基于如下预设：学生知道行为的后果，并是在考虑了被抓获的可能性后进行了不正确的行为。其实，很多学生很少考虑行为的结果，他们常常受情绪的驱使，凭一时冲动行动。因此，惩罚对改变学生的行为无济于事。惩罚的另一个假设是教育学生就是为了控制学生的行为，但教育的本质显然不是如此。在教育的本体论、孩子的引路人的意义上，是儿童赋予成人教育权威。教育权威很容易被误认为是控制、施加权力，对此我们必须做出教育性思考。通过孩子的给予而具有了权威的成人们需要清醒地意识到孩子的需要。只有当权威不是以武力而是以爱护、关心和对孩子内在的接受为基础时，成人才能对孩子施加教育的影响。因此教育权威从某种意义上看是与一种要求成人为孩子服务的道义相匹配的。教育是一种关心行为，绝不是控制。

首先，使用惩罚控制行为的代价是使学生产生怨恨，激发出学生实施报复的愿望，而且为学生提供了使用攻击性手段的典范。我们不能解释为什么教师可以用攻击性手段，学生却不能。其次，惩罚无益于消除学生行为的潜在原因，只有惩罚学生的人在场，学生表现出不当行为的概率才会降低。惩罚只是暂时抑制了问题行为的表现。这是惩罚的本质缺陷，这一缺陷弥补了，学生的不当行为也就消失了。最后，惩罚是硬性干预，威胁了学生自尊的需要和安全感。所以惩罚手段不符合我们的需要。要转化弱生，必须坚持少惩罚学生的信条，教师必须学习如何不诉诸惩罚手段而管理学生的问题行为。

温和干预是让学生在安全感中改变行为。不使用惩罚，教师应该怎样转化弱生呢？对问题行为的干预是一个行为的连续体，从轻到重包括教师在场、身体靠近学生、摆出某种姿势、要求孩子积极行为、身体提示、直接言语命令、直接行为干预（训斥、体罚等）等渐进手段，越发粗暴的干预连续体会带来行为上相应的升级。弱生转化的目标是以一种经济的、理性的、有效的方法来制止问题行为。温和干预就是一种有效的方式，是无须惩罚就可以解决问题行为的策略。温和干预指温和进行的任何让孩子立即停止破坏行为的手段，惩罚除外。温和干预中，一般不对学生的问题行为进行直接干预。在成人不干预的前提下，学生的行为决定有一个自然的结果，好的决定带来好的结果，不好的决定带来差的结果。很多教师会进行直接干预，以保护学生避免自然结果的伤害。

但在彻底消除问题行为上，教师发号施令直接进行干预常常无济于事。直接干预不仅导致遭受干预的学生的怨恨，并且会阻碍学生学会如何做出正确的决定，阻碍学生为自己的决定负责，时间长了会导致师生之间的关系剑拔弩张，也使学生无法内化稳定的决策过程。进行温和干预来打断行为使得干预不那么冒昧，不会威胁到学生的尊严，能保证学生不论情感还是身体上都是安全的，满足了学生的安全的需要，利于改变学生的行为。若干预不威胁到学生的尊严，学生通常有较好的反应，更有可能改变自己的行为。

实施温和干预时，教师要忽视学生的问题行为，调整并使他们转向一些适当的、被认可与表扬的行为。或者用行为的逻辑结果进行温和干预，逻辑结果指学生的行为与其意料之中的或必然的结果之间的关系，不负责任的行为将导致特权的丧失。逻辑结果不是惩罚，只是减少特权。如，学生在走廊奔跑，扰乱别人，对这种行为的温和干预不是让他留在教室（这是惩罚），而是让他跟老师一起走在队伍的后边，发挥在走廊中行走的自我控制能力。必须区别真正的逻辑结果和伪装后的惩罚。教师要让学生相信，教师不会惩罚他，他的情绪和身体都是安全的。这并不是说教师同意学生所做的一切，也不是说无论学生做什么，教师总要控制自己的情绪。对于任何控制学生行为的干涉活动，教师都应该以一种平静的、胸有成竹的方式进行，以维护学生的尊严。

③满足弱生对控制的需要：自我选择与自我控制行为

"人的类特性恰恰就是自由自觉地活动。"自由是人类的本性，缺少了自由，人就被异化为奴隶，成为一种会说话的动物。外界控制下的改变是人的异化，也是教育的异化。然而，弱生确实需要对行为的控制，由于学生的自我控制力差，又不愿意被来自外界的成人控制，因此教师能做的就不是控制他们，而是教会他们控制自己的行为。

让学生自我选择行为。自由是德行的基础。存在主义认为，一切价值的第一原则与道德的基础正是人的选择这一事实，所以任何道德体系的目的应当是扩大所有人的选择自由。人的价值源于个人经验，价值是个人自由选择的结果，而不是教授的结果。个人的道德品质不可能在一味顺从的前提下形成，只有通过对概念、规范的认知理解，依靠自己的经验对种种道德取向、规范加以自由选择，形成自己的道德判断，才能做出一种自觉自由的自律行为。学生喜欢选择，有着选择和控制自己学习活动的需要，选择满足了学生对控制的需求，让他们有掌握大局之感。面对教师的直接干预，学生常处于两面不讨好的位置：实施行为就要承担后果，接受惩罚；如果不做，就是在同学面前向教师认输，尊严扫地。让学生停止一种不受欢迎的举动时，使他做出自我选择很有效。此时，提问"你现在该干什么了？"比命令"马上放下你的书"更有效，而且私下交流比公开命令有效。即使是以要求的形式提出选择也是很明智的："你想做阅读理解还是填空？"停止计划不如替代计划有效，因为停止是教师的命令、控制，替代是学生自己的选择。教师应给学生提供一些可以自己选择任务变量的机会，如：让学生选择活动的类型、掌握的水平、努力的程度以及奖赏的类型。给学生的选择越多，学生的控制感就会越强，行为就越容易进行。

让学生自我监控行为。弱生的行为需要得到控制，然而学生对外在的控制具有本能的抵抗，由于学生自己具有强烈的控制欲望，因此，教师只能引导学生走向自我控制，利用学生的控制需要，改变学生的行为。教师要引导学生参与到制定守则、规范的过程中，让学生自己完成必须从班级中清除的行为的清单的制定。人是理性的动物，教师可以通过追问为什么，深化学生对规范的认识，然后与学生形成约定、达成契约。教师可利用角色扮演强化学生的行为。每当学生成功执行计划后，教师衷心表扬学生执行计划的能力。在执行计划转变为常规后，教师要帮助学生反思是什么让教师使用惩罚，让学生明白，教师并不是毫无根据地做出这些行为。学生必须有能力确认哪些行为会导致什么后果，并为这些行为负责。教师要通过讨论而不是简单的告诉，帮助学生思考应该怎么做。教师要信任学生，允许他们独立决定，然后体验这些决定的自然后果是好还是坏，这样做可以让学生不断学习与行为相关的技能，并积极自我监控目标技能的掌握情况。教师定期在课堂中观察学生对这一技能的掌握情况，并给予学生强化和反馈。在此过程中，教师逐渐放弃控制权，使学生逐渐认识到自己对行为的责任，直到师生建立一种平等的关系。教师正确地放弃权利后，学生会认识到，在平等的关系中，控制并不是来源于权力和统治，而是来自自我。

　　④满足弱生受保护的需要：与弱生建立支持性关系

　　弱生常常已经失去了先天的获取知识的动机，他们渴望被需要和被接纳，需要安全感和受保护感，而不只是扩充知识的欲望和动机。不幸的是他们很少有机会表达出这些需要。很多教师把教育责任、教育的意义看得过于简单，认为教育就是简单地向学生传授知识和信息，这使得我们的注意力从孩子身上移走，远离了教育中人的感情因素，导致弱生连一些最基本的需要都得不到满足。教育是一种使命，在范梅南看来，"使命"在词源学的意义上有召唤的意思。① 教育的召唤就是那种使我们聆听孩子需求的召唤。孩子们需要安全、稳定、指导、支持。在具有安全感的环境中孩子学得最好。"一个孩子在安全的环境中成长和探索意味着孩子感受到某个或某些成人的关心和爱护。"从词源学上看，教育学（pedagogy）是希腊语中的"pedagogue"一词派生出来的，后者的语义是"教奴"，其职责是"引路"——陪伴孩子并与他们一起生活，以便为孩子指引方向并关心和保护他们。因此，教师就是站在关心孩子的位置上的人。不管发生什么，"我都在这，你可以相信我"。成人的责任就在于满足孩子对一个自身受到保护的环境的需求，这个环境的特征是：在其中，孩子与照顾自己的成人建立和谐的人际关系。孩子们直接、间接地授权给成人，使成人对确保孩子幸福和走向成熟的自我责任做出道德和道义上的反应，即"儿童赋予成人教育权威"。只有当权威不是以武力而是以爱护、情感和孩子内在的接受为基础时，成人才能对孩子施加教育的影响。教育权威在某种意义上意味着一种要求成人为孩子提供的道义服务，教育关系实际是一种建立在服务关系上的关心关系。教育关系不仅仅是实现目的的手段，它是一种充满了痛苦和欢乐的强烈情感，是孩子生活的一部分。因此，教师必须与学生建立一种合理的教育关系，帮助他们建立并维系与成人之间的支持性关系。

　　与学生建立支持性关系，教师要对每一个学生表现出真诚的关注和接纳，给学生提供足够的支持。这种支持应确保学生在社会、情感和学

---

　　① 范梅南. 教学机智——教育智慧的意蕴 [M]. 李树英，译. 教育科学出版社，2001.

业等方面获得成功，让他们不用担心失败。教师必须强调合作的课堂结构和掌握目标，而不是竞争的课堂结构和表现目标。要保证即使学生举止不当，也会尊重学生的尊严；要向学生证明，学生才是最重要的。教师与学生建立关系的进程必须是循序渐进的，它的前提是信任。信任不是轻易就能赢得的，需要时间来培养。让信任自行发展，速度会非常缓慢，教师可以通过各种努力来加速信任的发展。活动是建立关系的媒介，教师参与学生感兴趣的活动，可以培养信任。教师可以花时间和学生一起做一些他们感兴趣的事，如打篮球、聊天、和学生共进午餐等。教师不能在活动中发号施令，学生选择活动、选择程序，他无论选择什么都应该被接受。游戏不应清楚地区分胜负、谁快谁慢、谁好谁差，从而让学生感觉到身体和情感上是安全的。要记住：原则是教师融入学生的世界，而不是展示成人的世界。若在学习过程中得到教师的尊重和支持，学生自然会以很高的热情投入学习。教学不是信息输入、处理而后输出的技术过程，而必须以爱护和关心为中心，不安全的信念会掩盖学生先天的学习动机，建立和谐的人际关系可以另辟蹊径地维护这一动机。

每个教师在教学生涯中都会遇到一些后进的学生。弱生转化能否成功，主要不是取决于教师的技术，而是取决于他对学生的关爱之情。教师只要对学生付出真挚的爱，就会意识到学生的需要，就会采取积极的措施满足学生的需要。弱生转化需要有教育上的理论根据，我们必须在深思熟虑的教育思考后重建关于如何教育学生、促进儿童成长的价值观和信念。"只有不会教的教师，没有教不会的学生"，的确，教育本是脑力活，巧用情智才能成功。转化弱生，需要的就是教师在正确的信念支撑下满足学生需要的智慧。

（2）调节弱生的成就感情

弱生转化的目标之一是学业成就的提高。在学业成就的获得上，成就感情是一个非常重要的决定性因素。调节弱生的成就感情，是一个行之有效的转化弱生的策略。

①成就感情的产生机制

成就感情的"控制—价值理论"认为，"对控制和价值二者的评价所产生的成就感情是必需的"。成就感情的强度由主体对可控性强弱的评价与对主观价值大小的评价的综合结果决定。如果两者缺一，则不会引发成就感情。这意味着"控制评价和价值评价是决定成就感情是否产生的因素"。积极、有增力作用的成就感情是在对活动可控性的良好评价和对活动本身或活动结果价值的积极评价的作用下产生的。

成就感情的产生依赖于感知到的活动的可控性和价值。如果活动可以控制且具有积极的价值，就会激发快乐且愉快的程度最高。当主体认为活动具有的价值很大，但是没有足够的控制感，活动固有的障碍不能被成功处理，就会产生挫折感，焦虑感的强度最高。如果活动的价值既非积极也非消极，便会引发厌倦。如果活动有可控性，但是有消极价值，就会引起愤怒。例如，学生如果认为学习内容有价值并有能力掌握这些内容，他就会喜欢这些学习内容，喜欢这一感情对学习产生增力作用。反之，如果他对这些内容不感兴趣（活动具有消极价值）且不知道如何学习这些内容，活动缺乏可控性，那么，学习将是一件不愉快的事情，这种感情就会对学习活动产生减力作用。如果一个学生预感到他在即将到来的考试中将会失败且自身对此无能为力（活动缺乏可控性），但是这次考试的结果又关系到是否能够从事期望的职业（很有价值），该生将非常害怕这次考试。反之，如果这次考试不一定会失败，或考试的结果与学生期望的目标没有任何关系，学生就不会产生焦虑。这意味着主观价值调节着感知到的可控性对成就感情的影响。也就是说，价值影响着感情的种类和强度。

如果一项活动及其结果有积极的价值，且与主体的目标一致，就会引发积极的感情。如果活动及其结果的主观价值是消极的，主体的目标是避免该项活动以及结果的产生，那么这项活动便会引发消极的感情。感情的强度是主观价值消极或积极程度，例如，对某些学习材料感兴趣的程度或感知到的考试成功或失败的重要性等的作用结果。如果感知不到活动及其结果的价值，这意味着活动及其结果与主体无关，除了被无价值的活动引发的厌烦之外，主体什么感情也不会产生。感情、产生感情的前提——评价、感情的作用是相互联系的，成为一个反馈循环，"控制—价值理论"认为感情可以被选择进入这个反馈循环的任何因素调节和改变。

②成就感情的调节

既然活动的可控性和价值影响感情的产生，控制评价和价值评价是成就感情产生的最相关的因素，那么我们可以从"控制—价值理论"得出，影响这些评价的变量也能影响作为评价结果而产生的感情。通过影响对控制和价值的评价这种认知因素，就能对各种感情产生影响。

影响评价的因素可以区分为两种。一种是个体的内部因素，如个人成就目标，"不同的成就目标帮助将注意力聚焦在一套特定的相关行为和相关的结果的评价上"，"与控制相关的信念（即能力的自我概念）和与价值相关的信念（即个人兴趣）能影响评价和作为评价的结果而产生的成就感情"。例如，如果一个学生有良好的关于学术领域的成就的控制信念，这些信念的激活将导致其对挑战性的任务做出可以做到的评价，并产生相关的积极的感情。"对成就的期望、对成功和失败的归因等分析也是影响主体评价的因素。"如果感觉到的可控性较强且焦点集中于成功，就能够产生预期的快乐。例如，当一个学生希望能够通过即将参加的考试，他可能只是简单地期望能够获得好成绩。另一方面，如果关注的焦点是失败，则高度的主体控制隐含着失败能被避免的期望，这种情况下主体就会经历预期的放松。如果一个学生注意到他为考试的成功做好的准备将能阻止预期的考试失败，自己可能在不必要地担忧，他将会体验到放松，即使考试还并没有开始。如果只存在部分的控制，表明成功或失败的结果对主体而言是不确定的，关注成功则产生希望，将焦点集中于失败则产生焦虑。最后，如果无法取得成功而失败无可避免，希望和焦虑将转变为绝望之感。换言之，认知关注无法达到的成功或无法避免的失败时，便激发了绝望的体验。有些感情被成功和失败的因果归因所激发，将成功和失败归因于自我就产生骄傲和羞愧，归因于他人则引发感激和愤怒之情。

另一种影响评价的因素是外部环境。与社会认知学习理论一致，"控制—价值理论"认为环境对个人成就感情的影响在很大程度上被"控制—价值评价"调节。这意味着，影响学生评价的环境因素应该对激发他们的感情很重要。在日常的课堂教学情境中，由于重复的经历，"情境感知、评价、感情总是以相同的顺序出现，随着时间的推移，成就感情能习惯化"。评价不再是有意识注意的焦点。这意味着仅仅是感知就足以引发感情的产生，不需要以评价为中介。一个对课堂具有积极体验的学生在进入课堂之前，就会感到预期的快乐，不需要对与课堂有关的期望或价值的精细处理。对弱生来说形成的则是消极的习惯化的成就感情，它成为影响学习的减力因素。然而，不管什么时候，只要新的经历与已经存在的流程相矛盾，这些流程就被打断，被更新的评价过程所取代。这样，感情可以被调整适应于新的环境条件。这意味着创设情境，提供新的刺激、设计新的学习活动，就能帮助弱生克服这种消极的习惯化的成就感情。

"控制—价值理论"意味着学生的成就感情可以通过改变对主观上认为的可控性和与成就活动、成就结果有关的价值的评价而被改变。这可以通过塑造学生的学习环境实现。下面描述这种环境中重要的相关因素。

学业环境的认知质量以及隐含的任务要求、能力要求、学生感知到的对任务的可控性等因素都能影响学生对学习材料的价值评价。通过很多不同的机制，包括口头传达信息和由有意义的他者传达更直接的信息，环境可以塑造作为学生感情基础的兴趣和价值。结构清晰的、能激活认知的材料和与学生能力匹配的有挑战性的任务要求有益于培养学生的能力和兴趣，积极地影响了他们的评价和感情。因此，匹配学生需要的学习任务以及符合学生兴趣的真实性任务对学生而言是有益的。如果任务要求过高或过低，那么就像前文论述的一样，会引起厌倦。重要他者的期望能提高学生的控制感。

成功与失败的反馈所塑造的期望和感知决定了学生对未来表现的价值的评价，影响了学生的与活动结果相关的成就感情。教师对学生表现的原因的分析隐含着关于可控性和行为的价值的信息，这对于学生产生成就感情非常关键。"控制—价值理论"意味着教育者能够做出努力，通过改变弱生的评价而改变他们的感情，从而改变学生成就。

（3）为弱生提供学习帮助

①问题跟踪：及时解决问题

"教学就是解决问题。"针对问题用适宜的方法可以使教学效率最大化。也就是说，不明确问题的教学往往造成较大的浪费。问题跟踪即跟踪弱生遇到的具体问题，可以使教师具体地把握自己的教学问题。

②导生制

激励优生做教师的助手，在较大范围内对弱生进行个别指导，促使优生带动弱生发展，这些优生就叫导生。导生制的规范化大致要经过四个步骤：其一，消解学生的顾虑，如优生担心影响自己的学习，而弱生怕丢面子等；其二，培训导生，使之对弱生有感情，熟悉指导方法；其三，落实时间，定期活动；其四，及时总结，奖励先进。

③培养弱生元认知能力

教师结合内容讲授出声思考的策略知识。出声思考需要学生思维的积极参与，所以，教师首先要营造思考性的环境，提出的问题要具有思考性。在要求学生进行出声思考前，将策略的关键点、含义、意义、使用的目的、使用的条件给学生讲解清楚，并且要让学生明白如何对策略运用的成功与否做出正确评估。

让教师的思维"看"得见。在教学过程中教师大声地描述自我监控时的思维过程，使得监控过程中不被直接观察的心理过程清晰地呈现在学生的面前，这样教师不仅讲解了教学内容，而且在不知不觉中对学生进行了元认知示范。元认知示范可以使学生准确地认识和体会自我监控的过程，减少模糊的认识和猜测。教师在进行元认知示范时要使学生意识到运用策略的条件，向学生展示运用策略的切入点，并加以提示。教师可以有意识地提供多种范例或设置多种情景进行示范。

让理由"看"得见。只有让学生在学习过程中讲出自己解决问题时所依据的规则或理由，叙述并评价自己对问题的解答、思考过程的优缺点，发现并述说解题过程中可能不同的思维方向等，才会对问题解决发生影响。这种过程能使在正常情况下短时记忆中不会有的一些信息进入短时记忆，使问题解决过程中出现新的加工成分；能使大脑意识从指向信息加工的内容转为指向信息加工的过程，从而使学生意识到自己在做什么、是怎么做的；能使问题解决者重新审视自己的思考过程，有利于从长时记忆中提取出与问题有关的新知识，并理解这些新知识在问题解决过程中的作用。也就是说，解释理由能引发大脑执行加工过程，如调节、计划、注意问题特征等，因此效果好。所以，在出声思考过程中教师要引导学生说出理由。学生在出声思考时说出理由的另一个原因是，自我监控虽然有效，但学生并不一定能自觉地使用该法，因而调动学生自我监控的过程需要外部线索的提示和督促。教师通过向学生提问"你为什么那么做？""你是怎么确定这些步骤的？"而要求学生提供每一步选择的理由，这可以促使学生把注意力从问题本身转向自己在解决问题时的思维加工过程，即可以激发元认知加工过程，使学生对自己的认知过程进行更好的监控、评价、调节、修正。

让基于合作的思维"看"得见。同学之间相互提问，轮流当老师，互相教，能使学生自然地运用出声思考的方法。出声思考的过程是一个将内部语言转化为外部语言的过程，起码需要符合下述要求：内容必须更有条理、更加精炼，思路更加清晰。内部语言的特点是不清晰、只有朦胧的意识，而外部语言则对逻辑性、清晰性要求较高，我们知道对某件事情的清楚解释将优化对后续的有关该事件产生的可能性的判断。因此，让同学之间就各种问题展开讨论，可以形成由"合作"而产生的最佳问题与策略。

制定"程序化"自我提问清单。在开始阶段，学生自我监控等元认知策略的使用需要教师与同学的提问的激发，但元认知调控毕竟是一种自我行为，最终还是要转换为自己的内部反馈，所以在元认知训练过程中应逐渐将外界的帮助撤去，训练学生运用自己的言语活动调控自己的思维。教师可以给学生提供一个结构化的问题清单，问题由必须理解题意才能给予正确回答的问题组成，并"将提问内容程序化"，这是一个有顺序的心理操作步骤核对清单，通过这些步骤，一个具体的思维程序可以被有效地执行，这个清单不是直接告诉他们各个步骤，而是通过要求学生按照问题序列执行各步骤，使学生的自我提问程序化。

三 教育结果的公平

（一）教育结果公平的基本观点

教育结果公平强调的是将教育无法控制的变量排除之后，教育系统自身的变量对学生学习结果所造成的影响是平等的。具体而言，它包括以下几个主要观点。

1. 不是追求教育结果的绝对平等

教育结果公平的核心思想是无论学生之间家庭条件、智力水平等先天因素的差距如何，通过教育的过程，每个学生都能够获得平等的教育上的增量，这部分的平等才是真正意义上的教育结果公平。

2. 关注学生个体的成长

为教育结果或学习结果设定一个较高的基本标准，并要求所有学生达到这个标准，不让一个孩子掉队。其基本含义是"让所有学生都达到国家规定的、较高的学业成就标准（都达到统一标准）"。为了达到教育结果的公平目标，主张在教育过程中"因材施教"，让每个学生都能接受适切的教育，在教育资源配置方面也应提供多样性的教育，保证他们获得公平的教育结果。

3. 教育结果公平依靠教育机会公平、过程公平的实现

教育机会公平、过程公平的实现对教育结果公平有促进作用；教育公平的实现是一个发展的过程，教育结果公平的发展进程对机会公平的进一步实现也有制约作用。教育结果公平可以作为一种客观的政策评价与监测工具，从对教育结果的监测中，多层面地收集学生、家长、教师以及学校的背景信息，可以全面了解教育机会公平和教育过程公平的执行状况，为教育政策提供决策依据，从而更好地促进教育机会公平和教育过程公平的彻底实现。

4. 教育结果公平可以通过教育结果的客观表现来测量

教育结果包括教育产出和教育影响。一般来说，基础教育阶段学生所获得的教育结果包括了学生在测验中的学业表现、思想道德水平、体育健康能力、心理素质水平、审美意识和劳动技能水平，落实到测量层面的主要是学业表现。随着国际标准化测验的发展，国际教育领域倾向于将能够反映学生所学知识和技能的测验结果作为教育结果直接的测查指标和内涵。这样定义的教育结果不是价值、信念或态度等心理层面的东西，而是指学生应用所学的概念、信息、观点、工具的一种行为或表现。

（二）促进学校教育结果公平的策略

1. 增强社会流动的开放性

学校作用的发挥取决于多种因素，根本上取决于社会流动的开放性。特纳认为社会流动有"竞争性流动"和"赞助性流动"两种。在竞争性流动系统中，向上流动更多依赖于个体的能力和努力，学校对个体的选拔可以不断推迟，流动希望总是存在，失败也归因于个体；在赞助性流动系统中，精英通过学校的分层很早将个体分类，即个体社会地位在人生早期就被确定了。德国是赞助性流动系统的代表，实施早期筛选制度，家庭社会经济地位对学生成绩有高度影响，使学校对社会分层的调节作用受到限制。我国目前普遍存在的小学和初中择校现象，客观上是一种早期筛选。在早期筛选中，社会经济地位高的家庭占有优势，其子女更易进入优质学校，在竞争性考试中获得好的成绩，最终凭借良好的文凭资格获得较好的职位；而社会经济地位低的家庭，其子女在早期筛选中易于落败，丧失向上流动的机会。择校是对社会流动机会的争夺，择校的问题是社会流动机制的问题，而不是仅靠均衡学校资源能够解决的。

2. 促进社会融合

资源的均衡不是教育公平的全部。以美国为例，众所周知美国各学校的办学条件和师资水平没有显著差异，但在生源结构上的差异导致学生学习结果出现显著的差异，这导致大众对社会公平程度的强烈不满。此外，欧洲一些国家在二战后，曾在公立学校发起社会阶层融合运动，缩小社会经济地位对学习成绩的影响，促进社会阶层的流动。虽然我国不存在欧美国家的上述问题，但存在学校间社会经济地位的差异问题，这同样会对学生的成绩产生影响，使学生对社会的认知受到影响，并且影响到学生接受义务教育后的教育机会和就业机会。从这点上说，学校内学生出身的融合是社会融合的基础，是社会和谐的基础。

在学校资源均衡的状况下，依靠严格执行就近入学政策，并不能自动实现生源结构的均衡。居住社区的分化必然造成学校生源结构和社会经济地位的分化，然后造成新的学校间的不均衡。因此，义务教育均衡发展还需要社区和住房政策的支持，而不仅仅是教育部门的责任。

第四节　构建家庭教育和学校教育
融合发展的模式

儿童的成长和发展是多方面教育影响的结果。家庭教育与学校教育作为促进儿童成长的两种重要教育形式，各自具有独特的教育作用，呈现着不同的教育优势，二者形成教育合力，对儿童身心的健康成长具有重要的意义。

一　家庭教育与学校教育的特点

随着社会的发展、时代的变迁，家庭教育与学校教育呈现不同的发展态势，在很多方面存在不一致的地方，因此，在二者合作的过程中，不免出现一些问题。这就需要深入分析二者的特点，厘清家庭教育与学校教育合作过程中存在的问题。

（一）教育理念的特点

教育理念体现着教育的理想、教育的信念与教育的信仰。教育理念指引着教育的发展方向，引领着教育者的教育行为。改革开放以来，我国的家庭教育与学校教育获得了巨大的发展。教育实践的丰富，既为学校教育提供了发展的空间，也为家庭教育提供了有益的经验，二者各自的价值取向都存在着一定的倾向性。人类的教育活动是一种理性行为，理性行为就是一种有目的、有意识的行为，就是在一定理念引导下的主动行为。尽管家庭教育在具体表现形式上，是在家庭这个相对封闭场所中的个体行为，是融于生活烦琐事务之中的行为，年长者在生活中不经意间的行为对年幼者的心灵会产生巨大的影响，但是，年长者的无论是经过精心策划的行为还是自然的行为，都体现着一定的家庭教育理念。而学校教育则相对制度化、规范化与标准化。

伴随着历史与现实的逐步演进，家庭教育形成了具有时代特征的家庭教育理念。例如，家庭教育是"一切教育的基石"，它是个体发展的基础，是社会进步的根基，家庭教育对教育的成功、对个体的全面成长具有不可替代的作用；"家庭教育是服务"，家庭教育是一种责任、一种义务，更是一种恩情的回报，即应通过家庭教育，使家庭中的每一个成员的生命价值获得呈现；"家庭教育是理解和尊重"，儿童是独立的个体，具有独立的人格，家庭教育要理解更要尊重儿童的独立个性，要遵循其身心发展规律，允许其犯错误，给予其探索世界的自由，只有这样，才能引导儿童逐步走向完善。

家庭教育是学校教育的基础，重在培养儿童的习惯。学校教育与家庭教育相比较，其教育理念有所不同。学校教育体现着国家的意志，强调"全面发展"，注重学生德、智、体、美、劳的协调发展。学校教育强调"整体"，注重将个体引入群体，通过集体生活，引导学生确立整体观念，逐步步入成人社会。学校教育强调"人的塑造"，通过学校生活，学生在知识、能力、品德等方面都会获得积极的提升，在理想、人格、信念等方面都会获得锤炼，进而各方面逐步走向完备，成为一个身心健康、具有追求的人。学校作为准社会，重在将社会价值导向、社会行为准则与社会道德标准，通过具体的教育活动逐步内化为学生的内在素养，逐步丰富学生的社会性，为其走向未来的社会打下坚实的基础，使其符合社会的需要，能够更好地融入社会生活；同时，将不成熟的学生逐步打造成道德素养较高、能力较强、具有先进意识的国家公民，进而使其服务于国家发展的需要，实现学校教育促进社会进步的目的。

（二）教育目标的特点

教育目标是教育理想的集中表现，是教育活动的主旨、教育活动的枢纽。教育目标是教育目的的具体化，是教育活动遵循的行动纲领，它不仅是教育目的的重要组成部分，也是决定教育目的能否实现的重要因素。教育目的与教育目标是两个相互联系的概念。教育目的是一定社会中人们对理想人格的抽象，教育目标是对这种抽象的具体；教育目的是社会主流文化的价值显现，教育目标则更具有个性特色。

依据社会发展的现实，家庭教育的目标主要涉及以下几个方面："引导儿童理解生活"，为儿童奠定独立生活的基础，如掌握生活技能、学会自理、热爱劳动、养成好的生活习惯等；"培养孩子健全的个性"，培养儿童的主动性、积极性和创造性，培育儿童独立的承受能力等；"培养孩子的沟通、合作能力"，引导儿童学会交往、学会合作、学会竞争，引导儿童学会正确处理与他人、与集体、与社会的关系；"培养儿童完善的道德"，引导儿童学会自尊、自爱、自律，帮助儿童学会辨别善恶美丑，逐步将儿童培养成为一个道德完善的人。

比起家庭教育，学校教育的教育目标有所不同，作为制度化的教育，学校教育的教育目标更强调"知识的获取"，当下的学校教育更加突出这一点，科学知识的传递成为学校教育的一个重要目标。在注重知识传递的背景下，学校教育强调"学生的未来发展"，通过突出升学率、突出成绩，推动学生的发展。学校教育要突出政治性，要培育"社会主义的建设者与接班人"，要具有先进的意识与远大的理想。学校教育的着眼点倾向于当下学生的发展，除了考虑学生自身发展的因素之外，学校教育也强调通过对学生的培养，推广自身的教育理念，扩大自身的教育影响力，实现学校自身的社会功能。

（三）教育方法的特点

教育方法是对人们教育实践经验的概括和总结，是实现教育目的、完成教育任务、联系教育者与受教育者的手段。教育方法影响着教育效果，制约着教育的实施，关系着教育的进程，因此，选择恰当的教育方法，将有助于教育活动的有效开展。

家庭教育的方法更突出"示范性"，通过家庭成员的示范，引导儿童模仿，培育其内在的观察力，锻炼其思维的敏锐性，给予其发展以积极的影响，引导他们积极向上，从而促进儿童良好习惯的养成，丰富儿童的精神生活。因此，家庭成员要以身作则，加强自我修养，确立身教的意识，起到良好的示范作用。同时，家庭教育注重"启发性"，父母通过耐心的讲解，引导儿童明白事实、提高认识，确立正确的行为导向。启发式的教育方法符合孩子身心的发展规律，因此，父母要积极采用谈话、讲故事、暗示、欣赏、批判等方式，引导儿童健康地成长。另外，家庭教育强调"感染性"，父母通过营造良好的环境，使儿童置身其中，在耳濡目染中养成良好的行为与生活习惯，有助于儿童的长远发展。

学校教育的方法相对于家庭教育的方法，则更突出系统性、规范性与强制性。相对于家庭中的儿童而言，学校环境中的学生则更成熟，因而学校教育相对于家庭教育更强调统一性与整体性。学校教育重视系统知识的传授、各项技能的训练，所以，教育方法没有家庭教育灵活，缺乏针对性，很难照顾到个体的差异。学校教育常用的方法，如谈话法、实验法、讨论法、实践法等，属于依据一定的教育教学规律、原则以及学生的身心发展规律制定出来的引导学生全面发展的系统的、科学的方法体系。其根据教育目标、教育内容以及学校的特征，选择相应的教育方法，依据具体的教育情境灵活运用，最终促进学生的全面成长。学校教育的教育方法不是固化的、刻板的，它是多样的方法综合运用的结果，其最终的目的就是践行教育的主旨，实现教育效果的最优化。

（四）教育评价的特点

家庭教育是指在人类社会家庭生活中，家庭成员之间的持续的教育和影响活动。"家庭教育没有专门的教育机构、专职的教育人员、固定的模式。"家庭教育不是静态的，而是动态的；家庭教育的效果也是变动的，不是固化的。家庭教育的评价不是模式化的，没有固定的标准，其具有长期性和连贯性。家庭教育是终生的教育，具有持续性，它不是阶段性的，无时无刻不在影响着孩子的发展，因此，可以说家庭教育评价将贯穿于孩子的一生，伴随着孩子的成长。家庭教育的评价方式是多样的，取向也是多维的，家庭教育评价没有系统的、周密的评价体系，但是与孩子成长有关的一切方面都将被纳入其评价之中。家庭教育评价具有反复性。家庭生活不断重复，家庭教育随之不断进行，孩子的各种行为也具有反复性，因此，家庭教育评价同样具有反复性。

学校教育相对家庭教育而言，在不同的阶段，有一套规范的、系统的评价方式，评价方式相对固定，主要是终结性评价，以考试、分数作为主要的评价方式。学校教育的评价是阶段性的，而家庭教育则是终身性的。学校教育评价是有计划的、系统的，由专职人员来开展相应的评价活动，而不是随意的、无组织的。学校教育评价是为了推动学生向下一阶段的快速发展，当下的学校教育评价存在着功利化的倾向，没有很好地关注学生的未来发展，其出发点与归宿与家庭教育具有一定的差异性。学校教育的评价相对而言具有规范性、规约性与评判性，但还是不够全面的，着眼点和家庭教育是不同的，所以结果是不一样的。

随着社会的发展，人们对教育、儿童、教育规律的认识逐步深化，学校教育和家庭教育的差异正在逐步缩小，向着统一和融合的方向发展，但是，如何减少差异和解决二者之间存在的矛盾、加强家庭教育和学校教育的联系与配合，依旧是我们所不能忽视的重要问题。家长与教师必须深化认识，理清思路，在思想与行动中积极地重视，在观念上、思路上以及做法上积极沟通，切实转变教育观念，采取积极有效的沟通方式，真正地解决双方合作存在的问题，实现进一步深入合作，只有这样，才能促进家庭教育与学校教育的联系与配合，实现二者有机融合，进而发挥各自的教育优势，形成教育合力，成为孩子的坚强后盾，最终促进孩子的全面成长。

二 家庭教育与学校教育合作的内容

（一）养成好习惯

1. 学习习惯

学习是人的一种能力，良好的学习习惯是孩子从小应该养成的一个习惯。只有学会学习，一个个体才会获得持续发展的可能。因此，应该注重个体学习习惯的养成。家庭教育是启蒙教育的重要环节，家长应该积极地引导孩子养成读书、写字等习惯，帮助孩子营造一个良好的学习环境。家长也要发挥榜样的作用，营造良好的家庭氛围，只有这样，才能不断地影响孩子的心灵，帮助他养成良好的学习习惯，这对于孩子的未来至关重要。

在通过家庭教育引导的同时，家长也要与学校积极沟通，实现教育的一致性。学校教育具有自身的优势，可以发挥教师的规约作用，通过制度化的教育、教育者的积极约束，逐步帮助孩子养成良好的，全神贯注、专心致志的学习习惯。家长要为孩子创造一个固定的、安静的学习环境，严格要求孩子集中思想、全神贯注，不能养成一心二用的坏习惯。与此同时，要帮助孩子学习，积极地唤醒他的求知欲和好奇心，这样，孩子才会产生持久的学习动力。孩子天生具备强烈的求知欲和探求精神，这是由他们对事物的好奇心所决定的。他们对自己所不知道的事情希望进行探究，因此，家长和教师应该发现且唤起孩子的好奇心和求知欲，最终使孩子快乐地学习。

在学习方法上，家长要对孩子的预习提出明确要求，并检查预习情况；教孩子怎样认真听讲，怎样记笔记；鼓励孩子积极发言、提出问题；指导孩子及时复习，合理分配复习时间，使复习方式多样化；让孩子先复习后做作业，以便及时、独立、迅速地完成作业，并用不同的方法检查作业。与此同时，教师也要帮助孩子制订学习计划，引导其学会制订学习计划，且严格执行计划。除了课堂学习，家长和教师作为教育者也要积极引导孩子学会正确科学的复习方法。与此同时，教育者还要重视以身作则，特别是家长自身良好的学习习惯和家庭良好的学习气氛会影响孩子，有利于孩子良好学习习惯的养成。

良好学习习惯的养成能够促进孩子的学习兴趣，但是，学习习惯有好有坏，孩子的坏习惯有时是受他人的影响而形成，有时是在不知不觉中形成的，它往往与孩子的懒惰、散漫、任性、意志薄弱的个性有关。因此，为了培养孩子良好的学习习惯，家庭教育与学校教育应该保持沟通，家长和教师应该彼此信任，共同了解孩子的心灵世界，帮助孩子逐步成长，只有彼此信任，才能帮助孩子养成良好的学习习惯，最终引导其全面地发展。

2. 生活习惯

随着社会的发展，现代人的生活方式发生了翻天覆地的变化，生活的改变导致了人的变化。改革开放以来，独生子女增多，优质的环境为独生子女创造了良好的生活环境，同时，也带来了很多负面的问题。现在的孩子对家长、对教师的依赖较多，生活习惯不良，缺乏独立判断能力，自理能力较差；遇到难题就不知所措，缺乏自我管理的能力，缺乏劳动观念和动手能力，没有形成很好的生活习惯。

学会生活是未来社会的需要。在童年培养孩子乐观向上的性格至关重要，因为乐观向上的性格是孩子面对人生中悲伤、痛苦与失败的利器。乐观向上是指对未来充满信心和希望而又不断进取的个性特征。只有乐观向上，人的精神才会愉悦，人才会有良好的心态融入生活。因此，教育者要在满足孩子基本需要的基础上，给予他们更多的爱，引导他们对未来充满信心，赋予其发展的希望，进而丰富孩子的精神世界，使其养成良好的生活习惯与形成乐观的生活态度。

在片面追逐升学率的影响之下，学校和社会被认为应该隔离，学校教育也忽视了学生良好生活习惯的培养。学校与家庭应该重视引导孩子不仅学会学习，同样也会生活。学校与家庭要为孩子创设良好的生理、心理和社会环境，在这个环境中培育孩子的自理能力、自我规划的能力与自我发展的能力。同时，要引导其体会生活的价值与意义、理解生活的艰辛与不易。在这一过程中，要引导孩子学会沟通、学会合作、学会包容，使其能够逐步适应复杂的生活环境。只有这样，才能培养孩子乐观向上的性格。

3. 心理习惯

心理健康关系着孩子的未来，心理状态影响着孩子的发展。家庭教育与学校教育要重视维护孩子的心理，培育其强大的内心世界。只有心理习惯良好的人，才能获得巨大的发展空间，才能实现个体的理想。孩子心理习惯的养成，需要家庭教育与学校教育的密切合作，只有这样，才能保障教育的一贯性。孩子心理习惯的养成贯穿其发展的全过程，不可能一蹴而就，因此，家庭与学校应该密切合作，共同采取有效的措施，积极培育孩子健康的心灵。

家庭教育与学校教育应该积极创设良好的文化环境，通过陶冶，使孩子培养良好的情绪，养成良好的情感。引导孩子理解人生的价值与意义，使他们乐观地面对生活。在有意义的体验之中，引导孩子培养多样的兴趣，让他们学会坚持，鼓励他们挑战自己、努力拼搏。在教育中，多赋予他们锻炼的机会，使他们能够养成吃苦的精神，能够坦然面对挫折与失败。这一切对于孩子来讲都是财富，能够使他的内心逐渐强大，养成良好的心理习惯。孩子应该多经历磨炼，无论是家庭还是学校都应该为孩子提供足够的锻炼心智的空间，使他们正确面对挫折与苦痛，形成合理的价值取向，逐步丰富自己的精神生活，能够正确面对生活所带来的一切，进而适应纷繁复杂的社会生活与人生体验。

生活之中除了有美丽、温情和幸福外，也存在着危险、丑恶和痛苦，这就需要人有坚强的心理去面对。具备自主自立意识，是未来发展对孩子的要求，这种意识是创造型人才必备的品格。中国传统的教育向来不太重视孩子自主自立意识的培养，不重视孩子独立生活能力的锻炼，孩子对家庭、父母、教师的依赖性相当大。因此，家庭教育与学校教育要注重培育孩子良好的心理习惯，只有这样，孩子才能成为生活的强者，才能真正赋予生活以美善，才会获得发展的可能。否则，孩子将无法很好地适应社会，成为被动的人，无法迎接社会的冲击，这样的结局是可悲的。因此，良好的心理习惯需要逐步去形成，在生活的点滴中，通过家庭教育、学校教育的共同努力去实现孩子心理状态的逐步提升，最终引导其成为心理强大的人，从而乐观地面对个人发展过程中遇到的一切艰难险阻，创造自身的幸福生活。

（二）生活启蒙

1. 情感的生成

情感一般由理智感、道德感与美感构成，它是人的一种重要的心理品质。情感丰富的人，敢于面对生活的挑战；情感脆弱的人，无法战胜生活的困苦。情感是逐步养成的，不可能一蹴而就，因此，家庭与学校应该积极合作，重视培养孩子良好的情感。

家庭与学校要让孩子乐观和开朗，不要太限制孩子的自由，应解放他们的时间和空间，让他们自由地飞翔，在选择中丰富个体的情感世界。家长和教师要鼓励孩子多交朋友。不善交际的孩子大多性格抑郁，因为享受不到友情的温暖而孤独痛苦。家长和教师要教会孩子与他人融洽相处，良好的相处能够帮助孩子养成乐观的性格。教育者可以带领孩子接触不同年龄、性别、性格、职业和社会地位的人，让他们在接触中丰富自身的情感世界。

家长和教师要注重培育孩子同情、怜悯之心。关心他人是人类生存和发展的需要，也是个人生存和发展的需要。学会关心他人是继承我国优良道德传统的基础，也是社会的需要，它既是社会公德、职业道德的主要内容，也是家庭美德的一个重要组成部分。教育孩子学会关心老师和同学，作为集体中的一员，要懂得热爱集体，重视同学的友谊。要让孩子到同学家玩，也欢迎同学到家来玩，同学有困难尽量帮助，教育孩子不要欺负小同学，不要占别人便宜。爱老师要成为孩子的一种美德。要教育孩子懂得老师工作的辛苦，尊重老师的劳动，听从老师的教诲，虚心听取老师的批评。同时，当孩子获得成绩时，要记住老师的教导之情。只有让孩子学会爱，他才能成为一个真正的人。

教师作为教育者应该成为一个具有远大理想、积极情感的人。因为价值取向不同的人对客观事物会产生不同的情感体验，情感具有感染性，在不同个体的交往中，情感能起到一定的感化作用，成为无形的教育力量；学生又有向师性，他们把教师当作模仿的榜样，教师会使学生在无意中接受自己的情感影响。一位生活乐观、举止优雅、学识广博的教师走进教育世界，能够为课堂带来生机与活力，能够点燃学生求知的热情，激发学生的求知欲，挖掘学生的潜质，给学生带来积极的情感体验，让学生充满朝气与快乐。反之，如果教师总是消极悲观、愤世嫉俗，就会给学生带来消极的情绪情感，使学生心情郁闷和压抑，从而丧失对学习的热情，失去快乐的情感。因此，教师不要把自己忧愁的神色、抑郁的面容以及不愉快的事情在学生面前表示出来，要始终把自己良好的性格、健康的情感展露在学生面前。

此外，情感的生成不要局限在家庭和学校，要带领孩子走入社会、走入自然界，在社会体验中、在与自然亲密接触中，丰富孩子的情感世界，使其成为情感丰富的人，只有这样，孩子的身心才能健康发展，才会适应未来社会的需要。

2. 道德的引领

道德素养是衡量一个人的根本，道德是做人的关键。良好道德素养的形成不是一朝一夕的事，而是一个逐步推进的过程。因此，家庭与学校作为孩子生活的两个重要环境，对孩子品德的形成和发展具有直接而深远的影响。

21 世纪对人的素质要求更高了，他们必须具备很强的生存意识和生存能力、竞争意识和竞争能力。因此，学校与家庭要引导孩子学会生存，培养其面对困境的解决能力与决断能力，使其具备基本的生存技能。在开展生存教育的同时，引导孩子学会关心，进行强调关心他人、关心集体、关心社会、关心生态和人类的生存环境的教育。只有学会关心，才会成为一个有爱的人、一个充实的人。

"茫茫人海中，为什么有的人是好人，有的人是坏人，有的人庸庸碌碌，有的人却有所作为？起决定作用的是教育。"家长和教师作为教育者，首先自身要具有良好的道德素养，这样才能够影响孩子，培育其良好的道德素养。教育者要重视培养孩子的美德，特别是传统美德。引导孩子学会辨别善恶与美丑，学会理解爱，懂得宽容与感恩，同时，引导他们学会节俭、忍让、孝顺，进而使他们养成谦虚、诚实、友爱、勇敢、节制、礼让等优秀的道德品质。在此基础上，培养孩子爱国主义情感，使他们不自觉地产生一种热爱民族和祖国的感情，从而逐步成为道德完善的人。

教师要培养学生爱的能力，它是学生道德的核心。教师要引导学生学会爱。引导学生理智地爱，要爱在心里，不要爱在表面上；要无私地爱，热爱社会，热爱生活，对于他人，要在一定的原则下一视同仁，公正无私，不能厚此薄彼。爱能够激发他们的自尊心、上进心，鼓励他们不断进步。爱要与规则相结合，爱没有了规则会放纵和出格，所以教师对学生既要关爱又要严格要求，做到爱中有严、严中有爱，才能培养学生良好的个性品质。在对学生提出要求时须注意严而有度、严而有方、严而有理、严而有情。一个关爱学生的教师，必然会赢得学生的尊重。教师的爱会影响学生对爱的理解与实践。教师工作的示范性，要求教师在思想、品德、作风、治学等方面严格要求自己，成为学生的表率。教师只有以身立教，为人师表，才能在学生的心目中树立真正的威信。教师必须明确自己的身份，认清自己的地位。凡是要求学生做到的，教师都要率先垂范。一个教师只有具备了良好的道德修养，才能以自己的模范言行去说服学生、感染学生。

赋予孩子参与社会生活的机会，给予他们自由。让孩子在广阔的生活之中，去体验人性的本真，进而逐步磨砺自己。"真正的人才的培养，是基于大量正直和严肃的品质，不断观察自己的缺点并努力修正的结果。"道德的涵养是人一生的事业，孩子只有养成良好的行为道德，才会成为一个敢于担当责任的人、一个懂得羞耻的人、一个有道德的人，因此，教育者要注重对孩子的道德引领，为他们创设一个优质的成长环境。

3. 开启智慧

智慧是人们在掌握大量知识与经验的基础上，熟练解决生活过程中所遇到的各种问题的能力。智慧是使一个人有能力、有远见、能处理事务的综合素质，是由善良的天性、后天的努力和经验结合而成的。缺乏智慧的人，就会丧失生活的勇气，成为怯懦者，无法面对生活的挑战，就会丧失生活中的一切。因此，家庭教育和学校教育要注重培育孩子的智慧，引导其探寻未知的世界，使其感受思索的乐趣与魅力。

家长和教师要注重发展孩子的智力、培养孩子的能力。每个孩子的智力类型不一样，有些孩子善于观察，有些孩子长于记忆，有些孩子富于想象；有些孩子不善于独立思考，有些孩子思维能力强，观察能力却较差。因此，教育者应该根据孩子不同的特点，有针对性地引导他们去发展自己的智慧技能，这是对智力发展的升华与综合。教育者要引导孩子学会认识自己的情绪，只有能够掌握情绪才能成为生活的主宰，从而对人生大事做出抉择，不了解自己真实情绪的人，必然沦为情绪的奴隶。在让孩子认识自己情绪的同时，引导孩子妥善管理自己的情绪，进行自我激励，进而保持高度的热忱。另外，要引导孩子关注他人的情绪，学会处理人际关系，这有助于孩子的全面发展。

教导孩子学会思考，学会在行动之前去判断事情的对错、去思考行动的利弊，只有这样，孩子才会获得成功的可能。在家庭与学校教育过程中，要重视培养孩子思考的习惯，引导其思考自己行为的意义，让孩子懂得行为的后果，在对行为的判断中，懂得个体存在本身的价值和意义，在思索之中培育孩子的进取心。孩子的进取心是其自主性和自信心的体现。没有进取心的孩子往往具有依赖性，这样的孩子安于现状、好奇心不足、缺乏灵性。

家长和教师要激发孩子的内部动力，要激励孩子去思考，珍惜孩子的好奇心，让孩子在活动中体验思索的快乐，让孩子在解决矛盾的过程中，丰富自身的智慧技能。另外，在各种活动中，鼓励孩子积极地竞争，使孩子在实践、探索与合作中，涵养智慧，开启心灵。

（三）塑造理想

1. 个人理想

理想是指路明灯。没有理想，就没有坚定的方向，就没有生活的目标。理想不仅赋予人生活的方向，而且给人以鼓舞，是推动人不断进取的动力。家长和教师作为孩子的指引者，要注重点燃孩子理想的火花，引导其做一个有理想的人。

美是孩子应该追求的理想，应培养孩子健康的审美情趣。美是相对的，而不是绝对的。美本身是矛盾的、变化的，既客观存在，又取决于人的社会存在和社会意识。不但不同时代的人具有不同的审美观念，而且不同国度、不同民族、不同地域的人，也都有不同的审美角度和审美趣味。美与生活密切相关，美源于生活，生活创造美。培养孩子健康的审美情趣，家长首先要注重自身的言谈举止，而且应该在孩子很小的时候就加以注意。

孩子的理想蕴藏在孩子的心中，理想是孩子心中的诉求。通过培育孩子的兴趣、爱好、自主性、主动性、热情等，去激发孩子的理想，使其对未来充满强烈的向往。家长和教师要尊重孩子的兴趣和爱好，要保护孩子的幻想，激发其浪漫主义的情怀。在理想的不断孕育之中，激发孩子对未来目标的向往，引发其对未来事业的憧憬与追求。理想的实现也伴随着艰苦的付出，因而，要引导孩子明确理想也夹杂着苦涩。

家庭与学校要重视孩子个人理想的塑造，一旦无度的行为损伤了孩子幼小的心灵，孩子理想的火花就会熄灭。家庭和学校要合作，帮助孩子接受一整套他们赖以立身处世的社会行为准则，也就是说要教育他们尊重他人的权利，懂得真实的当下生活，恪守社会的法制，让孩子懂得自身的价值，相信自己，树立远大理想。个人理想是否能够获得确立关系着孩子的成长是否具有持续的发展动力，个人理想不是虚幻的，而是实在的，它需要逐步去确立、去引导，因此，教育者应该重视孩子个人理想的塑造，在教育的点滴行为之中，引导孩子一步步确立自己合理的个人理想。

2. 生活理想

生活指为生存发展而进行的各种活动，也是人类这种生命的所有的日常活动和经历的总和，广义上指人的各种活动，包括日常生活行动，工作、休闲、社交等职业生活、个人生活、家庭生活和社会生活行动。理想是美好的愿望、抱负，是宏伟的目标与良好的状态，是人们心中美好的愿望，是力量的源泉，是前进的动力，是活着的希望。生活理想是人生奋斗的目标，指引着人生前进的方向，激励着人持续地奋斗，丰富着人的生活。

生活本是复杂的、琐碎的，生活充满着好奇、充满着遐想，充满着苦涩、充满着甜美。生活理想则是对生活本身的期待、理解。孩子作为未来的主人，应该具备丰富的生活理想，具有生活理想的人，才会对未来充满希望，才会努力去拼搏。

家庭与学校要充分利用各种有益的无形教育因素，对孩子进行教化，塑造其良好的生活态度，使其热爱生活，勇于去追逐未来的幸福生活。教导孩子生活要有节奏、有规律、有秩序，克服那种随便、散漫、拖沓的坏毛病。要引导孩子避免形成浮躁、庸俗、华而不实的生活态度。要培养孩子高尚、积极、乐观的生活态度，使他们对生活充满想象与期待，而不是消极地对待生活。

生活的真实内涵在于创造幸福。无论生活多么地令人烦扰，多么地苦痛，其事务多么地繁杂，它的存在都是因为我们觉得这样做比不这样做更有意义，现实中的人们都抛弃了一些快乐，但没有一个人愿意牺牲幸福，因为那会使自己的生活变得毫无意义。一个人如果为了幸福而放弃许多快乐，他一定不会觉得自己很不幸；如果一个人放弃种种快乐而觉得不幸，那么其原因不是失掉快乐而是没有获得幸福。家庭教育与学校教育要重视吃苦教育，引导孩子体验生活的艰难，在感受现实中人们苦难的过程中，懂得生活的内涵，自觉养成良好的生活习惯，使他们正确对待生活的艰难与生活的顺意。在这样的教育环境中，孩子才会逐步确立正确的生活理想，进而积极地去创造他们未来的生活。

3. 职业理想

职业理想是个体在职业发展上依据社会环境和自身条件，借想象而确立的奋斗目标，即个人渴望达到的职业境界。它是人们实现个人生活理想、道德理想和社会理想的手段，并受社会理想的制约。职业理想是人们对职业活动和职业成就的超前反映，与人的价值观、职业期待、职业目标和世界观、人生观密切相关。

家庭环境的熏陶对孩子是一种隐性教育，是对孩子无形的影响。"正确的目标是治家的基础、动力和方向。"因此，家长要建立正确的教育目标，在治理家庭的过程中，引导孩子确立正确的职业理想。有了合理的职业目标，才能逐步确立正确的职业理想。在此期间，家长和教师都要处处以自身的崇高理想、勤奋精神和乐观的人生态度去教育孩子，激励孩子成为一个精神丰富、具有正确职业理想的人。

人类之所以繁衍不绝，在于其强烈的生存意识，但是，当前的孩子在职业选择上是有问题的。现在的孩子轻视劳动，主动做家务、爱劳动的可以说非常少，即使有些孩子对劳动有些兴趣，家长或是教师也不给他们创造条件，导致孩子轻视劳动，未来更不愿意从事与劳动相关的职业。面对这种情况，家长与教师应该采取措施，培养儿童热爱劳动的观念，鼓励孩子参加力所能及的劳动，养成良好的劳动习惯，培育热爱劳动的情感，只有这样，孩子才会对职业有正确的认识，形成正确的职业理想，而不是形成功利化的职业倾向。

职业理想关系着孩子未来的人生方向，涉及孩子的价值取向，影响着孩子的生存与发展。职业理想要切合孩子的实际，确定理想时不能好高骛远，但也不要妄自菲薄。要通过家庭与学校教育教导孩子做出正确的职业选择，只有这样，才能引领孩子确立正确的职业理想。家长与教师要使孩子懂得职业没有高低之分，职业虽然不同，但是都具有积极的价值，每个职业都能做出积极的贡献，职业不是身份、地位的象征，而只是人的符号而已。孩子只有懂得了这些，才会确立正确的职业取向，为自我的职业理想而执着追求，最终成为一个平凡而有作为的人。

三　家庭教育与学校教育融合的途径

（一）家庭学校联系机构

1. 家长学校

家长学校是近年来兴起的一种家校联系与配合的教育方式，是学校有目的、有计划地提高家长教育子女的水平，加强学校教育和家庭教育的一致性，有效地提高教育效果的良好形式。家长学校学习可以全校统一进行，也可以分班级进行，一般由学校领导、教育科学专家和优秀教师向家长传授教育科学知识和方法，也可以让教育子女方法适当、效果显著的家长介绍自己的教育经验。

家长是家庭生活的组织者、家庭教育的实施者，也是家庭教育的重要责任者。家长素质直接关系到家庭教育的质量和子女发展水平。家长学校可以讲授教育学、心理学的相关知识，传授教育的科学方法以及辅导子女学习的方法。家长学校要考虑家长的工作条件、文化水平以及迫切需要了解和掌握的知识，要采取灵活多样的形式进行，不能强求统一性。家长学校传递的内容要理论联系实际，既有大量的理论概括，又有许多生动活泼的事例，见解精辟，妙趣横生，以取得实际效果为主要目的。

为了适应新时期教育下一代的需要，提高自己教育子女的水平，家长应积极参加家长学校学习，无特殊情况不要缺席。家长学校提供给家长教育未成年人的科学知识和技能，培养家长正确的教育态度和观念，使其能更有效地了解并履行自己的职责，促进家庭关系的和睦，提高家庭教育的效率，端正家庭教育的价值取向，最终，促进家庭教育与学校教育的有效合作，使二者共同促进孩子的健康成长。

2. 家长委员会

家长委员会是由学校组织的一种家校联系协作的咨询机构或协助单位。"家长委员会设主任委员 1 名，副主任委员、委员若干名（一般设 5 ~ 7 名，规模大的也可增至 9 ~ 11 名）。"成员应该多样，特别是职业要多样，家长委员会的成员人选可以由教师、家长共同协商、评议、推荐，经过个人、单位同意后确定。所以，家长委员会既有代表性又有权威性，是学校教育同家庭教育紧密联系的一种较好的方式。

家长委员会要做好学校教育的智囊团，为家庭教育提供咨询，对家长进行引导，从而动员家长帮助学校发动和利用一些社会力量，组织一个班或全校性的有意义的课外活动、校外活动。另外，可以动员有教育经验的家长来校交流教育心得，同时发挥家长的力量，组织社会教育力量，教育校内外的青年提高觉悟、发扬优点、克服缺点。

在教育子女问题上，每个家庭的方法是不一样的，其中，有的得当，有的则不是很科学。建立家长委员会，一方面，有助于学校与家长的积极沟通，使学校博采众长，让家长对学校教育提出宝贵意见，促进学校的发展，实现家庭教育与学校教育的有益合作；另一方面，也可以为家长提供一个交流教育子女经验的平台，使每个家长都能科学地教育子女。

为了实现这样一个目的，可以组织家长学习教育科学知识，同时，邀请对子女教育得当的家长，利用各种场合将自己的宝贵经验传递给其他家长。教育不得法的家长，应做有心人，虚心请教，认真学习，努力转变错误的家庭教育观。但是，也要强调，家庭与学校教育的方法不是放诸四海而皆准的，在学习和交流时，应该根据具体情况和条件，找到一套适合自己孩子的教育方法，进而在借鉴的基础上，丰富自己家庭教育的特色。

（二）家访

1. 教师要明确责任

教师要明确责任，恪守职业道德。教师要尊重家长，对学生存在的问题，要和家长一起实事求是地分析原因，共同研究教育方法。不能把错误、责任全都推给家长，更不能指责、训斥家长，不能对家长的教育指手画脚，而是要使家长感受到学校教师对学生的关心、帮助学生发展的诚意，同时，教师要及时征求家长对学校教育工作的意见和建议。

教师在家访过程中，要实事求是地反映学生在学校的情况，不要对学生进行片面的评价，及时指出学生在学校的表现及其倾向，这样有助于及时纠正其错误，找到正确、合理的教育方法。与此同时，教师在和家长沟通的过程中，要就对学生的要求提出自己的看法，这些要求要符合实际，为学生的发展着想，要让家长觉得这一切都是为了孩子的发展，是可以实现的。反之，家长将会无所适从，不知怎么办，不利于家长与教师的深度合作。

2. 精心选择家访时间

家庭和学校的联系与配合通常依靠学校教师对学生家长分别进行访问，因此，应该精心选择合适的家访时间。家访可以分班进行，原则上是每学期至少对全班学生家长普访一次，少数或个别家庭应该访问两次或两次以上。家访的目的主要是了解学生家庭情况、指导学生家庭教育、争取让家长积极配合教育学生。为了达到家访的目的，教师要向家长介绍学生的优点和在校的一般表现，倾听家长反映的意见，同家长商量教育学生的方法。在家访谈话中，学生可以在场，但是最好不在场。家长倾听教师的问题和对学生优缺点的介绍与分析，不能一听缺点就烦躁或者过于袒护孩子。

教师要定期家访，与家长就孩子的教育问题进行有效的沟通。教师在走访时间、谈话时间等方面要认真筹划，不能无目的、随意地家访。恰当、合适的时间有助于良好家访效果的获得，也会使家长觉得教师很重视自己的孩子，进而增进信任，促进沟通，帮助孩子全面地发展。

3. 讲究访谈艺术

广大家长是分散的，职业不同，生活习惯也各不相同，要使其成为家校联系配合的推动力量是有一定困难的，这也给家访、师访造成了一定的困难。因此，教师在家访过程中应该讲究访谈艺术。

应善于运用礼貌语言。礼貌是对他人尊重的情感的外露，是谈话双方心心相印的导线。人们对礼貌的感知十分敏锐，保持礼貌可以使家长感到温暖，气氛变得和谐。同时，不要忘记谈话目的。谈话的目的不外乎以下几点：劝告对方改正某种缺点、向对方请教某个问题、要求对方完成某项任务、了解对方对工作的意见、熟悉对方的心理特点等。为此，应防止离开谈话目的东拉西扯。

要耐心地倾听谈话，并表示出兴趣。谈话时，应善于运用自己的姿态、表情、插语和感叹词。诸如微微的笑容、表示赞同的点头等，都会使谈话氛围更加融洽。应善于照顾对方的感受，在谈话的对方为某事特别忧愁、烦恼时，就应该体谅对方的心情。这样，才会使对方感到教师对他是真诚的，才能形成一种信任的气氛，从而使教师的建议也容易奏效。

要善于克服社会知觉中的最初效应。最初效应就是大家熟知的"先入为主"。有的人具有特意打造良好的初次印象的能力，并以此把自己本来的面目掩饰起来。因此，在谈话中应持客观的、批判的态度，而不应单凭印象出发。此外，切忌得理训人。

要消除对方的迎合心理。在谈话过程中，双方可能由于某种动机，表现出言不由衷、见风使舵或半吞半吐、顾虑重重的状态。为此，要尽可能让对方在谈话过程中了解自己的态度：自己所感兴趣的是真实情况，而对迎合、奉承的话是很厌恶的。这样才会从谈话中获取比较真实、可靠的信息。

要善于选择谈话机会。一个人在自己熟悉的环境中的谈话比在陌生的环境中更有可信性；因此，可以使家长在无戒备的自然的心理状态下讲话，哪怕是只言片语，也可能使教师获得意想不到的收获。

总之，教师应该注意访谈的艺术，只有这样，才会达到事半功倍的效果，实现预期的目的，促进家庭与学校的有效沟通。

（三）家庭学校联系制度

1. 联系人制度

家庭和学校都要积极建立联系人制度，确定相对固定的联系对象，建立联系人档案，规范相关制度，遵守相应的规则，开展多样的联系活动，进而实现家庭教育与学校教育的有效合作。

家长也可以互相建立联系人制度，进行家长互访。家长可以通过互相串门子的方式，有目的、有计划地互相学习、理解彼此的教育方针，交流孩子在校在家的一般表现，了解学校对孩子提出的要求，学校教育、教学的特点和方法，沟通彼此家庭教育的有益经验，了解其他家庭与学校的联系配合情况。这样，既可促进家校之间的联系与配合，又可促进家庭与家庭之间的相互配合，同时也有助于促使家长在这方面发挥各自的特长、做出自己的努力。

学校要发挥自身的核心作用，使学校教育与家庭教育协调一致，为学生创造健康成长的环境。学校每学期学校召开1~2次家长会，向家长阐明学校的举措，开展家教知识讲座，在教育学生方面求得家长的配合；成立学校家长委员会，每期召开一次联系会，商讨学校各项重大决议；班主任老师每学年至少对每位学生进行家访1次，并做好家访记录；当学生在学校某方面取得成绩时，班主任应与家长联系，与家长分享孩子成功的喜悦；当学生在校严重违纪时，班主任应与家长联系，让家长和老师一道来教育和帮助学生；学校每月、每学期将学生的品行综合评定成绩和（学期）评语以学生品行记录本形式给家长阅读，并让家长签署姓名，之后由学生带回学校。另外，通过建立家长资料中心、建设家长档案，充分调动家长教育子女的积极性，使他们积极、主动地关心子女的健康成长。

2. 沟通机制

沟通机制是家庭与学校有效联系的方式，有助于家庭与学校的合作，有助于实现共同的教育目标，促进孩子的健康发展。家长要自觉主动地与孩子所在学校的教师或社会工作人员保持定期的联系，以便及时地沟通信息。家长与教师要积极沟通，有效合作，本着真诚的态度，虚心听取彼此关于孩子情况的意见；要主动互相接触，客观公正地介绍孩子在家、在学校的表现和教育情况；要本着相互尊重、求同存异的态度，有效地沟通。

如果家长比较忙碌，或者由于地域等原因而沟通不畅，面对此种情况，可以尝试利用电话、网络等联系方式进行有效沟通。电话是家长与孩子所在学校、社区联系的较好方式。有的学校、社区本来就备有联系手册，有的则要靠家长主动写信或自备联系手册。家长要注意及时提交手册，定期交流信息。

家长要积极参与学校的各项活动，在这期间，引导家长与教师沟通，有助于家长了解学校，也有益于教师了解家长的想法，从而有助于双方有效的沟通。家长无不钟爱自己的孩子，因而普遍具有教育孩子的积极性，但大多缺乏教育孩子的正确而有效的方法，这样，不仅达不到教育的真正目的，甚至会削弱学校教育的效果。因此，教师要和家长积极沟通，分析利弊，耐心地与家长交流，使其认识到教育得当的重要作用与价值，从而实现有效沟通，促进孩子的健康成长。

3. 反馈机制

反馈的目的不是评价优劣，而是促进孩子的健康发展。因此，家长与教师都要积极互相反馈，告知彼此真实的情况。有效的反馈有益于信息的把握，有助于了解孩子的发展状态，能够使家长和教师及时发现问题，进而清除孩子发展过程中遇到的障碍，实现孩子的全面成长。

家庭教育和学校教育一样，都要动之以情，晓之以理，导之以行，持之以恒。家长对孩子的教育，要能激发其感情，要坚持正面教育和说服教育，更要以自己的行为给孩子做表率，这就要求家长懂得孩子的心理状态、年龄特征、个性特点，与此同时掌握教育规律，严格要求自己。教师要经常地、有计划地向家长介绍学生在学校的情况，与家长沟通学生在学校的学习状态，同时，也要尽自己所能建立长效反馈机制，实现信息畅通，为学生的发展服务。

家庭担负着培养下一代的重要责任，家长要经常地、主动地和学校、教师取得联系，了解学校怎样上课、孩子在学校的表现如何，如孩子在学校如何学习、怎样过集体生活，只有这样，才能够了解学校对孩子的教育要求，努力按照学校提出的要求来要求自己的孩子，主动、自觉地与学校配合，及时反馈，多总结，与学校共同为孩子的发展营造一个良好的环境。积极的反馈机制，能够使家长及时了解孩子的成长变化，有效地了解孩子的心理状态，有助于及时地解决孩子成长过程中遇到的问题，进而帮助孩子克服困难，获得健康的成长环境；同时，也有助于引导孩子与家长、与教师积极地沟通，形成良好的育人环境。只有这样，才能形成多元的沟通机制，实现家庭与学校的有效合作，为孩子身心的健康成长创设优质的内外部环境，培育孩子健全的人格。

四　家庭教育与学校教育融合需要注意的问题

（一）重视人的因素

孩子作为家庭教育与学校教育合作的出发点与归宿点，是一个重要的因素。家庭与学校的合作不能忽视孩子的存在。首先，要充分了解孩子的内心世界，尽量去发现他真实的想法，只有了解了孩子的需要，把握了孩子的不足与优势，家庭与学校才能很好地去合作，否则，合作必将是盲目的。其次，要尊重孩子的选择。父母和教师不能替代孩子去成长，要围绕孩子的兴趣、价值取向，采取相应的措施促进其成长，而不是用成人的意志去强迫孩子被动地接受他人的命令。最后，要相信孩子。只有相信孩子，才能实现合作的宗旨，否则，合作的核心仍然是成人的想法，无法实现合作的目的。总之，家庭教育与学校教育都是为了孩子的健全发展，孩子是其围绕的中心，只有将孩子作为独立的人来看待，才能实现教育的真正意义。

家长，特别是父母，是子女家庭教育的主要责任者和执行者，是最直接、最经常、最重要的教育者。每一个人从做了父母开始，就自然而然、责无旁贷地承担起了抚养、保护、管理、教育子女的责任。父母是孩子的终身教师。父母对孩子的教育是全面的，涉及的不仅是知识，还有生活的各种能力。因此，在家庭教育与学校教育合作的过程中，应该重视家长的因素。

家长的价值观、教育观和思想品德是很重要的因素：家长的价值观反映了其如何看待社会、生活与人生；家长的教育观影响着其相应的教育行为；家长的思想品德就是家长日常生活中的行为准则。家长的综合素养影响着家庭教育，决定着家庭教育的走向，影响着家庭教育的效果。家长的文化素养决定着家长的理想、情操、道德水平、思想境界和教育能力，进而影响着家庭教育与学校教育的合作效果。家长对孩子的态度，即对孩子的关心、期待，也影响着其体现出的教育态度，左右着家庭教育与学校教育合作的效果。

与家长相对应的就是教师，教师自身的职业素养影响着家庭教育与学校教育合作的程度。要重视教师专业性的培养，使其掌握教育的要旨。教师应该确立先进的教育理念，创造性地拓展合作的方式，推动合作的深化。教师也要提升自身的道德素养，要认识到家庭和学校合作的重要性，用爱去创设良好的合作环境，积极去与家长合作。教师要充分发挥自身的优势，推动双方的深入合作，最终帮助孩子健康地成长。

（二）挖掘环境价值

环境对于家庭教育与学校教育而言，具有重要的意义。营造良好的人文、物质、精神环境，能够促进家庭教育与学校教育的合作，促进孩子的全面发展。

积极创设家庭与学校中良好的人文环境。家庭教育具有自身的特色，良好的家风、积极向上的生活态度，均有助于其与学校教育合作，实现应有的教育价值。同时，学校也应该确立自身优良的办学理念，先进的教育思想、教育观念，找出优质的教育方法、教学组织形式，开展多样的教育活动等，进而通过交流影响家庭教育，促进二者的合作与共谋，因此，二者人文环境的营造至关重要，不能忽视，要引起足够的重视。

营造优质的物质环境。家庭的摆设，图书、资料的收集和各种装饰都应该引起重视，它们是无形的教育力量，运用得当则有助于发挥家庭教育的优势。同时，学校的物质环境也要优化，例如，校园的布置、建筑的设计与硬件建设应该获得重视，这样物质环境才会焕发活力，成为积极的教育因素。因此，家庭与学校二者应该互通有无，积极创设具有教育性的物质环境，进而实现教育的宗旨，促进家庭教育与学校教育的有益合作。

创造向上的精神环境。精神环境主要体现家庭与学校先进的教育观念、奋发的态度、积极的价值取向。只有良好的精神环境，才能将家庭教育与学校教育融合，才能实现二者的有效合作。精神环境是无形的教育力量，是家庭与学校应该积极创设的关键对象，只有营造良好的精神环境，才能促进家庭与学校的融合，实现二者的统一目的，促进教育目的的实现。

除了上述环境，还应该积极挖掘社会生活与大自然的教育价值：社会生活蕴含着很多美的东西，应该深入挖掘；大自然中有许多赏心悦目的风景，隐藏着巨大的教育资源，也是家庭教育与学校教育合作的有益平台。因此，应该充分挖掘环境的价值，实现家庭与学校的有效合作，促进孩子的健康成长。

（三）注重多维性

学校要发挥其核心作用，使全体学生都能健康成长，就要面向全体学生家长做好学校与家庭教育的统一协调工作。不能由于学生表现好而认为没有必要和家庭配合，也不能因某些学生表现差就予以完全否定而不和家长积极沟通。家长的教育行为也要有重点、有针对性。家长不能片面针对孩子在学校的行为表现开展教育，而要根据孩子在家庭环境中的综合表现予以判断，只有这样，才能全面地了解孩子，而不是片面地评价。

家庭教育和学校教育除了可以在孩子的教育问题上积极地合作，还可以在其他维度开展积极的合作。就学校的发展而言，可以引荐有想法的家长积极参与其中，献计献策，利用各种资源优势，推动学校教育事业的发展。另外，学校也可以走出去，参与到社区教育之中，通过与社区的合作，对学校教育的功能进行有益的拓展与延伸，有助于体现教育的社会功能。

家庭与学校也可以联合参与到社会教育之中，开展相关宣传教育活动，积极去改善社会行为，影响周边的人们，这样既可以推动家校之间的合作，也可以拉近二者与社会的距离，有助于形成良好氛围，促进文化融合，实现教育目的。除了社会生活，家庭教育与学校教育也可以联合走入自然，共同感受自然的美，保护自然赋予我们的一切，这既有助于孩子的发展，又有益于人们观念的转变，可谓一举两得。

家庭教育与学校教育的合作将是一个永恒的话题，值得深入的研究，基于实际开展研究者将获得更多的感悟。家庭与学校作为孩子成长的支撑点，家长与教育者作为孩子的引路人，只要本着彼此信任、着眼于未来的信念，就一定能够拉近彼此的心理距离，推动合作的进程，最终将家庭教育与学校教育的优势有效地整合，形成教育合力，促进人才的培育，实现教育的宗旨。

第六章　儿童友好型学校的师资保障

第一节　培养儿童友好型学校的师资力量

当今世界知识经济化、经济全球化，激烈的竞争环境形成了对人才的巨大需求。国运之盛衰，系于教育；教育之兴废，系于教师。因此，我们从儿童友好型学校的实际出发，分析培养儿童友好型学校师资力量的办法。

一　构建教师专业素质结构及专业化标准的原则

（一）普教与特教的统一

儿童友好型学校要求普教与特教的融合，在我国主要表现形式就是随班就读。尽管有关部门为鼓励随班就读做了积极的规定，但是其发展并不理想，主要原因之一就是普通学校教师缺乏特殊教育基本素养，特殊儿童在普通学校得不到应有的尊重和呵护，而特殊学校教师相对擅长传统特殊教育，对普通教育力不从心，所以，很难为儿童提供综合素质比较强的师资力量。因此，儿童友好型学校要求未来教师在一定程度上既要具有普教基本素质，又要具有特教基本知识与技能；不仅能满足普通儿童的正常需要，还要满足特殊儿童的需要以及普通儿童的特殊需要。

（二）理论性与实践性的统一

我国教师专业发展遇到的首要问题就是教育理论与实践"两张皮"现象严重，所谓"培训年年搞，专家做报告，老师忙记抄，很少见实效"。教师专业素质结构必须促进教育理论与实践的高度统整，鼓励教师成为"行动研究者""反思性实践者"；既要充分体现其导向性和适当超前性的理论高度，又要突出务实性和操作性的实践深度。

（三）历史性与时代性的统一

教师专业成长既要继承教育史上的传统美德和精华，特别是我国儒家教育思想的合理成分，如有教无类、因材施教；又要体现开拓创新、积极进取的时代特色，在掌握那些确定的、普遍的、客观的专业知识技能及优良教学法的基础上，鼓励教师探求与掌握新思想、新观念、新知识、新技术、新课程和新手段。

（四）确定性与生成性的统一

教师专业素质结构一方面要明确具体，"结构—功能"的层次和阶段性分明，突出常规教育教学和特殊教育所必需的显性知识、技能、原理和手段及其熟练程度和综合运用；另一方面要落实"最近发展区"理论，兼顾教师专业的隐性成长，体现人与人之间心理对话在现场"情景"中的生成性，突出教师的教育智慧和对教育教学的悟性以及科研创新性，以满足所有学生的特殊需要，所谓"教育有法，教无定法"。

（五）个体性与群体性的统一

教师个体专业成长与教师群体专业成长是相辅相成的。终身学习为个体专业成长指明了方向，而"研究性学习"的推广，不仅要求教师个体的专业成长，而且要求教师群体的专业成长。传统教学中的"单干户"已经被新型教育淘汰，学习型组织、学习化学校、团队精神和人际互动及学校文化建设日益成为教师专业成长的温床。因而，教师专业素质结构内部必须兼顾个体与群体的专业成长。

（六）指导性与自主性的统一

在教师专业化初期阶段，由上而下推行教师专业化方案，通过专业培训和考核引导教师向专业方向发展，这种来自政府的宏观指导力量是不可低估的。但教师专业化成长说到底还是教师的自主发展。儿童友好型教育理念下教师专业素质结构及专业化标准要引导教师通过对自身实践情境的反思、探究以及和教师群体的交流，获得专业知识和技能，扩大教师对教育改革，学校管理与发展，学校与社区、社会协调等的参与决策权，从而充分调动教师专业发展的积极性和主动性。

（七）世界性与民族性的统一

开放的教育必然要考虑与世界接轨。儿童友好型学校教育是世界性的，随着对"地球村"认识的不断深化，特别是儿童友好型学校教育思想在各国的传播，教师专业成长也要考虑与"平等、效率、需求""强调参与，拒绝排斥"的世界教育改革的时代主旋律合拍；同时，教师专业成长又必须结合中国国情，体现中国教师现有发展水平、教育改革的发展趋势，充分发挥"仁慈博爱""助残扶弱""有教无类""因材施教"等中华传统美德在教师专业成长过程中的支撑作用，彰显全纳教育的中国特色和中国气派。

二　强化师资力量的实施路径

（一）教务处层面

全面加强教师队伍建设。教务处作为学校内部的教学管理组织，是为广大教师提供学术交流、资源共享渠道，实现思维碰撞的重要场所，其对教师队伍建设能起到直接作用，能够进一步提高教育管理效能，同时带动教学质量和教师自身专业性的提升。因此，在我国当今的教育发展形势下，应不断发挥教务处的团队力量，辅助每一位教师的专业成长，实现其对教师专业发展规划的建设性和引导性作用。

具体地说，首先，要充分发挥骨干教师对教研活动的引领作用。骨干教师在整个教务处当中居于核心地位，对于学校内部的学术引导工作具有引领示范的作用。笔者认为，教务处要定期安排骨干教师进行公开课、实验课的示范讲座，并允许其他教师（尤其是青年教师）参观学习，积极反思；又或是围绕科研命题，鼓励教师间开展课题合作，通过不断的实践过程来反思个人的执教习惯与教学手段，让更多的教师在骨干教师的带领下，成长为优秀教师、骨干教师。

其次，要关爱教师成长，时刻彰显人文关怀。从个体成长的角度来说，学生所面临的心理问题、成长困惑，在教师身上也极容易出现，教师处于课题和业绩的压力、来自家长和学校方面的殷切希望下，需要教务处在关注教师专业能力提升的同时，亦不断给予教师人文关怀，通过关注教师的心理世界和生活所需，保障教务处与教师双方沟通和交流通畅。简单来说，既要关注教师内心所需，也要注重在教学任务划分、教学业绩考核的过程中秉承公平、公开的原则，让教师获得应有的尊重，感受到职业存在的价值。

（二）学校层面

坚持教师队伍统筹化管理。学校作为发展教育事业的重要基地，应将加强教师队伍建设作为一切发展的重点，通过有效的制度创新、政策规划，做好教师队伍的统管与建设工作。

具体地说，首先，要严格教师准入制度、创新教师考评机制。在新教师的选择方面，既要对其综合技能和业务能力进行考查与判断，亦要对其综合素质、职业道德以及师德情况进行考评；针对本校教师，尤其是教学经验尚浅的青年教师，要通过完善的管理和培训制度加强职业理想和道德教育的培训，建立完善的德育考评制度，并将德育纳入教师月度绩效考核。

其次，要加强师资短缺学科的教师引进和候补教师队伍建设，不断对教师队伍从内容和层次上进行扩充和丰富。加强除基本的语、数、外等重要学科外的音乐、美术、体育、信息技术等学科的教师引进和候补教师队伍建设工作，加强针对教育薄弱环节的教师技能培训工作，对于年富力强、教学经验较为丰富的教师，则可以引导其展开多学科或多任务教学，提升综合实力。

三　培养师资力量的具体方法

（一）树立全新理念，形成教育氛围

当前基础教育课程改革不断推进，新的课程标准全面实施，新的教材全面投入使用。课程设置的改革，必然带来教学方式、学习方式的改革。这就需要教师更新教育观念，具有前沿意识，挖掘新资源，善于捕捉改革信息，以战略思维和长远眼光开展教研工作。

为了强化教学管理，一些学校规定教师备课必须有几个环节、教案

不少于多少字等，从而导致出现教师备课时抄教案来应付检查，实际上课又是另外一套的现象；还有的学校规定一节课教师讲多少分钟。其实这些规定只给教师和学生一个机械的行动方式，很难取得实效。教育工作是一个师生互动、引发共鸣的过程，这一过程很难用整齐划一的模式来完成，它需要教师的创新和学生的创新。因此，儿童友好型学校在教师培养上，以"发现学生价值、发挥学生才华、发掘学生潜能"等先进思想为理念，提倡为学生留有思维空间、为教师留有创新空间，允许教师通过一些探索和试验开辟教学新路径。

（二）坚持分类指导、分步实施原则

从儿童友好型学校的校情出发，既要大刀阔斧，又不能盲目冒进，应坚持分类指导、分步实施的原则。

第一类是新上岗教师，对其的培养以做好职前教育，使其树立正确的专业信念，熟悉教材教法，掌握基本的教育教学技能，尽快适应教育，成为具备专业道德、专业知识和能力的合格教师为主要目标。他们是学校的一笔宝贵财富，要使他们健康地成长和发展，不能光压担子，只关心业务的进步，也要在生活上关心照顾，使他们尽快完成从学生到教师的转换和过渡。

第二类是能力较弱的教师，这些教师存在着学科教育水平低、任课能力单一、观念滞后、教学脱离实际等问题。对他们采用以转变教育观念、改进教学技能和方法，从而提高教学质量，逐步迈进骨干教师的行列为主要目标的培养方法。要求他们拓宽学术视野，建立综合知识结构，增强教学研究能力。

第三类是具有较大发展潜力、充满希望的青年骨干教师，以发展新理念，借鉴成功经验开拓创新，形成自己的独特教学风格和特长，向学者型、专家型教师过渡为目标。他们是学校的中坚力量，撑起学校的教学大梁，应该加快教学方式信息化、现代化进程，使他们尽快成为各级各类的学科带头人。

（三）倡导教师的"乐业"境界

"立德育人，甘于奉献"，教师当实现薪尽火传的人生价值。

现在的教师比任何时候都不容易，工作压力繁重，独生子女教育的压力、社会家庭强烈要求提高教学质量的压力、教师不断更新知识的压力等，这一切都交织在教师身上。变压力为动力，不仅是决心的结果，还是人们对工作产生热情后干出来的效果，教育更是如此。真正的教师是发自内心充满激情的，是有工作幸福感的。因此，对教师的思想教育不容忽视，倡导愉快的工作氛围相当重要，要让他们在日复一日平常、平淡、平凡的工作中，不断发现新奇、新鲜、新意，在学生进步中不断发现自己的智慧。

教师工作很难用时空来界定，光靠行政干预、制度约束，很难带来管理效果提升。教师工作的原动力在于他们的精神境界，笔者认为，激励是先进学校发展的动力，在提倡敬业精神的同时，更要提倡教师的"乐业"境界，为教师开辟愉悦的工作空间。

有的学校注重利用教师的出勤和工作中的失误记录，用企业化的管理来约束教师，这对缺乏凝聚力的学校确实有效，但这种做法很难提高工作效能。我们加强师德教育，更新教师观念，提升师资品位，为教师创设愉悦的工作空间，营造宽松、充满活力的环境，让教师真正感受到精心教育学生的过程也是教师自己追求成功、享受快乐、促使生命质量升华的过程，使教育事业同教师的幸福生活融为一体。

（四）打造良好机制，推进继续教育

当今时代，知识爆炸，教师不可能从自己平静的"一桶水"中舀出"一碗水"给学生了。教师的知识结构不再是单一的学科知识加教育知识，而是多层次、复合型的"知识集散地"，教师同样是知识的学习者和探索者。因此，我们应注重整合教师的知识结构，使之适应新课程改革的要求和教育创新的需要，以提高教师的再学习能力、发现问题的能力、研究能力等。

教师的工作过程，是一个不仅研究教育对象，也在不断研究自己的过程。继续教育已经成为教师的生活内涵。我们积极打造教师的自育机制，为他们提供与时俱进、自我调节、自我培养、自我追求的空间，"有学历，不唯学历，重在实践表现；有模式，不唯模式，重在创新"。尽量避免为教师直接划分职责，一般的问题都由教师放在自己的进取空间中去解决。

引导教师学会反思，反思是教师成长的有效途径，它的最大价值是引领教师品尝教育的幸福。教师的成长＝经验＋反思，反思也是认识自己，人的成长其实就是不断认识自己的过程。反思能让教师沉下心来总结实践、升华经验，可以让教师发现不足、渴求新知。反思是创新的基础，具有研究性。

教师的成长不仅仅是一种训练的结果，还是一定制度激励和保障下的自觉行为，因此，我们从目标体系和评价体系入手，逐步构建教师成长的动力机制，使教师不断加强继续教育、吸收先进理念，不断提高自己的教育水平。

（五）实行名师带动工程

以教科研为突破口，以新法教学为切入点，以"名师带动工程"为途径，以课程改革为核心内容，全面培养教学人员。

一些学校有着深厚的文化底蕴，长期的实践磨炼造就了一批优秀的教师，老年教师雄心不已，中年教师沉稳干练，青年教师满腔热情。他们联起手来，可以优势互补，新老教师互相学习，产生教科研的向心力，把教师的工作真正引入科研领域。在此基础上，走出去、请进来，重点解决课堂教学中如何实施教育，如何培养学生创新意识、实践能力的问题。定期请专家搞专题讲座，传经送宝。组织外出学习参观，拓宽视野，转变思想，更新观念，使教师教研教改意识普遍增强，形成浓厚的学习教育理论氛围，加快教学由传统型向科研型的转变进程。

（六）提高校长专业化能力

社会的进步、民族的振兴，越来越依赖高质量的教育。高质量的教育直接造就高质量的学校。校长在学校中处于核心地位，是学校的决策者、组织者和领导者，在组织实施素质教育、促进基础教育改革和发展中具有特殊而重要的作用。实践也证明：一个好校长就是一所好学校，就能带好一批队伍。因此，校长的使命决定他的思想必须具有时代性、先导性和前瞻性。

一个成功校长的方略往往是"以大气成大器，明大事成大师"，以自身超人的胆识和气魄担当起发展学校教育的重任，留下发展历程中的足迹，以强烈的使命感和责任感不断完善自己，以自身发展促进学校发展。

校长的综合素养的形成包含了丰富的文化底蕴及职业道德、创新精神，其中人格的魅力、强烈的事业心在治理学校过程中具有极大的感召力。宏观思维能力、科学决策能力、组织协调能力组成校长管理学校驾驭全局的能力。

"为了让学生最大限度地发展，不能用昨天的模式教今天的学生如何去为明天的社会服务，必须与时俱进，改革创新"如今已经成为全体教师的共识，而"让教育充满研究，让研究充满思想，让思想充满智慧"成为儿童友好型学校领导抓教研的基础点，使全校教师逐步从"教书型"向"学者型""科研型""友好型"教师转变，使学校的各项工作步入良性发展的快车道。

第二节　开展儿童友好型学校的人力资源开发管理

学校人力资源开发管理，是学校管理的核心内容，其主要目标是提升学校人力资源的贡献率、教职工整体水平和素质，推动学校的改革与创新。

一　儿童友好型学校人力资源开发管理的目标

学校人力资源是学校内部的活资源，学校人力资源开发是学校管理的一项重要职能。由特殊的社会群体组成的学校，具有人力资源高度密集的特征。如何确定学校人力资源开发管理的目标，实施学校人力资源战略性开发管理，已成为当代学校管理的重要研究课题。

学校人力资源开发管理作为学校行政管理的一项职能，是在一般人事职能产生的背景下出现的。20世纪初，科学管理的出现，使得学校把提高机构和员工的工作效率作为一项十分重要的任务，促进了学校人事职能的发展。20世纪30~40年代，人际关系学派和行为科学学派研究了员工态度对效率的影响，此后，满足科学管理对机构效率和行为科学对员工福利的要求，即人员的获取、组织、使用和维持，便成了学校人事管理的目标。随着学校一般人事行政管理职能向学校人力资源开发管理职能的转变，学校人力资源开发管理的目标也就超越了传统的人事行政管理的目标，具有了更为丰富的内涵。

（一）提升学校人力资源的贡献率

学校管理一个永恒的目标追求，就是用最少的或有限的资源获得最大的产出。在追求效率的过程中，先后出现过投入产出效率、资源配置效率以及 X 效率等不同的指标，而人力资源开发管理同样有一个如何提高投入产出效率以及如何提升人力资源贡献率的问题。人力资源开发管理基于这一问题的目标指向，包含两个层次的含义：一是降低人力资源的投入成本，增加人力资源投入的收益，实现学校管理效益最大化；二是科学合理地进行人力资源开发管理，促进人力资源价值实现，最终实现学校的组织目标。

在人力资源的开发管理上，多年来，学校一是缺乏人力资源调配的自主权；二是只关注学校人力成本，如人力资源获取、人力资源开发、人力资源利用、人力资源保障等成本，而未能把学校的员工看作学校的教育生产力并在管理改革中解放和发展这种生产力，发挥其在学校发展中的巨大推动作用，以致学校人力资源长期在低效率状态下运行。具体表现在教学人员和非教学人员结构比例失调，造成学校人力资源利用结构性低效率；学校用于提升人力资源质量的培训教育投入与效益比值整体偏高；学校人员的劳动报酬、奖励等维持性成本更多的还是一种保健性因素，而非激励性因素，造成维持性成本相对过高；等等。而要解决以上人力资源开发管理的成本和价值实现问题，教育行政部门必须在人力资源开发管理的权限上还权于学校，实现用人机制的市场化、自主化和收入分配的多样化、教师职称评定的社会化、人才开发的学习化、培训教育的创新化。具体措施如下。

1. 用人机制的市场化和自主化

即学校人力资源开发管理要充分发挥人才市场在学校人力资源配置过程中的基础性作用，变人员的单位所有为社会所有，打破地域和身份界限，按照学校的编制、岗位和工作需要，通过考试、竞争、资格确认、聘用等过程，自主获取高质量的人力资源。

2. 收入分配的多样化

即根据投入的劳动量、岗位的重要程度、贡献大小和业绩的好坏等因素来确定每个人的收入水平，由按劳分配转变为按劳分配和按生产要素分配结合的多样化分配。

3. 教师职称评定的社会化

教师职称评定中，随着学校人力资源开发管理的深度发展，教育行政部门下达计划指标，层层评审，使得开发管理成本加大。另外，评聘又没完全分开，使得一些人评上职称、被聘请担任某一职务后，又会在一个时期内动力下降，贡献率不高。而实行职称评定的社会化、做到评聘分开，可以加大竞争强度，长期保持人员的发展动力。

4. 人才开发的学习化

学习化已经成为当今社会发展的新潮流，通过学习可以开发人才的潜能，提供智慧源泉，特别是学校面临信息化社会所带来的各种挑战，如果不持续地推动人才进行学习，不进行人才的深度开发，学校就没有持续发展的动力。

5. 培训教育的创新化

适应学习化的人才开发趋势、致力于提升人力资源质量的培训教育，在内容、模式、途径、方法等方面要不断地创新，实现由过去的以学科为中心向以人的发展和问题研究为中心的培训教育的转变。

（二）提高教职工的整体素质和水平

学校人力资源开发管理的又一个重要目标，就是提高以教书育人、管理育人和服务育人为己任的教职工的素质，特别是校长和教师的素质，提升其运用多种方法技术的能力、组织群体学习的能力和共同分享的能力。《中共中央、国务院关于深化教育改革全面推进素质教育的决定》就校长和教师队伍建设及其素质提高进行了深刻阐述，特别强调建设高质量的教师队伍是全面推进素质教育的根本保证，明确提出要开展以培训全体教师为目标、以培训骨干教师为重点的继续教育，要通过建立优化教师队伍的有效机制和合理配置教师资源，使教师队伍整体素质明显提高，特别是把带领广大教师和教育工作者积极实施素质教育的校长和管理干部队伍的开发管理摆到了突出位置，以此使其在推进学校素质教育中发挥自己的特殊作用。

（三）提高人力资源的参与程度和水平

现代学校管理的一个重要特点就是要不断增强人力资源的参与意识，提高其参与的程度和水平。学校管理是学校组织中人力资源群体互动、主体参与、协调一致实现组织目标的过程。《中华人民共和国义务教育法》（以下简称《义务教育法》）明确规定中小学实行校长负责制，而校长负责制的具体内涵又包括校长全面负责、党支部保证监督、教职工民主参与管理。由此可见，学校较高的人力资源参与程度和整体参与水平是实现学校组织目标的前提条件，因为参与可以增强人力资源的主体能动作用、自我调节作用和资源组合放大作用。而要提高学校人力资源的参与程度和水平，一是要尊重教职工的知情权，二是要增强其参与意识，三是要提供参与的条件和机会，四是要提高其参与的能力。人力资源的积极参与，可以满足其自身价值实现的需求，焕发其主体精神，进而实现人力资源开发管理的又一重要目标。

（四）有效地实施学校素质教育

学校人力资源开发管理的终极目标是实现学生素质的整体提高和可持续发展。学校管理质量的高低、学校人力资源开发管理的深入程度和水平，最终都是以学校培养学生的数量、质量和整体素质为检验的尺度与标准。学校培养学生的素质标准是什么？尽管人们可能有多种不同的理解和具体的划分方式，但就总体而言，有个体标准和群体标准，有道德标准、知识标准、能力标准和身心标准等。根据第三次全国教育工作会议对学生个体和群体的素质的总结，素质教育的目标大体上可以归结为五个基本方面：一是全体学生都在原有基础上得到发展，二是每个学生在德智体美等方面都得到发展，三是学生的主动活泼发展，四是学生个性的和谐发展，五是学生的可持续发展。而要达到此目标，全面有效地实施真正意义上的素质教育，就要实施以人力资源开发管理为核心的全面质量管理。

（五）推进学校组织的改革创新

当前学校正面对一个急剧变化的经济社会环境。这种环境的变化，一方面要求学校进行适应性改革和创新，以增强学校组织自身的应变力；另一方面要求改变学校组织内部成员的态度、作风和行为，使之适应学校组织目前和长远发展的需要。学校组织自身的改革和创新能否成功，在很大程度上取决于学校人力资源的开发管理。之所以这样说，是因为在学校组织的改革创新过程中，往往会有三种不同类型的力量起不同的作用：一是驱动力，二是约束力，三是抗拒力。改革创新成功在很大程度上依赖学校改革约束力的减少和抗拒力的消解，而人力资源开发管理扮演的正是推动这一过程的角色，发挥着推动学校组织变革的重要作用。

以上是学校人力资源开发管理的主要目标，当然这些目标并非完全分离、互不关联，而是一个有机联系、整合一致的体系，其最终目标是在控制人力资源管理成本、维持学校人力资源的基础上，通过深度开发管理，提升学校人力资源品位，全面推进素质教育，促进学校和人自身的可持续发展。

二　儿童友好型学校人力资源开发管理的内容

对于学校人力资源开发管理，我们可以从静态的职能角度来分析其要素内容，也可以从动态的过程角度去分析环节内容，还可以从学校人力资源开发管理的演进历史角度分析其变化内容。这里所涉及的学校人力资源开发管理的内容是从综合的角度概括的，笔者将就当前引人关注的一些重点内容进行探讨和分析。

（一）学校人力资源开发管理的战略规划

学校人力资源是以育人为根本任务且专业性很强的特殊资源，它不仅对其作用对象——学生的成长有一个全面的要求，而且自身的发展也要经过一段较长的时间，在发展过程中还会遇到诸多方面的干扰和影响，因此，学校人力资源开发管理必须从战略的高度和发展的视角做出科学合理的目标定位，设计出人力资源开发管理的战略规划。具体要求如下。

1. 根据具体情况定编定岗

根据学校发展定位、规模和任务，确定学校人员编制和岗位职数，并根据人员变动比率和变动人数，制订出具有超前性和一定弹性的学校人力资源开发管理的战略规划。

2. 学校人力资源开发管理的战略规划实施计划的拟定过程

按照学校人力资源开发管理的战略规划，拟定实施计划。其操作过程如下。

一是学校人力资源现状分析，对象包括人力资源的数量、结构和水平以及人力资源开发的程度与管理的效度。

二是学校人力资源的需求分析，根据学校发展的目标定位以及学校外部环境和内部条件的变化，对可能产生影响的因素，包括教育人才市场发育程度、人力资源开发政策及其运行机制等进行预测和分析，了解现实和未来的需求。

三是制订学校人力资源开发管理的行动方案，一般包括教职工的录用聘任、人力资源培训教育的政策、人力资源开发管理的经费保障制度、人力资源开发管理评估方法等。

（二）学校教职工的聘用

学校教职工的聘用是学校人力资源开发管理的中心内容，是学校在竞争中占据人才优势、保持自身生存与发展的第一要素。因此，聘用高素质的、有潜能的人才对于学校的发展至关重要。中小学校教职工的聘用要根据《中华人民共和国教师法》（以下简称《教师法》）以及相关法律法规和学校内部管理体制的具体情况来进行，具体内容包括：聘用范围、对象；聘用原则、聘用合同签订；聘用合同的变更、终止和解除；违反和解除聘用合同的经济补偿；组织管理及其他相关问题的处理。具体操作程序为：发布招聘公告，个人提出应聘申请，组织考试考核，确定聘用人员，签订聘用合同，等等。

（三）学习型组织的建立和学校人力资源培训

学校人力资源的开发管理目前正呈现出个人与组织相结合的发展趋势。而要使两者有机地结合，把个体人力资源开发与学校发展紧密地结合在一起，建立学习型组织是有效的选择。美国管理学家彼得·圣吉在《第五项修炼》中指出：一个组织的持久优势，是有能力比其竞争对手学习得更快，而要做到这些，就要建立"学习型组织"。彼得·圣吉在《第五项修炼》中所提出要建立的学习型组织主要有如下要点。第一，学习型组织的真谛是活出生命的意义。真正的学习涉及使人成为人的意义的核心，对其的实现应成为组织人力资源开发管理工作的最高宗旨。第二，组织为适应环境与生存而进行的学习，虽然是基本而必要的，但必须与开创性的学习结合起来。第三，在学习型组织中，人们得以不断积聚创造未来的能量，培养全新、有前瞻性而开阔的思考方式，全力实现共同的愿望，并持续共同学习。第四，在学习型组织的领域里，有五项修炼新技术，即系统思考、自我超越、改善心智模式、建立共同愿望、团体学习。对于学习型组织的建立，每一项都不可或缺。它们的系统整合，将使学习型组织的建立演变成一项创新。

学习型组织是未来组织的形态，它对于人力资源开发管理的意义，我们可以做这样的理解：学习型组织让人活出生命的意义。

人力资源开发管理的目标是组织的生存、成长与学习创新，并日益与组织的发展战略融为一体。在人力资源开发管理的过程中，个人的改进与组织的改进是融为一体的。未来的人力资源开发管理，是高层管理者与各职能部门合作者的共同责任与使命。组织发展的种种技术与方法将日益成为人力资源开发管理的重要内容。人力资源开发管理不仅与组织融为一体，而且日益对整个社会形成系统性的影响。人力资源开发管理的必然归宿与必然结果便是学习型组织的建立。

根据上文，我们可以得出：建立学习型组织是学校进行人力资源开发管理的有效形式，实现学校人力资源的有效开发管理必须建构起学习型组织。

学校人力资源的培训是以学习型组织为依托的人力资源主体开发活动，是终身教育理念的一种具体体现。自20世纪90年代以来，世界各国对人力资源培训的战略地位的认识逐步深化，对人力资源培训理论的研究也在不断深入，人力资源培训的活动进一步拓展，出现了人力资源全面开发的崭新局面。从培训发展的进程中，可以看出学校人力资源培训的以下特点。

1. 学校人力资源培训的主体化

人力资源培训成为优先发展教育中的重点领域。国运兴衰，系于教育；教育振兴，关键在于学校人力资源特别是校长和教师的培训和他们素质的整体提高。基于这种认识，很多学校都自觉把人力资源培训作为自己的主体行为和形成学校优势的关键事项进行整体规划，加大力度，重点投入，以发挥学校人力资源培训在学校管理中的增值功效。

2. 学校人力资源培训的法制化

改革开放以来，在学校人力资源培训方面，国家相继颁布了相关的法令、法规和文件。1992 年，中组部、国家教委颁布了《关于加强全国中小学校长队伍建设的意见（试行）》，1995 年，国家教委颁布了《关于〈中华人民共和国教师法〉若干问题的实施意见》，1999 年，教育部颁布了《中小学教师继续教育规定》，2000 年，教育部颁布了《中小学校长培训规定》，对中小学教师和校长培训的有关事宜做出明确规定，使学校人力资源培训走上了法制化和制度化的轨道。

3. 学校人力资源培训内容的丰富化

学校人力资源培训的内容在 20 世纪 80 年代初还仅限于学科知识的培训，到了 90 年代，培训的内容不仅包括学科知识讲解，还包括现代信息技术能力训练、学校问题诊断和教育教学研究等专题性、模块性的内容，使其更贴近学校的教育教学和管理的实际，具有了更强的针对性和应用性。

4. 学校人力资源培训模式的多样化

"八五"之前，学校人力资源培训在体制上表现为十分明显的集中性和指令性的调训模式，方法上是一种单一的学科知识讲授和单向的传递模式。"八五"开始之后，在培训体制上，呈现出培训机构培训、学校校本培训、学习型组织培训、现场培训、自学等多种培训模式；在培训的内容上，不仅是知识的培训，更是注重理论与实践的结合、突出能力发展的培训；在培训的方式上，也由学科中心向问题中心、研究中心和能力中心转变。

（四）学校人力资源的激励

学校人力资源是学校教育教学和管理工作的主体，是办好一所学校的关键，学校工作的一项根本性任务就是运用各种激励手段促进教职工积极、主动、创造性地工作。现代管理心理学认为，激励是激发鼓励的意思；组织行为学认为，激励是激发人的动机，使人有一股内在的动力，朝着所期望的目标前进的心理活动过程，也可以说是调动积极性的过程。激励的作用就在于调动人的潜在的积极性，使其出色地去实现既定目标，不断提高工作的成效，具体表现如下。

1. 激励可以挖掘人力资源的潜力

学校的维持、改革和发展都要靠最大限度地激励全体教职工以充分挖掘人力资源内在的潜力，这是学校提高自身竞争力所必需的。

2. 激励可以使不同层次人力资源的需要得到满足

学校中的教职工具有层次性和差异性，激励学校人力资源就要运用多种方法和手段，其中既包括物质的，也包括精神的；既包括关于工作条件的，也包括基于工作本身意义的。要针对不同层次的人群进行满足每个人合理要求的激励。

3. 激励可以提高人力资源的集聚力

学校人力资源的集聚力的内涵包括：体现人力资源的价值力，改变人力资源低价值的状况；发挥人力资源的创造力，形成和完善创新的运作机制；提高人力资源的机会力，让其获得发展机会和成就感；铸造人力资源的环境力，形成浓厚的尊重人才的环境氛围。通过激励手段的运用，产生类聚效应、综合效应和联动效应，形成人力资源的集聚力。

4. 激励可以降低人力成本

激励涉及的是如何用人、调动人的积极性的问题。在人力资源开发管理过程中，培养人的成本最高，引进人的成本次之，而用好人的成本最低。因此，运用多种有效的激励手段，激发其原动力和潜在力，可以通过用好人来降低人力成本，实现人力资源开发管理效益最大化。

三　儿童友好型学校人力资源开发管理的机制

学校人力资源开发管理能否做到降低成本、发掘潜能、促进创新、推进发展，就在于是否有一个有效运行的人力资源开发管理的机制。

（一）人力资源开发管理的政策导向机制

政策是由政党、国家等政治组织制定的，是理论指导实践的中间环节，具有引导、调控和促进功能，在学校人力资源的开发管理中具有推动发展的重要作用。目前建立学校人力资源开发管理的政策导向机制的措施，主要从以下几种政策入手。

1. 人力资源培训政策

人力资源是教育生产力，对人力资源的培训投资是一种生产性投资，是资源增效的投资，要根据人力资源开发管理的目标任务，制定稳定的学校人力资源培训的政策。

2. 人力资源引进和聘用政策

要实现人力资源引进主体转换，实施学校自主引进人才的政策；要营造平等、公开、公正的竞争机制，不拘一格选拔人才；要改变学历取向的聘用政策，实行能力和业绩取向的聘用政策。

3. 人力资源的工资和奖励政策

要实行效率优先、兼顾公平和按多种要素分配的工资和奖励政策，发挥经济手段和精神手段两个方面的激励作用。

4. 人力资源的职务职称政策

要改职评中的评聘合一为评聘分离，实行个人申请，社会评审，单位自主设岗、自主聘任、自主管理的聘用机制，变过去人力资源的身份管理为岗位管理。

（二）人力资源开发管理的运行机制

建立学校人力资源开发管理的运行机制主要需要建立开放而资源在其中自由流动的人才市场，实行地位平等、双向选择的合同聘用制度，维护学校人力资源的合法权益，推进人力资源培训学习。

1. 前提条件

建立开放而资源在其中自由流动的人才市场，是确保人力资源有效、有序流动和形成充满生机与活力的人力资源开发管理运行机制的前提条件。流水不腐，户枢不蠹，只有人力资源以市场为基础进行配置，不断进行流动，才能保证人力资源开发管理的良性运行机制的形成。

2. 必然要求

实行地位平等、双向选择的合同聘用制度，是人力资源开发管理运行机制由"权力中心"向"责任中心"转变的必然要求。实行合同聘用制度，一方面要明确学校与人力资源双方的权利、责任和义务等关系，使后者负责任地工作；另一方面也要通过优胜劣汰促进竞争，形成使人力资源不用扬鞭自奋蹄、奋发向上的动机激发机制。

3. 保护机制

维护学校人力资源的合法权益，是一种满足学校人力资源生存和发展需要的保护机制。《教师法》对学校教师的资格、职务、聘任、培训等都制定了明确的制度，对教师的申诉也做了明确的规定。学校其他人员的权益保护也有相应的法律法规作为支撑。因此要维持和发展学校的人力资源，就要建立学校人力资源合法权益的保护机制，运用法律武器，按照法律程序维护其合法权益。

4. 重要举措

推进人力资源的培训学习，是现代社会信息化和学习任务化的时代要求，也是学校人力资源深度开发的重要举措。要通过学习型组织和培训学习制度的建立，形成学校组织学习、团体互动学习、个体自觉学习的高效化的培训学习运行机制。

（三）人力资源开发管理的调控评估机制

学校人力资源开发管理的调控评估机制是确保学校人力资源开发管理有序、有效、健康进行的机制。如果学校人力资源开发管理缺乏调控和评估，就会偏离方向，甚至发生逆转。因此，建立学校人力资源开发管理的调控评估机制，增强学校自我控制、自我调节、自我发展的能力，是建立学校人力资源开发管理机制的强有力的支撑。学校人力资源开发管理的调控评估机制的运行可用图 6-1 表示。

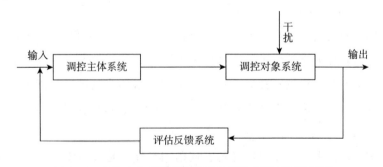

图 6-1　学校人力资源开发管理的调控评估机制的运行

调控主体系统是学校人力资源开发管理系统的核心，它的功能有两个：一是接收外界输入信息和评估反馈信息，并对信息进行分析、加工和处理；二是传送加工后的信息，施控于调控对象系统。

调控对象系统是学校的人力资源，是调节控制的受动者。从图 6-1 可见，在学校人力资源的开发管理过程中，经常会有来自各方面的干扰，这种干扰会影响作为调控对象系统的学校人力资源，如不及时加以调控，这一系统就会出现偏差，难以达到预期目标。

评估反馈系统是指调控对象系统传输出的信息回馈到调控主体系统所需的渠道，调控主体系统通过比较调控对象系统的状态与预期目标之间的差距，采取新的调控措施，再作用于调控对象系统。

因此，儿童友好型学校人力资源开发管理的调控评估机制的运作，就是一个建立调控评估标准、衡量人力资源开发管理的现实状况与预定目标的偏差、采取相应的调节控制措施纠正偏差的过程。

四　儿童友好型学校人力资源开发管理中教育工作的作用

（一）精神激励

在人力资源管理中，有物质激励、发展激励、精神激励三种激励，其中精神激励就离不开教育工作，包括给予劳动者精神上的支撑、鼓励、赞赏等。我们的教育工作要做到教育和引导每一个个体热爱国家、热爱本单位、热爱自己，用充满人性关怀的态度、方式方法去统一思想认识，发自内心地尊重每一个劳动者，及时地问寒问暖，并为他们解决一些实际困难，这样，很富有人情味的教育工作就深入到这个学校与其教师团队的骨髓里，成为这个学校与其教师团队的灵魂，增强了学校内部的凝聚力，为实现学校的目标奠定了思想基础。

（二）培育和弘扬敬业精神

人力资源开发强调人力资源是有价值的资源，个人价值不只体现在物质层面，更重要的是对社会的直接贡献和敬业精神。教师以育人为业，注重培养人的良好品质和塑造人的美好灵魂，其自身也应具有良好的品德。敬业是一种民族精神、一种国民素质，更是一种可贵的资本。敬业精神的培养首先要转向对人的基本品质和责任感的培养，充分发挥教育工作之优势，运用动态的灵活的教育模式，使古今中外的、书本里和实践中鲜活的事例和感人的精神，点点滴滴、潜移默化地润泽教师的心灵，使教师将社会道德和敬业精神内化为自我要求，形成内在的道德认知和自觉的道德行为。对于个体存在的差异性，教育工作要改变过去简单的灌输说教，减少刻意的人为痕迹，注重创设情境和氛围以促使个体产生内在的需要和情感上的共鸣。

（三）增加诚信度、可靠度、履约度

现代社会已进入信用经济时代，解决少数个体或团体的诚信危机，关键要靠法治与德治"双管齐下"，通过政策法规的约束、思想教育的引导，形成讲诚信受尊重、不讲诚信遭谴责的风气。拥有诚信是完善人格的基本前提，健康人格的塑造不仅关系到个体的健康和成才，也关系到社会的发展进步以及我国市场经济良好道德秩序的维持。把诚信教育纳入学校人力资源开发管理的日常工作中，使其渗透到各个环节，强调教育者和受教育者都从我做起，言必行、行必果，不因各种干扰破坏诚信规则，以制度化取代随意性。用社会上失信、败德现象及其危害性举反例，结合生活实际，通过多种方式组织丰富多彩的诚信教育活动，使教师真正意识到诚信是一种宝贵的社会资本，"透支诚信"总是要加倍偿还的，失信要遭到社会对其今后职业活动的拒绝。

总之，学校人力资源开发管理中的教育工作，是以尊重人、理解人、关心人、激励人为出发点的，强调协调好组织内部的人际关系，重视培养人的集体意识和提高人的思想道德素质，把最大限度地调动个体积极性和主动性作为自己的重要任务。可见，充分发挥教育工作的作用，让其服务于人力资源开发管理，对提高学校人力资源素质和社会进步具有十分重要的意义。

第三节　创建儿童友好型学校团结向上的工作集体

学校工作集体是学校正常运转、各项工作正常开展的保障，团结向上的工作集体更是学校不断前进与发展的推动力。团结向上的工作集体体现在学校把每位工作人员维系在一起，使他们保持一种互相吸引、互

补、协调的关系，把一切可能促进学校发展的因素，经过集结、整合、导向、强化，聚合成一股合力。

一 校领导带头，做学校各项工作的带头兵

学校工作集体要想有团结向上的凝聚力，关键在于领导干部。在学校团结向上工作集体的建设中，领导干部的团结向上的凝聚力建设要放在首位来抓，各领导干部根据其职责安排，具体抓好学校的各项工作，如政工、教学、管理、服务、生活等，做到分兵把口、各司其职、各尽其责；遇到问题，则及时协商，统一认识，统一指挥，采取措施，及时解决。这样，使学校工作形成一盘棋，主次分明、有张有弛、忙而不乱、秩序井然。在学校工作中，既要重视上面的一般号召，对学校工作做出总体部署、阶段安排和具体要求，督促执行，检查总结，又要要求领导干部从自身做起，监督执行，以身作则，身先士卒。如在工作时间上，没有为领导干部规定休息日，只要学生在、工作人员在，就有领导干部在。

二 增加感情投资，建设一支过硬的工作队伍

建设一支素质高、师德好、业务强、能创新的工作队伍，是儿童友好型学校发展的重要条件。学校管理工作的关键就是把全体工作人员凝聚在学校这块育人的园地里。在这里，重点是根据工作人员的特点做好管理工作，充分调动每位工作人员的积极性和创造性，在增强工作队伍的团结向上凝聚力上切实下功夫。对工作人员要做到"在工作上支持、在生活上照顾"。在工作上支持，主要是加强工作人员对工作内容的学习，比如：支持教师开展各种形式的教学改革和教学实验；教师之间开展"一帮一，一对红"等活动，用"传、帮、带"的形式培养年轻教师；对教师做到知人善任、扬长避短，为其发挥才能、施展才华创造条件；对于教师参与业务进修要给予支持和鼓励，使其提高业务素质和教学能力。在生活上照顾，主要包括：对老年、体质较差的工作人员在工作上给予适当的照顾，病重的帮忙联系去医院诊治，用车接送；给工作人员一定的处理家务的时间，为他们解除后顾之忧；对未婚青年的婚恋

问题，领导给予关心，当红娘帮助解决婚姻问题。只有在工作中增加感情投资，注意工作人员之间的协调性，发展工作人员之间的良好人际关系，创造和谐团结的气氛，才能极大调动工作人员的工作积极性和主动性。

三　加强对学生的管理，增强学生群体团结向上的凝聚力

学校一切工作都要围绕着转化学生的思想、提高教学质量来进行。为了达到这个目的，就必须增强学生群体团结向上的凝聚力，把学生的精力集中到积极向上、勤奋读书的轨道上来，帮助学生开阔视野，树立正确的世界观、人生观，确立正确的学习目的，养成优良的学习风气，通过学习和锻炼增长才干，为进入社会做好准备。制定完整的规章制度，对学生的学习、生活、娱乐、休息都做规范化的管理，建设一个良好的校风。开展各种形式的帮教活动，组织学生做自己主人的活动，请各行各业的模范人物到学校做报告，邀请家长参加学校活动，请家长提出对学校工作的意见。

只有抓住学校管理的关键，增强工作集体团结向上的凝聚力，才能让学校工作队伍得到充分发展，调动学校工作人员的工作热情和学生的学习热情，完成建设儿童友好型学校的重任。

第四节　培养儿童友好型学校教师核心能力

学校的发展归根结底是人的发展，教师作为学校人员的主要组成部分，其发展也是学校发展的很重要的内涵，可以说，教师的发展对学校和学生发展起着非常重要的作用，与学校发展形成共同体。在儿童友好型学校构建中，要明确学校的教育必须以学生发展为本、学校的管理必须以教师发展为本。因此，本节对儿童友好型学校教师的核心能力及其培养进行说明。

一　研究培养儿童友好型学校教师核心能力的现实意义

进入 21 世纪，人的核心能力因其在职业分工结构中重要的地位和作

用而日益成为个体生存与发展的根本依靠，人的核心能力的释放所创造出来的巨大社会财富也是世人有目共睹的。因此，人的核心能力已经成为现代价值体系中具有基础和主导地位的价值因素，人的核心能力建设也成为新一轮社会财富积累的核心。在管理界，以人的核心能力价值为取向进行管理，正作为一种新的管理哲学观为越来越多的管理者所关注、认同和接受。在教育系统中，教师处于独特而重要的地位，因而在教育学领域深入研究教师核心能力问题，有着十分重要的意义。

（一）从基础教育的地位和作用来看

基础教育担负着提高一个国家全民素质的重任，因此，世界各国无不高度重视基础教育的改革与发展问题。20 世纪 90 年代以来，国际社会再次掀起了一场基础教育改革的浪潮，从教育体制到学校管理，从教育制度到学生管理，从课程设置到教材教法，从宏观到微观，各种各样的新观念、新举措不断涌现。然而，从根本上说，基础教育成功与否以及它在一个国家历史发展中所发挥的作用如何，最终取决于基础教育的主体力量——教师。杜威曾说："所有其他的改革都取决于从事教师职业者的素质和性格的改革。……正因为教育是人的一切事业中最个人化的、最切己的，它的力量的最后凭借和最终来源便在于个体的训练、品质和智慧。假如能拟定一种计划，使教师这个职业得到有力量、素质好、同情儿童以及对教学和学术问题有兴趣的人，那么，教育改革就不再有一点麻烦，也用不着再去解决其他的教育问题了。"[①] 我国于 1993 年颁布的《中国教育改革和发展纲要》也明确指出："振兴民族的希望在教育，振兴教育的希望在教师。"这说明，只有基础教育系统中的教师不断完善和发展自己，才能进一步推动学生的自我完善和发展；而没有教师核心能力的发展，就没有学生健康而全面的发展，同样也就很难有高质量的基础教育。反观我国基础教育发展的历史和现状，由单一的应试教育向全面发展的素质教育转轨过程中所暴露出来的一系列问题，既存在着教育观念、体制和运行模式相对滞后的原因，也存在着教师队伍自身综合

---

① 杜威. 杜威全集·中期著作（1899－1924）：第 3 卷［M］. 徐陶，译. 华东师范大学出版社，2012：229－239.

水平和核心能力相对落后的原因，而且后者显得更为关键。因此，深入研究教师核心能力及其发展问题，是基础教育健康发展的必然要求。

（二）从我国教育改革与发展的态势来看

目前，我国正在进行以素质教育为价值取向的教育改革，其根本目的是促进学生全面、健康、可持续发展，这不仅是对传统教育弊端的矫正，更是对教育本意的回归。在一定意义上，素质教育是一种主体性教育，它把培养学生的主体意识、发展学生的主体能力、促进学生自主学习与自主发展作为教育活动的出发点和归宿。这种以培养学生的主体意识和主体能力为核心的教育价值取向，是素质教育的本质特征。要实现素质教育的培养目标，必须造就具有主体能力的教师队伍。然而在我们的教育改革中，人们尽管很关注教师素质，包括教师能力的提高，但对教师核心能力的发展却关注不够。因此，研究教师核心能力问题、探讨教师核心能力内涵以及有助于教师核心能力发挥和发展的教师管理模式，就必然成为教师理论研究的重要课题之一。

（三）从人们对教师期待的角度来看

近年来，随着我国经济的快速发展和人民物质生活水平的不断提高，社会公众的目光变得更为深邃，对教育质量的提高和教育利益的获得显得更加迫切，因此也开始对"人皆可师""人易成师"的传统观念和教师的能力给予高度的关注，并对教师从能力方面进行区分和选择。然而，何为教师能力？教师有没有核心能力？如果教师有核心能力，那么今天教师的核心能力应该是什么？如何实现教师核心能力的科学管理？……对诸如此类的问题，社会公众尚缺乏清晰的认识，因而常常出现对教师期待的落空以及对我国教师队伍整体水平判断的失误，而这种状况又影响着我国教师队伍的建设和发展。

（四）从理论角度来看

与经济学、管理学等学科在各自研究领域内对核心能力的重视程度相比，教育学界对核心能力问题的关注度还不够高。无论是在宏观方面还是在微观方面，关于教师核心能力及其相关问题的研究成果都不多；在研究的深度和广度方面，现有的研究也有欠缺。因此，有必要深入研究教师核心能力问题。

基于理论角度，研究教师核心能力有以下的意义。一是开拓教育研究的视野。过去，人们的研究视野主要集中在学生的学习和教师的教学方式方法上，却没有从教师的核心能力角度探讨教育问题。而深入研究教师核心能力，则有助于进一步丰富和发展教育理论。二是深化对教育过程中教师与学生之间关系的认识。通过多种方法，对教育过程中教师与学生的关系进行多视角的探讨，解释师生之间的主体性和双向互动性特征，可以发现传统的教师核心能力是"授予学生文本知识、教会学生应对考试"，而现代的教师核心能力是"引导学生自主学习、鼓励学生自主发展"。这些无疑有利于深化对教育过程中师生关系的认识。三是有助于树立系统的教育改革观。近年来，我国基础教育开展了一系列改革，包括管理体制、课程设置、教材教法的改革等。然而，相对于轰轰烈烈的各项改革实践，人们往往都忽视了对教师问题的配套研究，对教师是否有能力参与这些改革的问题探讨不够，理论上的梳理几乎为空白，使得许多改革推行起来困难大、效果差。而开展教师核心能力研究，有利于梳理系统的教育改革观，将基础教育改革引向深入。四是有助于更新教师管理理念。以教师核心能力及其发展为价值取向，建构新型的教师管理模式，提出教师管理的本质是管理者价值引导与教师自主管理的辩证统一，使人们对教师管理过程中管理者的主导作用和教师的主体地位有新的认识。

（五）从实践角度来看

基于实践角度，研究教师核心能力的意义有以下几点。

第一，为教师发展提供方法论指导。将教师核心能力作为主线，寻找教师发展的源头，形成教师核心能力发展的理论框架，可以在实践上为教师的成长和发展开辟一条通路，为提高广大教师教书育人的能力和水平提供方法论的指导。

第二，有利于推动教学相长，有效提高教师和学生的素质。对教师核心能力问题的研究，可以帮助师生树立正确的教师观和学生观，认识到教育过程中学生的主体地位和教师的主导作用，从而推动师生互相学习、互相促进。

第三，为解决教师管理的现实问题提供有效策略。长期以来，由于在教师管理观念和价值取向上的偏差，教师管理者与教师之间关系不和谐，甚至对立的情况屡见不鲜，影响了教育的质量和办学的效益。因此，教师管理过程既要优化价值引导，充分发挥管理者的主导作用，也需要强化自主管理，让教师自由自主地发挥核心能力的作用，使教师真正成为管理活动的主体，这不仅可以充分调动和有效发挥教师的能动性和积极性，而且可以有效地解决教师管理工作中出现的诸多现实问题。

二　教师核心能力的内涵、特征、构成要素

学界对教师核心能力的研究主要有三个视角：一是借助管理学中的核心能力概念，将教师核心能力看作教师制胜的竞争力，如认为"教师核心能力是蕴含于教师能力内质中、在教师能力系统中起主导作用、能使教师持续发展并在竞争环境中占据优势的专业能力"；二是将教师核心能力局限于课堂教学，具体表现为监控能力或课堂监控能力；三是将教师核心能力看作"教师教学活动中所反映出的最为重要、最为本质、不可缺少的能力"。三种观点各有侧重，或侧重于个体教师的竞争力，或侧重于教师的职业特性，或从"核心"一词的内涵出发进行演绎。教师的工作不同于企业生产产品，以竞争力作为教师核心能力指向，忽视了教师工作的特殊性；将教师的能力局限于课堂教学，则窄化了教师的工作；从"核心"一词出发演绎推论教师核心能力，符合分析哲学的探究思路，但从"重要""本质""不可缺少"等描述性词汇仍不能确定其具体内涵，并且这种描述忽略了教师能力的发展性等品质。因此，需要重新界定教师核心能力，并在此基础上分析其特征与构成要素。

（一）教师核心能力的内涵

教师职业有其深刻的内在特殊性，不仅需要回应学生的多样需求，还需顺应国家、社会、时代对教育的现实要求，主动适应社会发展，丰富和增强个人的专业知识与技能，强化自身对教育的认同，不断向"四有"好老师的目标迈进。教师能力的生成和发展非一日之功，而是贯穿于教师教育、教育教学和教研等一系列活动中。

教师能力是教师在接受和参与教师教育、从事教育教学以及投身教

研等活动中生成和发展的，能够适应社会发展、满足教师职业要求和促进自身专业发展的个性心理特征。教师能力涵盖了"核心能力"与"非核心能力"，教师核心能力遴选的难点在于"核心"的定位。在《说文解字》中，"核"意为果实的核、中心，"心"意为人心，在身之中，后世学者将"核心"一词引申为中心、内核。《现代汉语词典》将"核心"界定为"中心；主要部分（就事物之间的关系而言）"。《辞海》认为"核心"是"事物最要紧的部分；对情况起决定作用的因素"。《语言大典》对"核心"的区分较细，给出了两个义项：①一个物体、一块东西或一种构造的中心部分，且往往是基本部分；②领头的、杰出的、关键的等。不论是事物最紧要部分还是中心部分，都表明"核心"的地位重要，更多地强调一种统帅、引领意蕴。基于"核心"意为"中心，（事物的）最主要、最关键的部分"，可知教师核心能力是教师能力的最关键组成部分，起着统帅作用。

综合以上分析，将教师核心能力界定为教师在接受和参与教师教育、从事教育教学以及投身教研等活动中形成和发展的，能够适应社会发展、满足教师职业要求和促进自身专业发展的带有统帅作用的能力。有三点需要加以说明。其一，这一界定是从形成和发展的角度考虑教师核心能力，是一种过程性的描述，认为教师核心能力的形成贯穿教师职业生涯的全部，它开始于教师教育阶段的学习，发展于日常的教育教学，完善于教师的教研、培训等过程。其二，教师核心能力是教师职业多重属性的必然要求。教育是社会的重要组成部分，不存在脱离社会要求的教育，教师的工作必须适应社会的发展要求。同时，教师职业有其特殊之处，专属的职业要求和职业规范是教师广受尊重的一个重要原因。此外，教师核心能力是教师主体性发展的重要内容，培养提升教师核心能力是促进教师成长为高素质、专业化、创新型教师的必由之路。其三，教师核心能力是多种能力涌现、生成的集中表现，是教师能力体系中具有决定性作用的能力，对其他能力起到统帅引领作用。

（二）教师核心能力的特征

教师核心能力是教师应具备的带有统帅作用的能力，但是仅凭统帅一词，无法将教师核心能力与非核心能力有效区分。因此，有必要依据教师核心能力的内涵探寻其特征，为确定教师核心能力构成要素提供基础。

1. 共同性

教师核心能力是教师在接受和参与教师教育、从事教育教学以及投身教研等活动中形成和发展的，说明其并非只适用于特定教育情境、特定学科或特定人群的特殊能力，而是指向一切教育情境和所有中小学教师。教师核心能力的共同性是指它是对所有中小学教师的共同能力要求，具体表征有：一是面向中小学全体教师，是所有教师必备的统帅性能力；二是属于教师职业社会规约与教师专业发展的共同规定，不是部分卓越教师或某类教师群体（如初任教师）的专属能力。

2. 统帅性

教师能力是一个庞大复杂的体系，核心能力是教师能力体系中具有统帅性的能力，是单个能力不断积聚产生涌现性的表现，对单个能力起到引领的作用。教师核心能力的统帅性体现在以下三个方面：一是过程的统领，其是在接受和参与教师教育、从事教育教学以及投身教研等活动中形成的；二是结果的统领，其在与教师非核心能力的关系方面，统帅着非核心能力的发展；三是目标指向的统领，其能够适应社会发展、满足教师职业要求和促进自身专业发展。总之，教师核心能力是在教师能力体系中起到引领作用的"节点"，具有统帅地位，能够统帅和概括教师的其他能力。

3. 可建设性

教师核心能力具有可建设性，是教师在教师教育、教育教学、教研等活动中形成和发展的，其提升是一个缓慢而艰难的过程。教师在发展过程中随着自身水平和发展状态的变化，会不断地产生新的需求，并实现新的平衡。教师核心能力不断跃升的过程，其实是在教师和环境的相互作用下动态流变的过程，这个过程从外部和内部两方面进行。从内部来看，教师成长的内在需求、个人认知水平是重要的影响因素；从外部来看，国家政策的导向、学校组织文化的浸润、教师群体的文化习惯等均是不容忽视的因素。在内外部因素的交互影响下，特别是在特定组织文化、政策引导下，教师核心能力不断螺旋上升、不断充实、有序发展。

总之，共同性、统帅性和可建设性是教师核心能力的特征，从不同视角对教师核心能力进行了解构，同时为鉴别、分析教师能力的核心成分提供了重要的指标。三个特征共同组成了一种能力成为教师核心能力的必要条件。

（三）教师核心能力的构成要素

教师本质是实践、关系与精神三者的结合。教师的实践性存在是指教师通过不断超越既定的存在状态完成教书育人使命的过程，主要体现在教师的课堂教育教学过程中；教师的关系性存在是指教师在与他者的交流沟通中，获得他者的回应，确证自我的价值，体现的是教师与家长、同事、管理者等的关系；教师的精神性存在是指教师通过教书育人，追求实现"真我"的存在，完成自我的建构，体现的是教师与自我的关系。三者共同指向教师的职业特性，回应教书育人这一亘古不变的命题。

1. 教师核心能力的判断标准

"人的本质不是单个人所固有的抽象物，在其现实性上，它是一切社会关系的总和"[①]，从关系的视角解析教师的核心能力不失为一种可行的方式。教师在教育实践中的关系主要有教师与学生，教师与自我，教师与同事、家长及管理者的关系。上述三种关系构成了观察教师核心能力的视角，也为教师核心能力的操作性界定提供了一种途径。结合上述三种关系和教师核心能力的三大特征，将教师核心能力的操作性定义分解为三个维度，即师生关系、自我关系、他人关系，从这三个维度去判断教师核心能力。

在师生关系维度，教师核心能力是指教师教育教学活动中展现出的能力，具体指教育教学能力，包括教学设计能力、教学管理能力、教学实施能力、教学评价能力、课程开发能力等。在自我关系维度，教师核心能力是指教师反思自我、提升自我、不断创新的能力，具体指学习创新能力，包括自我认知能力、学习能力和反思能力等。在他人关系维度，教师核心能力是指教师在与同事、家长、学校管理者的互动中具备的能力，具体指沟通合作能力，包括表达能力、倾听能力、同理反应能力、

---

① 马克思恩格斯选集：第 1 卷 ［M］. 人民出版社，2012：35.

社交互动能力等。

除了从上述三个维度解读、判断教师核心能力，还需结合教师核心能力的内涵和特征，综合研判教师核心能力的构成要素。同时依托"教师核心能力研究相关课题"研制的教师核心能力测试工具，利用教师自评与他评、质性与定量测量相结合的方式，最终确定教师核心能力的构成要素。

2. 教师核心能力的构成要素

（1）教育教学能力

教师的工作植根于以知识、技能和伦理道德规范为媒介的师生之间的双边教育教学活动。从师生关系的角度而言，教育教学是教师的根本职业要求。教育教学能力符合教师核心能力的内涵与特征。习近平总书记在考察北京师范大学时强调，教师是人类历史上最古老的职业之一，也是最伟大、最神圣的职业之一。① 教师之所以神圣、伟大是因为教师是"塑造灵魂、塑造生命、塑造人的工作"。社会发展对人才的要求归根结底要靠教师的教育教学来实现。教师从新手到熟手、从熟手到专家的转变，重要的标志也是教育教学能力的"提档升级"。

教育教学能力是世界各国教师专业标准重点关注的能力。美国教师专业标准的主要内容为规定教师应具备怎样的教学能力；英国的教师专业标准、澳大利亚的教师专业标准等都将教育教学能力视为重要的指标；我国的中小学教师专业标准也提出能力为重，强调教师要提高教育教学专业化水平。教育教学能力在当前的教师资格认定中处于核心地位，是我国教师专业发展中首要关注的能力。

教育教学能力的形成是教师不断学习的结果。教师教育阶段是教师职业学习的起点，在此阶段"准教师"学习教育教学的相关知识、习得技能，为教师生涯奠定基础。在日常教学中，教师施展高超的教育教学技巧，才能让课堂焕发出生命的活力。投身教研、科研等活动是教师快速提升教育教学能力必不可少的阶段。教师将自己的研究深植于教育活动的实际，并通过教科研活动把握新的教育教学理念、方式方法，实现

---

① 习近平. 做党和人民满意的好老师：同北京师范大学师生代表座谈时的讲话［M］. 人民出版社，2014：2.

自身教育教学能力的提升。

教师的教育教学能力的培养也离不开国家相关政策和学校组织文化的指引、熏陶。有组织、有计划的培训指导能够迅速提升教师的现有能力。芬兰之所以在PISA（国际学生评估项目）测试中表现突出，重要原因在于芬兰通过出台《教师教育发展计划》、制订详细的培训指导方案，有效提升了教师的教学能力，建设了一支优秀的教师队伍，实现了教育质量的飞跃。中国人民大学附属中学、重庆市巴蜀小学等优质学校的成功经验也显示，利用学校文化建设发展教师的教育教学能力是学校取得成功的秘诀之一。

教育教学能力是我国的教师专业标准重点关注的对象，拥有良好的教育教学能力是对全体教师的共同要求。教学活动牵涉开发课程、研读教材、精心设计、开展教学、有序管理、进行评价等一系列过程，教学设计能力、教学管理能力、教学实施能力、教学评价能力、课程开发能力等整体涌现质变成教育教学能力才促使教育目标顺利达成，即教育教学能力统帅诸多能力，决定着教学效果的优劣。

（2）学习创新能力

就教师与自我发展的关系而言，学习创新是教师专业成长的必由之路。教师只有不断更新自己的教育理念、专业知识与技能，创新教育教学方式，才能不断满足人民群众日益增长的对优质教育的需求。学习创新能力符合教师核心能力的内涵，同时具有教师核心能力的三大特征，而且在实际调研中也得到专家学者的认可。

教师在快速发展的时代胜任教书育人的工作，需要不断充实自己。苏霍姆林斯基强调教育是一种创造性的劳动，教师要精通自己所教学科，要"读书，读书，再读书"；第斯多惠建议教师要进行自我教育、自我完善。学习为教师的教育教学提供源源不断的活水，学习应当贯穿教师的整个职业生涯。如今学习型社会方兴未艾，培养创新人才成为我国弯道超车实现现代化的必由之路，教育是培养创新人才的大本营，而具备学习创新能力的教师则是培养创新人才的保障。教师只有用学习与创新的理念不断武装自己，方能适应纷繁复杂、发展迅速的现代社会，更好地培育学生。

　　学习创新能力需要教师不断学习、观摩、借鉴、反思才能逐渐形成。在教师教育阶段，"准教师"通过学习掌握教育教学理论知识，通过见习实习初步了解探究教育教学的规律；在日常教学阶段，教师在教育实践中不断理解学生，深化对教育理论、教学内容的认识，不断学习实践，甚至创新教学方法；通过教研、科研等活动，教师深入学习新的教育理念、教学方式，探讨教学技巧，分享教育经验。学习创新能力的养成除了教师自身的努力，也离不开高质量的培训，特别是依托高质量培训方案，借助高切合度的师资团队，以高参与度的学习方式较快实现成果的高规格转化，帮助教师快速成长。而学校浓厚的文化氛围，也能在潜移默化中引导教师不断加强学习，提高反思、教科研能力。当然，教师的学习创新能力提升，同样离不开国家相关政策的支持。

　　提高学习创新能力是面向全体教师的共同要求。随着终身教育、学习型社会、自组织学习等理念盛行，反思性教学由理念变成现实，教师成为反思性实践的典型代表，更成为科学研究者。尤其在教育重心从"教"向"学"转变的学习型社会，学习已是全体教师的重要标签。但仅有学习并不能够适应当下学习型社会的要求，教师在学习的同时必须将其成果有效转化为创新能力。信息技术的不断更新以及人类知识的不断发展，迫切需要教师在实践中和向实践学习，不断提高自身的学习能力、反思能力与教科研能力，及时查漏补缺、更新自身知识储备，锤炼信息化时代需要的各种技能，如运用互联网、大数据、人工智能等信息技术的能力，这样教师方能紧握时代发展的脉搏，使学习创新能力统帅其他能力。如果不能将学习能力、反思能力、自我认知能力涌现质变为学习创新能力，教师的发展难免顾此失彼。只有在专业发展的各个阶段不断学习，对自我的教育教学能力进行批判性扬弃，教师的专业发展之道才会更加宽阔。

　　（3）沟通合作能力

　　教育是主体间灵肉交流的活动。从教师与他人的关系而言，教育活动的有序展开离不开教师与学生、教师与同事，甚至教师与家长之间的言语交流、情感沟通以及相互协作。当下的教学是涉及家长、同事等多重利益相关者的复杂活动，沟通合作是联通多重利益主体的渠道和手段。

在此意义上沟通合作能力符合教师核心能力的内涵和三大特征。新时代党和国家对教育的重视程度远超以往任何一个时代，同时人们的主体意识不断增强，学生在教育中表达意愿、家长参与教育的热情空前高涨。与学生的平等沟通、与同事的合作、与家长的交流早已成为教师专业标准的重要内容，成为教师提升自我、实现专业发展的重要途径。

沟通与合作需要不断训练，利用课堂问答、小组讨论与交流、方案陈述、作业成果汇报等形式培养沟通合作能力。学会倾听、理解、表达与合作是教师教育阶段师范生训练的重要内容。在日常课堂教学中，教师做得更多的是不断学习倾听学生、理解学生，锤炼和改进与家长、同事等交流的技巧、方式。在教科研活动中，善于倾听他者的意见、协作共同研究更是成为教师成功的不二法门。

沟通合作能力同样是可建设的。团结合作的学校组织文化是促进教师沟通与合作的氛围保障，能够帮助新任教师迅速适应教育教学，让青年教师逐渐成为骨干，让熟手教师、专家教师不断提升理论水平，助力教师成长。拥有共同愿景的教师共同体是教师快速成长的重要保障。

未来社会中，定制化教育、个性化教育将促使教师更多关注学生个别化的学习需求，要求教师进一步提升言语表达能力、倾听理解能力，不断增强社交互动能力，应对未来社会的挑战。"教师的劳动方式是个体的，但劳动成果——学生德智体诸方面的综合发展，却不仅是教师集体智慧的结晶，也是全体教职员工、家长、社会各方面共同努力的结果。这就需要教师能自觉处理好与其他各方的关系，形成团结、互助、友爱、和谐的人际环境和共育良才的合力。"可见沟通与合作是全体教师需要掌握的能力。

沟通合作能力是教师观察、倾听、言语、动作等一系列能力的集合，包括表达能力、倾听能力、同理反应能力、社交互动能力等。为了改善学校教育实践，教师以自愿、平等的方式，就共同感兴趣的问题共同探讨解决办法，从而构建形成一种批判性互动关系。教师在与同伴、名师、领导或者校外专家的互动合作中，不断调整自我角色，在合作和冲突的递进循环中，实现自我专业发展。教育是复杂的科学与艺术，单纯的表达、倾听并不能有效解决问题，唯有有效沟通、通力合作，发挥教育合力，教育效果方能达到极致。总之，沟通合作能力是表达能力、倾听能力、同理反应能力、社交互动能力等的集合体，它统帅着这些能力共同应对教育的挑战。

3. 教师核心能力的齿轮模型

习近平总书记指出，分析中国经济，要看这艘大船方向是否正确、动力是否强劲、潜力是否充沛。① 受此启发，笔者将教师核心能力分为方向类、动力类、保障类三类。借鉴机械学的齿轮传动原理，构建教师核心能力齿轮模型：3 个啮合齿轮分别代表教育教学能力、学习创新能力与沟通合作能力，每一个齿轮都可以看作主动轮，带动其他齿轮转动。齿轮间啮合转动的关系就如同教育教学能力、学习创新能力与沟通合作能力相互促进、共同发展的耦合关系，具体见图 6 - 2。

图 6 - 2　教师核心能力齿轮模型

教育教学能力回应的是教师与学生的关系，确保教师能"专业做事"、成为专业化教师，是方向类能力。教育教学能力统帅其他能力不断完善和发展，其包括的教学设计能力、教学实施能力与教学评价能力，为教育教学活动提供了预设方向、实践方向、改进方向，有利于促使教师成为"专业的教育人"。

沟通合作能力回应教师与同事、家长及管理者的关系，为教师教育教学能力的提升提供保障，以"保障"的形式实现对其他能力的统帅，

① 坚持构建中美新型大国关系正确方向 促进亚太地区和世界和平稳定发展 [N]. 人民日报，2015 - 09 - 23 (1).

提升教师"通力做事"的能力，合力保障教育教学活动的顺利有序有效开展，是教师核心能力系统的第一领域，可以促使教师成为"共赢的教育者"。

学习创新能力回应的是教师与自我的关系，为教师专业发展提供源源不断的动力，使教师能有"创新和追求"，是动力类能力。学习创新能力包括学习能力、反思能力、自我认知能力等，是教师专业发展的推力、反推力、拉力、内潜力，促使教师不断革新，推动教师超越"教育者"和"教育人"的形象，成为创新型的新时代教育家。

总之，教育教学能力、沟通合作能力和学习创新能力分别着力于提高"做事""做人""做追求"的智慧，三类能力相互耦合、交互作用，共同组成了教师的核心能力，带动其他非核心能力发展。核心能力通过教师教育、日常教育教学、教科研等活动不断提升，最终促使教师不断成长为"四有"好老师。

三 营造儿童友好型学校教师核心能力的方法

（一）在实践中总结发展经验

教师核心能力的生成并非一蹴而就，而是需要教师在实践中不断总结。教育是人类特殊的实践活动，教师核心能力的获得除了必要的学习外更离不开实践的探索。教育实践并不是盲目的实践，需要在一定的教育理念指导下综合教育活动中的各种要素实现对人的培养。"教师的教育实践是师生双方在互动过程中相互创造、相互证实自己的存在。"以核心能力生成为目的的实践就应明确，教师的核心任务是培养人，培养人的活动主要是在与学生的互动中完成的。失去实践这一沃土，教师核心能力也失去了发展的养分。可以说教育实践是发展和检验教师核心能力的一条根本路径。实践是一个动态的过程，如果缺乏对这一过程的总结，这一过程就会停留在一种重复、机械的操作层面。使用核心能力的过程中须不断进行经验的总结，这种总结也不能是一种随机无序的堆积，而应根据问题间的内在联系，让这些经验形成一个综合体系，以便能够迅速分析问题产生的根源，有效地解决问题，为进一步实践打下坚实的基础。

（二） 在反思中把握发展的方向

教师核心能力的发展性就决定了教师必须不断更新自己的教育理论知识。一段时期内人们的认识水平是有限的，随着理论的更新，人们的实践也需要进入一个新的阶段，新的阶段的进入就需要教师对相应理论有着深刻的认识。核心能力的培养也是如此，对新手教师来说，学习新的教育教学理论是再重要不过的了，通过对各种理论的学习，了解学生的发展水平，找准自己能力发展的短板，有针对性地查缺补漏，可以在完善职业能力的基础上不断发展自己的核心能力。核心能力的发展也须注重知识量的积累和结构的不断优化。因为学生的认知水平不断变化，教育的工具不断改善，教育的内容也在不断优化，每一种变化都需要新的措施加以应对，所以教师必须通过不断学习将各种感性的经验上升到理论的高度。同时，核心能力的特殊性使得他人核心能力生成的过程是不可以轻易复制的，那么这就需要教师根据自身的能力特点不断地学习研究，在借鉴的基础上获得自身的发展。

（三） 从非自主到自主，向教、学、研一体化方向发展

美国学者伯瑞克豪夫和吉尔对成人学习的相关研究报告进行了分析，结果表明：成人 90% 的新学习是通过在工作中自我发起的学习活动来实现的，而不是通过在工作场所之外的有计划、有组织的培训活动。核心能力生成的过程更多是一种成人对新事物的学习过程，成人学习的特点就使得这种过程应走一种自主发展的道路。自主发展的目的性很强，方向也很明确，而在他人控制下的发展更多表现为一种被动的发展，很难激发教师本身的主动性，同时容易忽视教师的自身特点，使得发展缺乏针对性和有效性，最终难以取得较好的发展效果。自主发展的过程需要教师立足于常态化的教学，在日常教学中实践、反思，但我们还需在理论基础上对实践与反思的结果进行科学研究。教师可以通过专业进修、阅读教育理论著作、查阅最新教育学术研究动态、寻求教育专家的指导等方式不断提升自己的理论素养和研究水平。教育理论学习和教育实践是核心能力生成的重要途径，这些途径的作用的有效发挥，也需要建立在教师一定的教学研究基础之上。教学研究是联系教育理论和教育实践

的重要纽带，是获得新认识的重要途径。研究的过程也是发现问题和解决问题的过程，教师在其中找出核心能力发展的问题，使自己的教学更上一层楼。从非自主到自主，从关注常态的教学实践到不断学习新的理论知识，从不断反思到不断研究反思的结果，教师的自主发展最终也是要走向一条教、学、研一体化道路。

第七章 基于儿童友好视角的农村学校环境建设

第一节 农村学校儿童友好视角缺位的空间表征及成因分析

一 儿童友好视角缺位的空间表征

儿童友好理念同学校空间建设相互融合，需要对学校进行科学管理，学校欠缺科学管理，不仅不利于学生的在校健康成长，也不利于学校空间的整体建设发展。然而，在学校科学管理方面存在着一些问题，阻碍了儿童友好视角下的农村学校空间建设。

（一）学校建筑空间基础设施投入不足

学校建筑空间基础设施的投入与建设为学生在校安全健康成长提供了重要的物质基础。学校建筑空间建设实践显示了对学校建筑空间基础设施的投入，投入不足无疑对儿童友好视角下的学校建筑空间建设是极不利的。农村学校尽管受地区经济发展影响，学校建筑无法比拟城市学校，但是仍需在学校建筑空间基础设施上投入一定精力。学校建筑空间基础设施的投入不仅关系到学校建筑空间的建设，更影响学校空间的整体建设。尤其对于安全、健康与保护维度下的学校建筑空间建设而言，学校建筑结构的高质量、基于儿童友好视角进行的育人结构设计，在很大程度上保障了学生的安全与健康。学生生活在学校大环境中，需要学校建筑给予他们一定安全感，才能够更好地在学校接受教育。因此，基于儿童友好视角建设学校空间，我们需要关注学校建筑结构的设计。学校建筑所具有的育人功能对在校学生的学习发展以及学校的整体建设发展都具有重要的意义。而对儿童友好视角下学校建筑空间建设中学校建筑结构设计的重要性的忽视，是我们在建设农村学校时亟须解决的问题。

（二）学校文化空间的乡土性体现不足

学校作为学生生活的主要场所，其良好氛围的创设对学生的健康发展具有重要意义。儿童友好视角下，在现有的农村小学学校文化空间建设中，农村学生在校并不能很好感受到儿童友好氛围，其原因很多，如学校图书馆缺乏舒适的休息活动场所等。这里，学生对学校文化空间建设的低满意度正是从侧面反映了学校在文化空间建设上存在的不足。

蒋洁梅在一项调查中发现，提及乡土文化元素在学校文化空间建设中的融入情况，农村学校的许多学生表示并未在校园感受到乡土文化的熏陶，个别小学生对乡土文化更是缺乏认识，对乡约习俗、传统的学校建筑等都表示陌生。在简单介绍乡土文化内涵后，部分小学生们甚至对乡土文化元素在学校文化空间中的融入漠不关心，认为这些文化知识老师上课会讲，知道就可以了。[①] 这在一定程度上反映了学校文化空间的乡土性体现不足，学生乡村文化认同缺失、文化自信不强。

（三）学校学习空间的学生所需知识供给不足

儿童友好视角下的学校空间建设离不开教师的在校知识教学。教师需要对学生主体有足够的关注，才能更好地建设学校学习空间。但在农村学校中，部分教师缺乏对学生主体的关注，无法很好满足学生课堂的知识学习需求。许多教师在谈及学生的在校教育时，第一反应便是提及家长的责任，将学生学习教育等方面的发展的责任直接推给家长，而不是从学生角度去考虑作为教师的责任，直接削弱了自身作为学生引路人所起的作用。部分教师甚至认为，离开了课堂，教师的责任便减少了，这毫无疑问不利于儿童友好视角下学校学习空间的建设。同时，谈及在儿童友好型学校学习空间建设中，科学应用网络技术对学生进行网络教育时，有些教师能够认识到自己作为教师，应当加强自身的教学能力，肩负起学生的知识教学责任，以学生为主，而有些教师则认为相比于不

---

① 蒋洁梅．儿童友好视角下农村小学学校空间建设研究［D］．扬州大学，2021.

断提升自身的教学能力，学生本身所具备的个体条件以及配合更为重要。对这些方面问题的回答都在一定程度上反映了部分教师对学生学习需求认识的缺乏，不能很好满足学生的学习需求，也让我们认识到基于儿童友好视角，现有的学校学习空间建设仍存在许多不足之处，无法很好满足学生的学习需求，这些不足之处不仅影响学生在校的健康发展，也在一定程度上阻碍了学校学习空间的科学建设。

（四）学校关系空间的多主体合作不足

儿童友好视角下的学校关系空间建设需要多主体的相互合作。面对学校举办的多项活动，师生间的交流与配合、家校之间的友好合作都影响着学校儿童友好视角下的关系空间建设。然而，在儿童友好视角下参与与和谐维度的关系空间建设中，关于绿化地、图书馆等场地，师生沟通不多，不利于学校关系空间的良好建设。此外，蒋洁梅在前文所说的调查中，发现一些教师表示很少同学生一起吃饭交流，大多数的教师认为相比于学生的学业成绩，这些平时生活上的交流沟通并不是非常重要。当然也有部分教师表示师生之间的交流沟通确实存在过少的情况，但这也是受到大环境的影响。而学生在提及学业与自己和教师间的沟通交流时，也普遍表示教师不是自己的父母，只需要认真学习好课堂上老师所教授的知识、按时完成老师布置的任务就可以了，同老师在生活上进行更多的交流是没有必要的。对于家校之间的合作，许多家长则表示受到许多现实情况的限制，有心无力。

上面这些情况让我们认识到在建设儿童友好视角下的学校关系空间时，家庭、学校、教师以及学生多主体合作不足会对学校关系空间的建设产生一定阻碍，需要引起我们的重视。

二　儿童友好视角缺位的成因分析

（一）经济发展水平影响了学校建筑空间建设的经费保证

农村地区的经济发展水平对儿童友好视角下农村学校建筑空间建设具有重要影响。农村经济发展水平较高，意味着在学校建筑空间的建设中能够有较多的经费作为保障，进而有助于农村学校建筑空间的基础设施建设；相反，经济发展水平低，没有足够的经费保证，对学校建筑空间的基础设施建设必然带来一定消极影响。一方面，学校建筑空间的基础设施建设需要有一定经济基础的支撑，否则会阻碍学校建筑空间建设。学校教学楼、操场以及图书馆等是学生在校学习的主要场所，其建筑物的建设不仅影响学生的在校学习，对教师的教育教学方式等方面也具有重要影响，如互联网电脑接入，投影仪、白板等教学设备的更新都需要一定的资金支撑。另一方面，经济发展水平低，不利于儿童友好视角下农村学校建筑空间建设的科学管理。从学校建筑物的整理、规划、管理，到学生、教师群体的管理，学校不仅需要对其投入精力，还需具备一定的经济基础，只有这样，才能更好地促进儿童友好视角下的农村学校建筑空间建设。

（二）乡村文化认同缺乏导致了学校文化空间的城市化倾向

儿童友好视角下的农村学校文化空间建设以儿童为主，重视儿童的成长与发展。学生乡村文化认同的缺乏，对学校儿童友好视角下全纳与平等维度的文化空间建设影响颇深，更是进一步导致了学校文化空间的城市化倾向。在城乡一体化背景下，城市化的快速发展使得空间上城市的建设用地面积不断扩大，受此影响，农村的耕地面积急剧减少。因此，有些学校就提出将生源不足且教学质量较差的学校进行撤并，形成中心学校，认为这样就可以对学校文化资源进行集中整合，同时也有助于规模效益的提升。然而这样的做法忽视了学校办学的最终使命，不利于农村学校学生乡村文化认同的培养与强化。此外，农村学校文化空间建设受到影响，其乡土文化特色逐渐弱化，相关教学内容也在逐渐减少。这对于促进农村学校学生对农村传统文化产生认同是非常不利的。培养学生乡村文化认同，增加学校文化空间建设中的乡土元素，让乡村文化成为学生日常学校生活的一个组成部分，才有益于学校儿童友好视角下全纳与平等维度的文化空间建设。此外，对于身处农村学校环境的学生而言，文化需求得不到满足，其各方面发展也会相应受到一定限制。因此，乡村文化认同的缺乏造成了学校文化空间的城市化倾向，不仅不利于学生文化自信的提升，还会阻碍学校儿童友好视角下的文化空间建设。

（三）　学校教育资源分配不均衡限制了学习空间中教师的有效教学

农村学校受到地区发展的限制，学校教育资源相较城市学校并不充足，进而限制了教师在校的有效教学，不益于学校儿童友好视角下有效的教与学维度的学习空间建设。城市学校与农村学校的教育资源分配不均，造成农村学校教学资源应用和共享的成效较低，学校有效的教与学维度下的学习空间建设因此无法得到一定保障。教师及学生在教育资源分配不均衡情况下，难以获得优质的教育教学资源，这有碍于教师从学生主体角度去考虑教学的发展，引导学生主动学习。特别对于小学教育而言，小学基础教育一直是国家教育的重中之重，然而受农村小学地区空间分布的影响，不少教师不愿留在农村学校任教，造成了一定数量教师人才的向外流动；教师无法获取很好的教育资源，在一定程度上也限制了农村教师对学生的有效教学。小学基础教育无法得到优质教育资源的保障，学校儿童友好视角下的学习空间建设也因此受到一定阻碍。并且，教师作为学校儿童友好视角下学习空间建设的重要参与者，其工作以学生为中心，向学生传授知识，对学生的发展影响巨大。因此，均衡分配学校教育资源对教师的有效教学具有重要意义；不均衡分配教育资源则会对教师在校的知识有效教学造成阻碍，进而影响学校儿童友好视角下有效的教与学维度的学习空间建设。

（四）　评价制度单一限制了关系空间中多主体的参与机制运行

学校儿童友好视角下参与与和谐维度的关系空间建设需要家校、社区以及师生的共同努力。建立规范的评价制度，通过评价制度引导多主体融入教育进程中，有助于学校关系空间的整体建设；而评价制度单一则容易导致多主体的参与机制运行受到限制，因而不利于学校儿童友好视角下的关系空间建设。如在以学生为主体的评价中，现今制度化的学生评价还停留在教师主体对学生学习成绩的单向评价上，不利于对学生的全面评价。特别是小学阶段的学生，求知欲强，自我调节能力尚弱，对评价结果的接受度不受控制，这就对评价制度的建立提出了许多要求，需要针对学生个体的发展特点来建立评价制度。此外，在师生的课堂教学活动中进行有效的教学评价，对教师的教学行为也是一种引导与规范，不仅能够对教师提升专业素养进行督促，也能够对教学的质量以及效率进行提升。有效评价制度的建立需要经过多主体的评价考虑，学校、教师与学生正是学校课堂教学活动中的主体。同时，评价标准的制定也不应该仅仅满足单一主体对课堂教育教学结果的期盼，而是应该对教学本身所具有的价值以及规律进行考虑与重视，使得多主体能够参与到评价中。因此，单一的评价制度会为多主体参与机制的运行带来许多限制，因而有碍于学校儿童友好视角下参与与和谐维度的关系空间建设。

第二节　基于儿童友好视角农村学校空间建设的对策

一　安全、健康与保护：优化学校建筑空间的合理设计

（一）增加学校经费投入，全面体现儿童友好理念

安全、健康与保护维度下的学校建筑空间建设需要一定经费的投入以全面体现儿童友好理念。农村学校受到地区经济发展条件的限制，经费投入远不如城市学校。农村当地经济落后，地方政府不够重视，导致教学楼、图书馆、食堂等基础设施配备不够完善，给当地学生接受教育带来许多不便，无法给在校学生提供足够的安全保障。其中，在财政性教育资金投入上，不同省份差距较大，经济发达的省份教育资金的投入远远高于相对不发达的中部省份。因此，学校以及当地教育局都应当加大在学校建筑上的经费投入，全面体现儿童友好理念，进而更好地促进学生在校的安全学习与健康成长，推动学校儿童友好视角下安全、健康与保护维度的建筑空间建设。同时，学校建筑作为传授知识的场地，每个小角落的设计都可以拥有更多对学生的教育意义。固定的桌子、教室前方的屏幕与黑板等教学环境，已经显然满足不了当代的教育需求。我们也不应把学校建筑变成封闭式的学习场地，用桌椅去约束控制学生的身体，这样也不利于儿童友好视角下的学校建筑空间建设。加大学校建筑建设经费的投入，对学校建筑进行设计，能够使学生在良好环境中产生互动，进而引发学生的思考和激发学生的创造能力。想象并设计符合

学生成长所需的学校建筑，有益于推进学校儿童友好视角下安全、健康与保护维度建筑空间的科学建设，进而全面体现儿童友好观念。

（二）尊重学生个人隐私空间，提升学生安全感

学校是学生学习与生活的重要场所，学校建筑设施的安全是学生在校学习的基本物质保障。对于处在偏远地区的农村学校而言，学校建筑设施的安全能尊重学生个人隐私空间，提升学生安全感，因此，儿童友好视角下，学校的建筑空间要在安全、健康与保护维度上具有出色的表现。首先，对学校建筑设施要确保安全管理。学校建筑设施的建设需要进行严格的安全管理，在严格的安全管理下，学生才能在校安心接受教育，健康成长。特别对于农村学校而言，学校厕所需要进行有效建设，采取设置门挡等措施，有益于对学生个人隐私的保护。其次，学校建筑设施的质量要确保安全。学校建筑设施在建设时需要加强对学校建筑质量的把控，包括重视政府的监管、加强施工现场的质量安全管理等，这对提升学生安全感具有重要意义。最后，学校建筑设施的安全检查制度要确保完善。学校需要对学校建筑设施的安全进行定期的检查，才能够确保学生在校的教育学习安全。同时，学校还需要对学校校舍、教学器材等教学设施进行定期以及不定期的检查，及时发现学校建筑存在的隐患，从而为以后的建设做好准备。总而言之，确保学校建筑基础设施的安全、尊重学生个人隐私空间，能够为学生在校的安全和身心的健康发展提供保障，提升学生在校的安全感。

（三）严格把控学校卫生和食品安全，改善卫生环境

改善学校的卫生环境，对学校的食品安全进行严格把控，有助于促进学校安全、健康和保护维度下的建筑空间建设。学校卫生环境的良好益于学生在校的身体健康发展。2016 年，全国卫生与健康大会就提出全面加强中小学的卫生健康工作是需要做的事。针对影响青少年健康的因素，要从学生不断变化的健康问题入手保护学生的健康，提升其健康水平。同时，学生在校生活，学校食品的安全需要得到严格把控。特别对于农村学校而言，许多学生的父母都是在外打工，学生在学校食堂用餐较多，这就对学校食品安全提出了更高要求。严格把控学校卫生环境和

食品安全，有利于学生在校的健康生活。学校卫生环境的改善有助于学生的心理健康发展，优美整洁的学校环境能促进学生热爱学校生活，积极面对学校生活中的一切，因而有助于学校安全、健康与保护维度下的建筑空间建设。

二　全纳与平等：营造学校友好接纳的文化空间氛围

（一）宣传儿童权利相关知识，保障学生权利平等

学校儿童友好视角下全纳与平等维度的文化空间建设离不开对学生权利的认识与重视。对于儿童权利，从《儿童权利宪章》、《儿童权利宣言》到《儿童权利公约》的颁布，越来越清晰地体现出儿童作为独立的个体拥有自己的权利。向学生宣传儿童权利的相关知识，有益于学生认识自己的权利，促进学校儿童友好视角下全纳与平等维度的文化空间建设，对在校接受教育时每位学生都得到平等对待具有重要意义。为学生创设平等友好的文化空间氛围有助于学生在校的健康成长，而学生的健康成长事关每个家庭的幸福和社会的稳定，事关中华民族的未来发展。因此，向学生宣传儿童权利相关知识、平等对待每位学生，对学生的健康成长具有重要意义，也有助于学校文化空间的建设。此外，学生的权利与学校管理权之间也需要保持一定平衡，这有益于学生更好地认识并使用自己的权利。学生权利和学校管理权之间的平衡点并不是静态不变的，而是动态的。因此，学生认识了解儿童权利的相关知识，能够提高学生对自我权利的认识，因而有利于学校全纳与平等维度下的文化空间建设。

（二）提供充分时间与空间，尊重学生发展自由

学校儿童友好视角下全纳与平等维度的文化空间建设要尊重学生的自我选择，重视学生的自主性，为学生提供充分的自由活动时间和空间来展现自我。学生个体能够进行自主分析思考并掌握学习等各方面的规律，给予学生充分的自由活动时间与空间来展现自我，对学生个体的发展具有重要意义。一方面，充分的自由活动时间能够给予学生更多平等展现自我的机会。在学校中，学生只有知道自己想学什么，才能够在学

习知识中掌握学习的自主性，在展现自我的时候做出最好的选择。因此，给予学生足够的自由活动时间，有助于学生表达自我、健康成长，进而推动儿童友好视角下的学校空间建设。另一方面，充分的自由活动空间能够使学生更全面地展现自我。学生能够学习并掌握在课堂上教师没有教授过的知识与技能，并在合适时机充分展示多样的自我，因而有助于学校儿童友好视角下全纳与平等维度的文化空间建设。因此，为学生提供充分的自由活动时间与空间来展现自我，对学生做出自我选择并积极自主对待自我未来的发展具有重要意义，也益于学校儿童友好视角下全纳与平等维度的文化空间建设。

（三）增加乡土文化元素，培养学生乡村认同

乡土文化元素在学校空间建设中的增加，对培养学生乡村认同具有重要意义。城乡一体化背景下，农村教育文化认同功能一直处在一种失衡状态，农村文化的个性在不断消沉，这对于培养学生乡村认同是非常不利的。农村学校既要向学生传授以国家权威及城市文化为代表的统一的教育知识，也需要担负起对本土文化进行传承的使命。因此，在学校空间建设中，需要对农村学校生存环境的复杂性及独特性给予足够重视，注重农村地方文化与现代教育知识的融合，进而增加学校空间建设中的乡土文化元素。如在学校走廊、文化墙等地方对乡土文化进行传扬，有益于学生乡村认同的培养，进一步促进学生在校的健康发展。

乡土文化元素在学校空间建设中的增加及学生乡村认同的培养强化，有助于学校全纳与平等维度下的文化空间建设。乡村学校不能只将目标局限在把孩子送往城市完成"农村人"向"城市人"的身份转变上，而应始终坚持对乡村精神及乡村文明血脉的延续和守护。对于农村学校而言，在学校建筑、学校内部空间的文化设计上，小小特色文化墙的设计对学生存在着潜移默化的影响。因此，引导学生认知并充分感受乡土文化内在的魅力，使学生在日常生活中自觉地对乡土文化进行传承与发展，有利于增强学生的乡土归属感，进而提升学生依托于家国情怀的文化自信。学生通过对乡村文化的认同接纳，能够充分感受到尊严以及幸福，这对学校全纳与平等维度下的文化空间建设具有重要的促进作用。

三　有效的教与学：打造学生主体的学习空间质态

（一）创设空间氛围促进学习认知

学生作为独立的个体，受家庭、社会与学校等方面的不同影响，其产生的观念与想法也有所不同。学校儿童友好视角下有效的教与学维度的学习空间建设要认识到学生个体的差异，为学生创设公平友好的学习空间氛围，进而增强学生的学习认知。

首先，认识到学生个体发展的差异，有益于创造良好的学习氛围，使得学校学习空间得到良好建设。对于农村学校来说，受到教育资源匮乏的限制，其无法得到很多优质的教育资源，学生学习整体不如城市学校的学生。但是在知识的学习上，许多农村的学生对知识的渴望较城市的学生更强烈，在学习方面也更为认真。因此，关注学生的知识学习、创造良好的学习空间氛围，有助于学校在儿童友好视角下有效地建设教与学维度的学习空间。

其次，创设公平友好的学习空间氛围，有益于认识学生个体发展的差异，加强对学生个体知识学习的引导与管理。对于农村学校的学生来说，老人照顾孩子不如父母考虑全面，大部分老人只会关注孩子的吃穿，而忽视与孩子之间的心理沟通，这就造成学生无法得到很好的引导与管理。并且农村学校缺乏优秀的教师资源也导致了教师无法对学生进行良好的因材施教。因此，教师对学生的正确引导，对农村学校学生的发展具有重要意义。在教学过程中进行引导性讨论，可以为学生理解所探索的内容中不便于进行解释的概念化原则提供一些意见，也可以就学生在其得出的某些结论上存在的不足之处进行引导，帮助他们进行改正与补充。关注学生个体的知识学习、认识学生个体发展的差异、创设公平良好的学习空间氛围，对促进在儿童友好视角下学校建设有效的教与学维度的学习空间具有重要意义。

（二）开设实践课程促使能力形成

理解学生发展的不同需求，为学生开设个性化的、有特色的实践课程，有益于学生的健康发展以及实践能力的形成，进而能促进学校建设有效的教与学维度下的学习空间。农村学校受到地区文化因素的影响，在课堂教学的课程设置上本身就具备独特的优势。在满足学生实践能力发展的需求方面，农村学校拥有优越的课程开发环境。农村学校乡土文化方面的教育资源丰富，学校在开发校本课程上具有独特的优势与价值。因此，农村学校在开设个性特色的实践课程时，结合农村地区的实际情况，增加乡土文化元素，能提供给学生多种选择的空间，进而提升学生的实践能力。并且，农村学校需要重视学生实践能力的提升及健康成长发展的不同需求。农村学校学生课堂学习的课程应当符合他们的实际需要，使他们认识到要做一个对社会有贡献的人才，进而明白无论是家长还是老师，对他们的一些教导都是充满善意的。此外，学生在实践能力形成过程中的心理健康也需要引起足够重视。及时了解学生的想法，理解学生的开心与苦恼，才能够开设适合学生的个性课程。教师重视学生的心理健康，使学生在具体的实践课程中充分发挥自己的能力，也有助于与学生建立友好的和谐关系。因此，开设个性特色的课堂实践课程，不仅益于学生实践能力的形成，也有助于学校建设有效的教与学维度下的学习空间。

（三）运用信息技术拓展知识边界

信息技术在学校学习空间中的科学应用，对学生学习质量的提高以及知识边界的拓宽具有重要意义。2001 年，《基础教育课程改革纲要（试行）》就指出了推进信息技术在教学过程中应用的重要性。信息技术日趋网络化，为学生在校的学习方式带来了改变，有利于学校教育内容与方法的更新与变革，因而有助于提高学生的学习能力。其中，农村学校受地理位置的影响，教育经费投入不足、教师信息化素养较低，造成网络数字教育资源覆盖总体困难度较大，信息化教学面临多重困难。因此，农村学校需要考虑具体实际情况，在学校知识教学中科学运用信息技术，分析学生的不同个性发展状况，鼓励教师互相交流教学心得，才能够更好满足学生的实际学习需求，使学生更好应用知识。

信息技术在学校学习空间中的科学应用，对儿童友好视角下的有效的教与学维度的学习空间建设更具有重要的促进作用。教师在学校学习空间建设中发挥着重要作用，然而，农村学校实际情况是大多数学校的地理位置相对偏远，教师获取信息的途径较少，对新型信息技术的教学模式也缺乏一定的认识。这就容易造成农村学校教师养成一种安于现状的生活态度，产生一定的学习惰性，进而在理性层面缺乏对信息技术的应用以及对自身信息素养提升的职业规划，这无疑影响到学校教育教学的改善。因此，农村学校在将网络信息技术应用到学习空间建设中时，要鼓励并支持教师通过学习掌握关于网络教育的基本技能与知识，进一步利用现代化的教学手段对学生进行有效教学，这样才能更好推进农村教育教学质量提高的进程。特别对于一些教龄较长的教师而言，善用网络信息技术，对学生知识的有效学习具有重要促进意义。并且，提高教师对网络教育的相关认识、充分认识网络化学习可能带来的变化，也有益于学生学习知识范围的拓宽，有助于学校建设有效的教与学维度下的学习空间。

四　参与与和谐：加强合作协同的关系空间联结

（一）组织学生参与班级决策活动，增强学生主人翁意识

组织学生参与班级决策活动，有助于增强学生的主人翁意识，使学生积极参与学校活动，进而与同伴以及教师建立友好关系，推进学校参与与和谐维度的关系空间建设。学生参与班级决策，益于促进师生与生生之间的感情，体现班级的民主管理。学生在班级决策活动中提出的宝贵意见、与教师和其他学生共同探讨出的合适的方案，对班级的民主管理具有重要意义。在班级决策活动中，教师积极适当地肯定学生的进步，并且温和有效地指出学生所提出的建议存在的不足，不会造成师生之间的隔阂，能够满足学生的发展需求。因此，让学生参与班级决策，有助于班级管理的民主化，有利于学校在儿童友好视角下参与与和谐维度的关系空间建设。此外，学生参与班级决策，对学校师生间的友好交流也具有重要意义。学生班级管理建议的提出，能够引起学校师生的关注，进而增强学生积极参与的意识。使学校办学理念或教育思想渗透于日常的学校教育活动之中，能够深化活动内涵，逐渐形成学校成员的新气质。具体来说，学校师生参与意识增强，教师同学生打成一片，深入学生群体，尊重信赖每位学生，尽力创造条件让每位学生的才能得到充分发挥。

在这样的活动参与中，学生与教师和睦友好，有助于学校在儿童友好视角下参与与和谐维度的关系空间建设。

（二） 建立校园重大事件意见征询制度，推进多主体参与学校治理

学校治理需要多元主体参与，建立校园重大事件意见征询制度，有助于学校在儿童友好视角下参与与和谐维度的关系空间建设，促进家校、师生及生生之间的友好沟通。对于校园重大事件，如学校发展规划、学校各项规章制度的制定及学校精神文明创建工作的开展等，召开教师、家长代表座谈会，进行意见的广泛听取，益于多主体参与合作，将所提出的建议落实到位。家校合作对学校的治理也具有重要推进作用。家校互动是人际互动中的一种特殊且主要的形式，学校需要重视家校之间的互动，不能只是埋头于学校教育。建立良好的"家校合作"关系，有助于学校与家长形成合力，进而促进学校各项工作的顺利开展。通过各种方式同家长进行沟通交流，建立征询制度，引导家庭在教育目标、教育行为等方面的转变，对学生的健康发展及学校的良好治理具有重要意义。同时，师生间的沟通交流也有利于学生的发展与教育。学生在教师的指导与鼓舞下，能够充分发挥参与的主观能动性，使其行为参与保持一致，进而积极主动地参与学习活动。因此，建立校园重大事件意见征询制度，听取多主体对学校治理的意见，有利于学校在儿童友好视角下参与与和谐维度的关系空间建设。

（三） 依法规范教师教育惩戒模式，促进师生之间友好沟通

重视校内师生间的友好沟通，对学校儿童友好视角下参与与和谐维度的关系空间建设具有重要意义。《中小学教育惩戒规则（试行）》的实施，直接明确了教师可以在必要的情况下对学生进行教育惩戒，依法规范了学校教师教育惩戒模式，在一定程度上有益于师生之间的友好沟通。教师在对学生的实际教育教学过程中，缺少不了对学生的教育指导，教育惩戒正好能够在一定程度上促进教师在教育教学中对学生的指导与督促。进行合乎正义精神的教育惩戒，不仅要基于班级或学校的情况建立一整套公开透明的惩戒程序，而且需要关怀学生、了解学生心理、帮助学生健康成长。我国《义务教育法》《未成年人保护法》都曾指出过，

教师不得对学生进行体罚以及变相体罚，但因此直接放弃对学生的惩戒教育，仅用"爱"感化学生，在实践中是很难做到的，也不益于学校参与与和谐维度的关系空间建设。因此，依法规范学校中教师对学生的教育惩戒，有助于教师通过对学生的教育纠正学生的不良行为等，进而更好促进学生的发展。并且，师德规范的相关制度与法律的颁布，为师生之间的友好交流也提供了重要保障，如《新时代中小学教师职业行为十项准则》就指出禁止歧视、侮辱学生。特别对于农村学校的小学生而言，自卑以及心理烦恼多等种种问题会经常出现在他们身上，使他们备受压力。然而，小学生通常不会愿意向父母或者同学倾诉这些，更不会将这些说给班主任听，他们想要的是亲切且有耐心的、可以帮助他们摆脱忧愁的哥哥姐姐。因此，倾听学生内心的想法、依法规范教师教育惩戒模式，能够促进师生间进行良好的沟通交流，进而科学建设学校儿童友好视角下参与与和谐维度的关系空间。

第三节　基于儿童友好视角改善农村小学留守儿童教育环境的现状

在农村小学教育教学过程中，教师所普遍面临的一大教育难题便是留守儿童教育问题。因此，在学校教育开展过程中，更应当根据农村留守儿童的实际情况来调整德育实践策略，有序推进当地农村留守儿童德育教育，推动学生综合道德素质的提升。

一　当前背景下农村小学留守儿童教育现状

（一）农村小学留守儿童家庭教育缺失

对留守儿童而言，由于缺乏与父母的长期相处以及缺乏良好的家庭教育氛围，仅仅依托隔代教育难以真正保障学生的心理健康教育。实际上，由于部分家长过于忙碌，只关心孩子的学习成绩而忽视孩子的心理健康教育，部分留守儿童过早承担了父母的压力，在日常生活中难以释放压力，容易使他们出现自卑、压力过大的情况。

（二）农村小学留守儿童接受的学校教育水平有待提升

部分农村地区由于交通欠发达、资源不太丰富，与城市相比，在经济发展水平上呈现落后状态。经济发展水平不高，必然会影响农村教育氛围与教学环境。农村的留守儿童较多，其父母中的一人或者全部都外出打工，无法为孩子提供相应的关爱。因此，农村小学留守儿童所接受的教育往往存在较为严重的问题。第一，农村小学教材及其他教学资源不充足，其教育水平在对学生的综合素质以及个人能力展开针对性培养方面还有待提高，而留守儿童由于父母不在身旁，自己也较为腼腆，在直接与教师沟通方面能力还有待加强。长此以往，留守儿童在教育效果上的问题有拖慢课程进度的可能。第二，一部分家长在外地稳定之后，会将孩子带到外地上学，但是由于留守儿童所接受的农村小学教育与城市小学教育之间存在一些差异，留守儿童面对新的教学环境，可能会出现适应慢、跟不上教学进度的问题。部分农村地区小学在教学课堂上，有采用方言教学的，留守儿童在更换学校时，可能会出现一定的语言沟通不便的问题。

二　针对农村小学留守儿童教育的困难所采取的解决方法

（一）完善学生档案管理工作，充分了解留守儿童实际情况

班主任在学生档案管理工作开展过程中，应当在学校所提供的学生学籍表、基本情况登记表等档案信息之上，更为详尽地掌握本班留守儿童的情况，比如家长外出情况、孩子监护情况以及学生心理状态等，并且应当及时就学生这些情况与家长进行沟通，更为细致地观察留守儿童的个性特点、人际关系、兴趣爱好、思想状态等。这种形式更有助于挖掘留守儿童身上潜在的种种优点，培养留守儿童积极向上的学习态度以及自信心。除此之外，教师还应当注重记录留守儿童家长的联系方式，以微信群组或者电话沟通的形式与留守儿童家长就学生的日常学习与生活进行交流，确保留守儿童家长能够清楚掌握孩子在学校与家中的情况，并借助这种方式给予留守儿童更多的关爱。

（二）畅通家校共育沟通渠道，注重留守儿童心理健康教育

为有效解决留守儿童问题，校方还应当与学生家长畅通沟通渠道，

借助家校共育的方式来解决留守儿童的教育问题。为做好保学控辍，学校教师应当借助线上沟通渠道多与学生家长进行沟通，就学生现阶段所存在的问题进行及时沟通交流。同时，学校也应当与学生家长沟通孩子教育问题，对思想观念相对落后的家长进行适当沟通教育，破除少数家长的"读书无用论"观念，在农村中积极开展对留守家庭家长的教育培训，有效解决留守儿童教育问题。教育部门也应当为留守儿童、家境贫寒的学生提供教育补贴与生活补贴，保障每一位农村学生都有完整接受九年义务教育的权利，减轻家长的负担，这样也就能够提升农村地区学生的受教育率与升学率，为祖国的未来提供充足的知识养料。

留守儿童由于缺乏父母的关注，会出现缺乏心理安全感以及自我认同感的情况，并逐步出现严重的自卑感，经常会消极应对学习和生活中的困难。因此，教师也应当积极调整教育策略，依托家校共育的方式使学生能够最大限度理解父母，并在与家长的沟通中及时了解家长的家庭教育情况，从而协助家长有效调整并优化家庭教育策略，推进留守儿童的心理健康教育。农村小学可以设立"心理健康教育平台"，定期对青春期心理变化、日常情绪变化进行科学性讲解，帮助留守儿童了解相关心理知识，把握个人情绪，而且当学生存在心理问题时，也可以向心理健康教育平台寻求专业帮助。学校每个学期可以组织一次家访，由班主任和年级主任走访留守儿童家庭，实地了解留守儿童的生活环境与家庭状况，并为家境困难的留守儿童提供相应的资金援助与人力帮扶。除此之外，学校可以在国庆节、中秋节或者春节等假期召开全校家长会，在这些时间段外出打工的留守儿童家长大多会回乡探亲，教师能够借此机会与留守儿童家长直接进行交流。

（三）完善农村地区德育课程，做好留守儿童良好品德教育

在农村小学学科教学过程中，部分教师忽视对学生的德育教育，不断压缩德育教育的课时，并在分数导向的引领下只关注教学而忽视了"育人"工作，使得农村留守儿童德育教育受到阻碍。因此，在当前农村小学阶段对留守儿童的德育教育问题上，教育者应当意识到需要调整德育教育比重，结合具体学科渗透德育教育，并能够适当增加德育课程课时安排，加强和完善德育教师师资力量建设。在此基础上，各科教师

间形成良好互动，共同结合当地农村留守儿童实际情况来推进教育教学。一方面，教师应当重点关注留守儿童的思想动态以及学习情况，能够对学生现阶段所出现的问题进行解决；另一方面，教师也应当能够结合自身所讲授的学科优化渗透策略，使学生在赏识教育下发现自身闪光点，以饱满的热情投入学习中。

父母是孩子的第一任教师，由于留守儿童的家长大多常年外出打工，在许多为人处世道理上无法对孩子进行言传身教，学校与教师也应该主动担负德育的责任。农村学校应当重视德育教育，并为其单独设立一门课程，学生需要在这门课程上完成德育理念的学习。

（四）优化农村地区教育环境，积极发展农村地区经济

要想改善农村留守儿童的处境，首先应当对农村地区的教育环境进行优化。可以联合城市高校组织农村支教活动，让高校大学生来农村进行支教、助教活动，为农村地区的教师队伍引入新鲜血液。由于大学生与小学生之间的年龄差较小，代沟也较小，其不仅能够为农村小学提供教学资源与新式教学方法，还能通过和小学生分享城市新鲜事物来拉近彼此之间的距离。农村小学也可以和周边城镇学校建立合作关系，由城镇学校为农村小学提供教学方法与师资力量，由农村小学为城镇中学提供优质生源，这种形式能够有效增强学生所接受的小学教育的专业性与科学性，也能够通过合作关系为农村小学生提供更好的毕业去向。

农村地区还应该积极进行经济改革，促进地区经济发展。农村留守儿童众多的主要原因在于农村就业空间仍需拓展，家长为满足家庭日常开支需求和给孩子提供优越的生活环境选择外出就业。因此，在农村地区开辟就业岗位、提升农村群众的就业率才是减少农村留守儿童的直接有效途径。首先，农村地区可以借助自身的优势，进行招商引资，通过开发旅游业和特色产品链来扩大就业空间。其次，对于家庭手工作坊或者农民自主创业也应该制定相应的鼓励政策。比如，可以根据农民的实际家庭状况，为其提供低利息贷款，为其筹备自主创业项目启动资金。农村地区进行经济发展的首要任务是把人留下来，利用就业岗位与各类福利来吸引外出打工群众的目光，然后为其提供技术、资金、人力以及政策等方面的帮扶，这样才能真正地改善农村地区的经济现状，并对农

村地区的教学环境进行升级，进而降低留守儿童数量。

　　总之，农村留守儿童教育问题是一个极其复杂的、综合性的社会问题，农村小学留守儿童教育需要受到学校的高度关注。因此，基于儿童友好型学校的构建，教师应当用爱与耐心陪伴学生成长，时刻关注班级学生的心理动态，并最大限度畅通与学生家长的沟通渠道，来确保留守儿童的身心健康成长。

第八章 "双减"政策下儿童友好型学校的建设

第一节 "双减"政策下儿童友好型学校的发展

《关于进一步减轻义务教育阶段学生作业负担和校外培训负担的意见》明确指出，减轻学生负担，根本之策在于全面提高学校教学质量，做到应教尽教，强化学校教育的主阵地作用。"双减"政策落地的关键是学校的优质发展。作为基层教育工作者，需要积极思考："双减"的意义何在？如何落实这个"减"字，实现学校的优质发展？

一 聚焦两个关键词——"控量"和"提质"

"双减"的意义可以用两个词来概括，即"控量"和"提质"。"控量"指的是以下两点。一是纠课外辅导之偏。通过政策介入强行矫正课外培训机构的"超前学习"和"超标学习"带来的不良影响，如影响学校正常教学、危害学生的学习兴趣、使学生形成不良的学习习惯、加剧恶性竞争等。依法依规治教，恢复和重建教育生态。二是纠校内教学之偏。学校普遍存在的问题是教师对教学要求把握不准，以练代讲，通过单纯大量刷题或超前学习抵消课堂教学质量不高的影响，导致学生学业负担太重，严重影响了学生的身心健康。"控量"要求教师充分理解新课程标准中的学业要求，精准把握教学内容和作业布置方式，控制教学内容与作业量。所谓"提质"，指"双减"的目的是减负增效，也就是说在减少学生总体学习时间与精力投入的基础上，不仅不降低，而且还要提升学生的学业质量。此外，"提质"不是单纯指提升学生的学业质量，还包括提升德智体美劳等综合素质。

二 关注"三个对象"——教师、家长与学生

如何实现"控量"和"提质"？我们要关注"三个对象"：教师、家长与学生。

对于教师，有三点要注意。第一，教师转变思想，提高站位，理解"双减"政策的内涵。"双减"政策坚持以学生为本，遵循教育规律，着眼于学生身心健康发展，能缓解家长焦虑情绪，回应社会关切，重构良好教育生态，是利国利民的好政策。因此教师要坚决贯彻党中央决策部署，承担起立德树人、铸魂育人的使命。第二，作为一名教育工作者，教师要增强专业自信，从政策上、专业上对孩子的成长和终身发展提出正确的见解和做法。第三，教师要过好自己的心理关。学生的课外辅导停了，课内作业减少了，给了学生自我成长的时间与空间，有利于学生未来的可持续发展，从长远看是好事，教师们应积极支持，并开动脑筋思考实现"控量、提质"的路径与方法。

由于长期受应试教育的影响，很多家长教育理念存在短视化、功利化的倾向。"双减"之后，一部分家长会想方设法维系补课取得的学业优势；一部分家长会茫然不知所措，增加学业焦虑的情绪。因此学校和老师要努力缓解家长的焦虑情绪，赢得家长的信任，积极与家长沟通，帮助家长正确理解政策的初衷和导向，争取家长的全力配合，与之形成教育合力，让"双减"政策能真正落地，促进学生的健康成长与进步。

此外，学校与教师要充分利用学校教育的主阵地，激发学生的学习兴趣与求知欲，唤起学生的内驱力，变被动接纳为主动学习，培养其自主学习、合作学习与探究学习的能力，使其成为德智体美劳全面发展的社会主义建设者和接班人。

三 把握好四个变量——课堂教学效率、作业设计、课后服务课程与教师专业化水平

学校优质均衡发展是"双减"政策落地的抓手。"双减"政策下的

学校优质均衡发展要把握好四个重要变量：提高课堂教学效率是学校教学质量提高的保障，优化作业设计是学生学业分层发展的保障，丰富课后服务课程是学生快乐成长的保障，提高教师专业化水平则是学校可持续发展的保障。

优化时间管理，提高课堂教学效率。优化时间管理、提高常态课教学质量是大面积提高学校质量的保障。教师要力图做到课前充分准备，合理安排教学时间；科学安排教学环节，保持课堂教学时间效率；精确把握教学时机，科学引导课堂生成；灵活管理教学时间，减少无谓的课堂损耗，课后反思总结，深层优化教学时间管理。反思的意义并不只在于"思"，更在于"反"。这个"反"，一是对自己的教学行为和理念的"回头看"；二是"跳出来"，站在学生的角度思考他们的进步与问题，及时反馈与查漏补缺，确保课堂效益的最大化。

优化作业设计，实现减负增效。作业是教师巩固教学内容、查漏补缺的重要手段，更是教师检测教学效果的依据。科学合理有效设计作业，能帮助学生巩固必备知识，形成关键能力，培养良好学习习惯；帮助教师精准分析学情，改进教学方法，促进学校完善教学管理，开展科学评价，提升教学质量。当前，作业设计普遍存在以下问题：一是作业的量过大；二是作业设计停留在低阶思维层面，方式单一，以机械的抄写、背诵与题海训练为主，长此以往将磨灭学生的学习兴趣，遏制学生的思维发展，影响学生的身心健康。针对上述问题，教师应从以下三个方面优化作业设计。一是按照国家要求控制作业总量，再以巩固学科核心知识、发展必备能力与关键品格为目标精选作业内容，尽量减少简单机械重复性作业。二是丰富作业的形式，从学段、学科特点及学生实际出发，在保证作业基础性的同时，创新作业形式，设计复习巩固、拓展延伸和综合实践等类型的作业，提升学生学习能力；设置基于问题情境的实践性作业、单元整合及跨学科综合作业，培养学生学科核心素养。三是把握作业难度，合理分层。根据作业的认知层次，课后作业可分为识记、理解、应用等层次。教师要针对不同学生的特点，有针对性布置不同层次的作业，强调在关注理解与运用的基础上，加强综合性、探究性和创新性。此外，要加强作业指导与评价。教师要讲清楚作业的目的和要求并进行方法指导，然后要记录作业中的典型问题，及时反馈，分析原因并提出解决措施；还应根据学生的学情和作业类型，丰富评价的方式，将自评、师评与生生互评结合起来。评价可采用等级评价、评语等形式，注重评价的激励性。

精设校本，丰富课后服务课程。"双减"之下，学生课后有更多的时间留在校内。利用一般课时以外的时间，积极开设不同形式的校本课程，是丰富课后服务课程的必要途径。以英语学科为例，可开设整本书阅读课程、影视赏析课程等。为避免校本课程随意化，学校应组建教研团队，整体规划，从课程目标、评价方式、实施保障等方面构建校本课程方案，然后通过多轮推进，行动反思，逐步完善校本课程设置。英语校本课程可采用多种渠道提升学生英语学习的兴趣，促进学生语言素养的提高，引导学生学会赏析不同形态以及国家的文化，拓展学生国际视野，使学生发展多元文化意识，学会批判地辨别并汲取优秀文化。

提升教师专业化水平，打造品质课堂。俗话说"打铁还需自身硬"，提高学校教学质量的关键是教师。一方面，一线教师只有不断修炼内功，夯实自身的学科知识、教学知识基础，提升课程素养、思维素养、文化素养和信息技术素养等，方能提升教育教学品质，助力良好教育生态的打造，达到缓解家长焦虑情绪、促进学生全面发展和健康成长的目的，落实立德树人的根本任务，建设高质量教育体系。另一方面，教师要以精益求精的态度，用深度备课打造品质课堂。教师要基于对学生学情的量化分析，把握学科课程标准的要求，准确定位学习目标，根据学习目标分解评价任务和设定标准，依次设计并实施教学活动。品质课堂教学活动设计应聚焦学科核心素养，更加突出学生的主体参与，组织学生开展基于问题情境的深度学习活动，深度学习不是"深"在知识难度上，而是要精心设计激发学生主动探究的欲望的课堂，引导学生借助已有知识和经验，主动参与到课堂学习中，实现知识积累、能力提升与素养积淀。

总之，"双减"是对我国教育格局的重大调整，更是教育观念上的政策大变革，其核心是促进学校优质发展，为学生构建儿童友好型学校。

第二节　"双减"政策下儿童友好型
学校教育的转型与升级

在我国教育事业不断发展基础上，学校以培养人才为主要任务。德育教育问题是教育教学发展的重点问题，所以，应该严格遵循立德树人教学原则，对校园建设加以重视，教师应该树立主人翁意识，增强使命感与责任感，不断提升自身职业素养。我们要加强师德师风建设，促进家庭教育和学校教育的转型与升级，从而实现教育教学质量与效率的有效提升，为学生实现全面发展提供保障。

一　"双减"政策的现实意义

坚持以人为本发展教育，办好人民满意的教育，无论是家庭教育还是学校教育，都必须深刻把握教育工作的政治属性，坚持社会主义教育方向。如果偏离了社会主义方向，让教育受到资本胁迫，这不仅是教育的灾难，也是国家战略的灾难。教育发展还必须遵循人的成长规律，全面实施素质教育，坚持五大教育同步发展。家庭教育要想成为学校教育的有益补充，就应该与学校教育改革方向相一致，深刻认识教育的专业性与科学性，而不是助长"应试教育"，违背教育规律。应当认识到"双减"政策的实施和对课后培训机构的管理，不仅满足了人民对教育和民生领域更好生活的渴望与需要，同时还解决了一些长期困扰家长、教师和学生的、受到普遍关注的教育焦虑问题。

解决这些教育焦虑问题，要坚持立德树人的初衷，这与人民群众切身利益存在本质关联。学校教育应深刻认识教育公共服务属性，坚持公益第一，提供符合人民群众切身利益的课余教育服务项目和产品，帮助促进社会公平，帮助学生享受适当的教育，促进学生发展。教育政策在实现教育公平的过程中发挥着重要作用，需承担起促进教育公平的重大责任。通常来讲，致力于实现教育公平的政策设计应关注资源分配与机会平等两者之间的平衡。教育公平不仅包括有形层面的教育资源和教育机会的公平分配，还包括无形层面的补偿。

二 德育教育的方法

德育教育工作在学校人才培养中具有重要作用,儿童的学校德育教育可呈现更具现代性的特点。互联网与教育本身具有相关性,这促进了新教育方法的科学应用。从学校德育教育层面分析,利用互联网手段可配置资源、整合信息、拓展内容,实现德育教育教学方法的优化与革新,推动学校德育教育发展。在现代化社会建设与经济不断发展的基础上,应科学运用信息手段实现学校进步,推动学校德育教育与现代发展相融合,从而推动学生全面发展。

互联网开辟了学校德育教育全新形势,借助信息融合可有效提高德育教育的教学效率。传统德育教育所涉猎的信息范围相对狭窄,知识更新速度缓慢。互联网的应用与推广,使信息的获取更加准确,还将拓宽学生接受知识的渠道与路径,实现教学资源有效共享,使教育内容更加多样化。从发展现状来看,学校德育教育与网络发展的融合已成为未来发展趋势。在当前的学校建设中,互联网已实现了全面覆盖,但仍然是一把双刃剑,也可能会使德育工作陷入被动状态,难以正常开展。如今,互联网与学校德育教育融合发展,相互影响、相互推动,教师应找到最为适当的方式,充分利用互联网优势,使其为学校德育教育服务。

三 思政教育融合的必要性

思想政治教育工作在学校人才培养中具有重要作用,学校应始终秉承立德树人教学原则,引导儿童树立正确的价值观导向。学校校园是开展思想政治教育工作的主要场所,在教育教学新课改标准下,国家及教育部门对学校思想政治课程问题愈发重视,增强学校思想政治教育工作发展的整体意识是完善与落实思想政治教育工作的有效保障,对儿童身心健康成长具有推动作用。思想政治教育课程以学校建设发展为基础,应实现德育教育与思想政治理论课并行,使其融合发展。将立德树人作为教育教学主要任务,是对包含思想政治教育课程在内的学校课程建设的整体要求,通过对学校专业课程内容的深度剖析,将思想政治教育资源融入其中,对提高思想政治教育工作的效率具有重要意义。学校应注重思想政治教育工作，提高学生思想道德素养，培养学生树立正确的价值观导向，将思想政治教育工作与心理健康教育进行整合，以此实现学生的全面发展。

四　"双减"改革战略

（一）明确课程建设发展目标

在明确分析和判断教学任务与人才培养方面的预期效益的前提下，对教育教学做出详尽规划，以培养学生能力为目标，紧跟学科发展步伐，明确课程建设发展目标。

（二）强化学校教师队伍建设

作为学校教育工作者，教师应始终保持初心，以科学方法完成教育使命。现阶段，我国教育发展的主要矛盾已由人民群众接受教育的普遍需求与受教育机会缺乏的矛盾，转变为人民日益提高的受教育质量要求与教育发展不平衡的矛盾。教育发展中的矛盾和问题不仅体现在教育公平上，也体现在教育发展的质量上。因此，要努力促进教育公平，提高教育质量和效率。为此，应实施"双减"战略，建立优质学校教育体系，推动教育教学实现可持续发展。

由于长期受应试教育、传统教学模式及师资力量薄弱影响，一些学校虽对学生应用能力培养加以重视，但实践教学并未取得明显成果，当前，一些学校存在实践教学教师缺失，教师业务素质也普遍不高，缺乏创新精神、创新能力与工作积极性，导致学校教师的流动性较大的问题。且国内创新教育培训体系建设尚未得到完善，导致学校教师专业知识及实践能力不足，因此创新教育与专业教育融合不紧密，学校教师工作处于阶段性开展、循环往复的状态。教师专业发展与自身能力提升之间存在直接关联，教师应集理论与实践于一身，这不仅需要具备较高专业理论素养，也要具备过硬的专业知识。一个合格的"双师型"教师的成长，主要依赖教师个人自修。教师作为教学任务以及人才培养任务的主要承担者，应该意识到提高自身教学能力的必要性，不断探索新的教学观念和教学方法，做到理论与实践有机结合。

（三）发挥教师引导作用

教师作为学校实现可持续发展的关键，是确定学校未来发展方向的决策者。教师引导作用的充分发挥对实现人才培养目标、促进教育教学发展具有深远的现实意义。教师只有真正意义上不忘教育初心，才能完成好教育历史使命，以此提高其教育教学的社会影响力，为教育发展奠定基础。学校所开展的文化教育作为长期人才培养战略，要整合学校校园文化，形成文化教育的长效机制，实现垂直管理体制与横向管理体制有效融合。应利用互联网平台的优势，将文化教育扩展到整个校园中。家庭教育与学校教育融合可以整合社会资源使其有效投入文化教育中，使传统德育实践教学超越地域限制，最大限度地实现实践活动中的广泛参与和互动，从而激发学生的学习热情与创新思维，促进学生全面发展，提高对学生的教育管理水平，为学生学科素养有效培育提供保障。

参考文献

［1］王亚楠．儿童参与权保护的法理探究［D］．山东大学，2019．

［2］蒋梦璇．增能视角下农村小学儿童家庭参与状况解析——以石家庄hxy小学为例［D］．首都经济贸易大学，2017．

［3］杨艳．儿童参与现状研究——基于合肥市的实地调研［D］．浙江师范大学，2017．

［4］孔炜莉．生态移民地区留守儿童参与权及其保障［J］．宁夏社会科学，2017，（4）．

［5］陈旭．儿童参与权研究——以石家庄市儿重家庭参与状况为例［D］．西南政法大学，2015．

［6］石义堂，高建波．西部农村学校儿童参与权实现的现状与目标——以"爱生学校"为例［J］．全球教育展望，2007，（4）．

［7］裴昱，姚晓白，党安荣．健康城市视角下波士顿社区空间儿童友好性循证［J］．城市发展研究，2019，26（4）．

［8］吴一洲，杨佳成，陈前虎．健康社区建设的研究进展与关键维度探索——基于国际知识图谱分析［J］．国际城市规划，2020，35（5）．

［9］林静，周钰荃，袁媛，等．邻里环境对居民健康的影响及其差异——基于广州市28个社区的结构方程模型［J］．现代城市研究，2020，（4）．

［10］林瑛，周栋．儿童友好型城市开放空间规划与设计——国外儿童友好型城市开放空间的启示［J］．现代城市研究，2014，29（11）．

［11］温锋华，王雅姝．儿童友好型社区健康空间需求与治理策略［J］．北京规划建设，2020，（3）．

［12］唐敏．诱发儿童交往行为的城市儿童游戏空间设计研究［D］．江

南大学，2014.

[13] 王本余. 教育与权利：儿童的教育权利及其优先性 ［M］. 福建教育出版社，2012.

[14] 包运成. 教育中的儿童参与权保障的法理基础 ［J］. 重庆文理学院学报（社会科学版），2015，34（1）.

[15] 沈萍，邱灿红. 儿童友好型城市开放空间研究 ［J］. 中外建筑，2010，（2）.

[16] 彭建华. 城市道路安全性评价指标体系及方法的研究 ［D］. 北京科技大学. 2006.

[17] 余中根. 构建有效的校园安全防范的学校、家庭与社区合作机制——美国巴尔的摩市的经验及其启示 ［J］. 外国中小学教育，2010，（7）.

[18] 李海艳. 远程学习者网上有效学习的影响因素分析 ［J］. 吉林省教育学院学报（学科版），2011，（9）.

[19] 鲍银霞. 有效学习发生的条件及其对教师教学的要求 ［J］. 教育导刊，2005，（9）.

[20] 刘焱，李子煊. 我国当前校园暴力的概念界定与现象研究 ［J］. 安徽理工大学学报（社会科学版），2010，（2）.

[21] 刘西梓. 小学校园文化建设浅析 ［J］. 科学大众（科学教育），2019，（5）：53.

[22] 朱超华. 教师核心能力发展与教师管理模式变革的研究 ［D］. 华南师范大学，2006.

[23] KLEIN J D，SPECTOR J M，GRABOWSKI B，et al. 教师能力标准 ［M］. 顾小清，译. 华东师范大学出版社，2007.

[24] 曾宝成，陈梦迁. 教师专业核心能力发展制度的知识基础 ［J］. 中国高教研究，2008，（12）.

[25] 包运成. 论我国学校教育中儿童参与权的法律保障 ［J］. 淮海工学院学报（人文社会科学版），2016，14（10）.

图书在版编目（CIP）数据

儿童友好型学校：面向未来更高层次的教育公平 /
肖林朔著. -- 北京：社会科学文献出版社，2023.4
ISBN 978 - 7 - 5228 - 1540 - 4

Ⅰ.①儿…　Ⅱ.①肖…　Ⅲ.①儿童教育 - 学校教育 -
研究　Ⅳ.①G61

中国国家版本馆 CIP 数据核字（2023）第 045998 号

儿童友好型学校：面向未来更高层次的教育公平

著　　者 / 肖林朔

出 版 人 / 王利民
责任编辑 / 陈凤玲
文稿编辑 / 陈彩伊
责任印制 / 王京美

出　　版 / 社会科学文献出版社
　　　　　地址：北京市北三环中路甲 29 号院华龙大厦　邮编：100029
　　　　　网址：www. ssap. com. cn
发　　行 / 社会科学文献出版社（010）59367028
印　　装 / 三河市龙林印务有限公司

规　　格 / 开　本：787mm × 1092mm　1/16
　　　　　印　张：16.25　字　数：248 千字
版　　次 / 2023 年 4 月第 1 版　2023 年 4 月第 1 次印刷
书　　号 / ISBN 978 - 7 - 5228 - 1540 - 4
定　　价 / 98.00 元

读者服务电话：4008918866